U0024091

Jerusalem

Tel Aviv - Galilee - Dead Sea

30天暢遊以色列耶路撒冷、特拉維夫、加利利與鹽海

在耶路撒冷醒來

陳舜儀——著

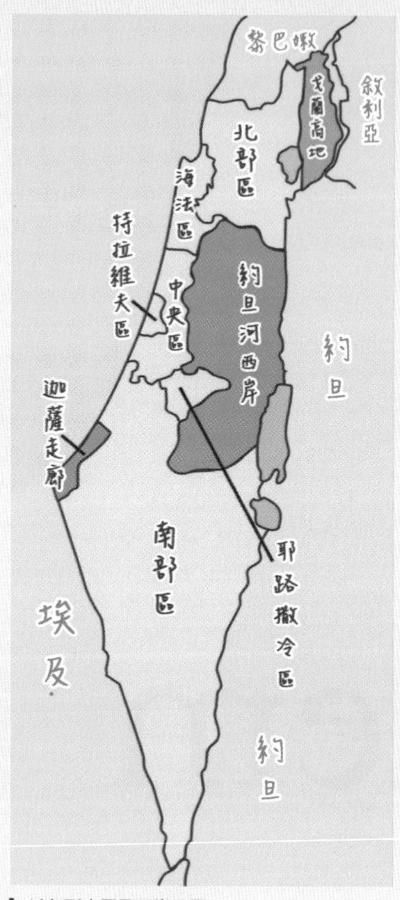

以色列六區及西岸地圖

官方名稱	以色列國（The State of Israel）
鄰　　國	埃及、約旦、敘利亞、黎巴嫩
獨 立 日	1948年5月14日
政治體制	單一國會，總統為虛位元首，由總理組閣掌實權
官方語言	希伯來語、阿拉伯語（英語非官方語言，但在民間普遍使用）
首　　都	耶路撒冷（多數國家將大使館或代表處設在特拉維夫）
土　　地	22,072平方公里（依該國法律包括東耶路撒冷和戈蘭高地）
人　　口	846.2萬（2015年12月），其中有633.5萬猶太人，175.7萬阿拉伯人
主要宗教	猶太教、伊斯蘭教遜尼派、基督教各宗派、源自伊斯蘭教什葉派的德魯茲派、巴哈伊教
人均所得	35,343美元（2015年），在世界上名列前矛
貨　　幣	新舍客勒／新謝克爾（ILS），一般稱為舍客勒或謝克爾
國際電話區號	972
電　　壓	220伏特50Hz
時　　差	與臺灣相差6小時，6至9月實施日光節約時間相差5小時

以色列國徽

以色列的地理與國情

以色列國土不大，形狀狹長，南北470公里，東西最寬處135公里，比臺灣還小。但它西濱地中海，南臨紅海阿卡巴灣，北倚黎巴嫩山區，位於歐亞非三洲交會之處，因此自古便是兵家必爭之地。

在地理上，以色列分為四大部分：東部是約旦河裂谷，中部是山地及相間的平原、河谷，西部是濱海平原，南部是與西奈半島相連的內蓋夫沙漠。全國人口有過半集中在氣候濕潤但狹窄的海岸平原上。由於位於地中海東岸，以國屬地中海型氣候，七成的雨水降在11月至3月之間，6月至9月無雨。但各區的氣候差異極大，海岸地區夏季潮濕之時，中部山區和南部沙漠卻相當乾燥。北部由於有黑門山，冬春之間會有降雪，水源豐沛，與乾旱的中南部形成強烈對比。

在行政上，全國分為六區。北方有北部區（包括戈蘭高地）和海法區，中部有耶路撒冷區、特拉維夫區和兩區之間的中央區，南方則是南部區。另有實施軍事佔領並賦予局部自治的撒馬利亞和猶大地區（約旦河西岸），位於中部，歸國防部管理。

以國的人口有92%住在都市中，其中耶路撒冷、特拉維夫－雅法、海法是三大都市，分別是政治中心、商業及文化中心、工業中心，人口各有87萬、43萬、28萬。以都會區來看則有四大都會，規模最大的是320萬人口的特拉維夫都會區（全國人口20萬以上的八大都市中有四個、10萬以上的十五個都市中有九個屬於本都會區），其次分別是百餘萬人口的耶路撒冷都會區、海法都會區。第四大的都會區是55萬人口的別是巴（貝爾謝巴）都會區，肩負南方沙漠的發展重任。另有三個主要港口，第一是北方的海法港，第二是位於特拉維夫南方的亞實杜德港，兩者都位於地中海東岸，此外還有阿卡巴灣的伊拉特港，通往亞太地區。

儘管天然資源缺乏，以色列卻是中東惟一的已開發和工業化國家，被視為第二個矽谷，而且擁有中東地區最高的識字率，同時也是亞洲平均受教育年數最高的國家。以色列人不但屢屢獲得諾貝爾獎，並且在軍事、科技、電子、通訊、醫療、生技、農業、航空各領域都表現傑出，成為開發中國家取經的對象之一。

以色列的歷史

以色列是由猶太人為主體建立的國家，第二大民族是佔總人口四分之一弱的阿拉伯人，而這兩大族群系出同源，都是亞伯拉罕的後代。

亞伯拉罕約於公元前2000年出走兩河流域，輾轉來到迦南地，先後住過示劍、希伯崙和別是巴等地。他被視為第一個「希伯來人」，意思是過河的人，這也成了猶太人的第一個且最正式的稱呼，至今他們的語言仍稱作希伯來語。亞伯拉罕從妾夏甲生庶長子以實馬利，後來又從妻子撒拉生嫡子以撒；以實馬利是阿拉伯人的祖先，而以撒則是猶太人的祖先。以撒之子雅各因與天使角力，被賜名以色列，意思是與神角力者和神的王子，於是「以色列」成了猶太人的第二個稱呼。後因迦南地饑荒，雅各帶著全家族遷往埃及，投靠在那裡當宰相的兒子約瑟，但之後新的王朝興起，以色列人淪為奴隸，直到公元前1300年左右，摩西帶領十二支派出走埃及，而接班人約書亞帶領新一代的以色列人征服迦南地，重返始祖亞伯拉罕寄居之地。

在歷經兩百多年的士師時代後，公元前1020~ 1030年左右，掃羅結束了鬆散的部落聯盟，成立以色列人的第一個王國，然而猶大支派的大衛更孚人望，在掃羅死後取代了他的家族，並由希伯崙遷都耶路撒冷，南征北討，統轄了埃及到兩河流域之間的過渡地帶。他的兒子所羅門王發展商貿，將國力推到頂點，還蓋造了耶和華神的聖殿。但所羅門過於好大喜功，在他死後，公元前930年十個支派不堪賦稅及勞役的重擔而分裂出去，成立以色列國，又稱北國；而僅存的兩個支派猶大和便雅憫仍定都耶路撒冷，自成猶大國，又稱南國。北國國祚延續了兩百多年，公元前722年亡於亞述人，少數百姓逃往南國，但多數人不知所終；而南國三百多年的歷史也在公元前586年告終，巴比倫人將耶路撒冷徹底毀滅，這是這座城市和聖殿的第一次毀滅。

波斯人除滅巴比倫帝國後，採取寬大的民族政策。公元前538年，猶大國的遺民被允許返回故土，並且重建耶路撒冷城並聖殿。這些猶大人逐漸被稱為猶太人，於是「猶太」便成了這個民族的第三個稱呼。歷經波斯人和希臘人的統治後，在馬加比家族的領導下，公元前165年猶太人獲得渴望已久的獨立，但百年後又被羅馬人征服，並委派希律家族統治。在這種氛圍中，耶穌在第一世紀前期宣揚諸天之國的福音，但羅馬人將祂釘死於十字架，結果反而使信徒開始繁增。公元70年和135年，羅馬兩度鎮壓抗暴的猶太人，使耶路撒冷再度遭到毀滅，第二聖殿也被拆除，猶太人被驅離耶路撒冷分散到各地，而猶太地也改稱巴勒斯坦。這時猶太人的宗教文化中心遷往北方的加利利，提比利亞和采法特興起，與耶路撒冷、希伯崙並為四大聖地。

五世紀開始，東羅馬（拜占庭）帝國允許猶太人重返耶路撒冷定居。七世紀伊斯蘭教興起後，阿拉伯人和土耳其人相繼成為中東的統治者。1099年，歐洲的第一次十字軍東征攻佔了巴勒斯坦，建立耶路撒冷王國。此後耶路撒冷轉手於不同政權下，屢毀屢建，直到1260年埃及的奴隸軍團馬穆魯克人奪取耶路撒冷，並於1291年攻陷耶路撒冷王國的最後一個據點阿卡城，局勢才安定下來。1517年，奧圖曼帝國取代馬穆魯克人，並重建耶路撒冷，也就是今日的老城面貌。

時代的巨輪持續轉動，敲響了以色列復國的鐘聲。儘管巴勒斯坦一直有猶太人生活，但人數不多。自18世紀開始有數波小型的回歸潮，1881年則出現第一次大規模的回歸浪潮。到了1896年，由於猶太人在東歐受到迫害，西奧多赫茨爾發起錫安主義運動（猶太復國主義運動），號召全世界的猶太人回歸故土。這個運動推動了第二次回歸的浪潮，1904至1914年間有四萬名猶太人遷往巴勒斯坦定居。這時在第一次世界大戰的時代背景下，英國為了爭取阿拉伯人和猶太人的支持，分別對他們作出建國的承諾。之後，奧圖曼帝國土崩瓦解，於是1920年國際聯盟委託英國管轄巴勒斯坦，次年英國也如約讓約旦河以東成為阿拉伯人自治的酋長國，於是猶太人掀起第三第四波的回歸浪潮，準備建國，但他們與阿拉伯人之間的衝突也開始表面化，於是英國禁止猶太人進一步的移民。直到1933年，納粹的興起又掀起了第五波的猶太人回歸浪潮，至1940年猶太人已占巴勒斯坦居民總數的30%；第二次世界大戰結束後，猶太居民更多達60萬。

1947年，英國政府決定放棄對巴勒斯坦的託管；基於對猶太人遭到屠殺的同情，11月聯合國大會通過分治方案，計畫將約旦河以西的巴勒斯坦分為兩個國家（至於約旦河以東已於1946年完全獨立，即約旦國），猶太人與阿拉伯人分別擁有大約55%和45%的領土，耶路撒冷則歸劃直屬於聯合國的特別政權管理。其中猶太人主要被分配到西部海岸平原和加利利海一帶，但考慮到未來大量移民的遷入，南部人煙稀少的內蓋夫沙漠也劃給猶太人。阿拉伯國家無法接受這樣的安排，於是在1948年5月15日，以色列復國的隔天，埃及、伊拉克、約旦、敘利亞、以及黎巴嫩聯合向以色列發動戰爭，此為第一次中東戰爭。儘管以色列軍隊都還沒有正式成立，但臨時組織的雜牌軍卻奇蹟般地阻止了列國的大軍。1949年，以色列與纏鬥最久的約旦達成停火協議並劃定暫時的邊界，俗稱「綠線」（Green Line），耶路撒冷被一分為二，築起高牆。以色列額外獲得了23.5%的領土，並且由特拉維夫遷都西耶路撒冷；而約旦佔有東耶路撒冷和約旦河西岸地區，南部海邊的迦薩走廊則接受埃及統治。

1956年、1967年和1973年，以色列又與阿拉伯國家發生了第二至第四次的中東戰爭，每一次均獲得勝利，尤其1967年的第三次戰爭，以國從約旦奪得了東耶路撒冷和約旦河西岸，從敘利亞奪下戈蘭高地，從埃及攻佔迦薩，取得了戰略上的縱深地位。於是1977年埃及總統沙達特拜訪以色列，開啟了阿拉伯國家承認以色列的先聲，之後約旦也與以色列和好，在經濟和觀光上有所合作。但以色列卻開始在某些議題上陷入泥淖，比如1982年起，為了解決巴解組織和真主黨對國土北部的攻擊，以色列入侵黎巴嫩，設定邊界緩衝區，直到2000年才完全撤軍；又如佔領約旦河西岸必須耗費大量社會成本在維安上，至今仍是以色列長治久安必須面對的難題。

推薦序

世界十分之九的美麗與哀愁，都給了耶路撒冷

神給世界十分美麗，九分給了耶路撒冷！
神給世界十分哀愁，九分給了耶路撒冷！

廿世紀五波返回這地的以色列人，無論他們分散興旺在任何國土，
他們會告訴你，耶路撒冷是我的家。

1

以色列，意思是神的王子，原名叫雅各，是以撒的兒子，亞伯拉罕的孫子。他親生的十二個兒子代代相傳的血脈裡基因的密碼，叫以色列人知道家的位置。他們在十九世紀末逐漸回歸之前，以色列國已經滅亡兩千五百年；人民分散在各處也兩千多年；以色列地乾旱荒涼達一千四百年之久，直到1917年開始，按時有了秋雨春雨，滋潤這地，豫備草場。這就應驗了舊約以西結34章13和15節的話，那裡說：「我必把他們從萬民中領出來，從各國聚集他們，引導他們歸回自己的地，也必在以色列山上，一切溪水旁邊，在那地一切可居之處牧養他們。主耶和華說，我必親自牧養我的羊群，使他們得以躺臥。」

現代養生觀念倡導吃肉時要記得，四條腿的不如兩條腿的，兩條腿的不如沒有腿的有益健康，那就是魚，而最被推薦的就是鮭。當我想到鮭，這種在大海裡生活成長到四年成熟時，必會成群大隊的重返出生地，山河的源頭；看到牠的紀錄片，內心都必悸動連連！這種「生為孤兒，死時孤苦」的鮭族，在大海中必須游經五千公里才不過回到河流的出口；從這裡開始才是牠們爭戰絕命的第一站。牠們必須獨自經歷重重險境逆流奔馳，不喫不喝全力奮鬥，無數同伴被打敗被掠奪，餘剩的才能返抵源頭了卻任務，繁衍生產另一代。

以色列在地上各民族中所行的，可以算為歸族，正如鮭在魚族中所展現的一樣。廿世紀初的1909年，以色列歸人在地中海東岸的特拉維夫建立起新城，百年來經營建設，在2003年這座「白城」被列入人類文化遺產，全城以簡約的包浩斯

建築理念規畫，色彩只取白色的城市風貌叫人耳目一新。1948年以色列復國時，特拉維夫被定為首府。而今它在科技、金融、學術各領域的傑出成果，已被稱上第二矽谷，名為「矽溪」。

然而以色列的家是在耶路撒冷，他們無法不從海邊回溯到山河的源頭、他們的出生地山城「耶路撒冷」。但是在1948年5月14日宣布復國的第二天，周圍幾國連遠隣伊拉克也一起聯合炮擊，產生了第一次中東戰爭。直到1967年六日戰爭，以色列大勝，耶路撒冷全歸以色列管轄，此時，他們可以開墾建造他們的家，定都於耶路撒冷。

關於耶路撒冷的建築，他們立法規定，必須用耶路撒冷的黃石興建修整，這是一座堅固閃耀的黃色石頭城，白晝在燦爛日光的返照下，顯出高貴的金色，鋪地的黃石，經歷千年的踏磨，仿如圓潤泛光的黃玉。從空照圖看到的以色列國境如「一把利劍插入阿卡巴灣中」，而它的中心就是耶路撒冷，以色列國境也是歐、亞、非三洲的交會點，地理的牽扯產生了歷史的千瘡！所以耶路撒冷當然也是人類文化遺產！

四圍這樣的環伺，促使848萬以色列國民為生存儆醒，男女同負衛國責任。屬以色列後裔的子孫633.5萬，和二戰中，德國大屠殺600萬猶太人的數字相仿，他們求存之志，你我豈能真切體會麼？

然而這個復國不到七十年的小國，如今卻是世上「最小的超級大國」、中東惟一民主自由的國家、國民的「人類發展指數」極高，排名第十八；智商平均達110。在大街小巷，轉角隨處可見持槍桿的男兵女兵，但是他們可親可愛，願意並且可以接近你，還可以和他們擺pose合影，給人以安全感並青春活潑的喜悅。

當以色列子民歸回本地時，他們在列國使用的語言也都需要歸回母語。藉著本耶胡達及一群人的努力教導，把已經死了的希伯來語帶進了復興，如今希伯來語是他們的普通話，也是官方語言。這也是將他們活在一起、團成一塊，凝聚的實力！

還有一個與世界不同步的就是他們守安息日。禮拜天卻是工作日。安息日是每週五日落後到週六日落前。人、獸、城、器都得完全停工休息，連電梯都設定程式，自動開關，按層續停；這安息日按實際算，有一天半的時間，每週有這個不可以做甚麼，只可以與家人團聚，唱詩禱告、讀經談話、喫喝享受的日子，把一個個家庭穩固紮實的建造起來！

2

《在耶路撒冷醒來》作者David一行四人是主的精兵，愛主的馬利亞，受過訓練各司其職，經過細密計畫，最新資訊，加上耶路撒冷通的班弟兄照料糧草舟車，叫他們可以放膽舉步準備用三十天的時間完成計畫。於是在3月5日晚間，他們飛抵地中海東的特拉維夫本古里安機場。雖是週六，但安息日已經過完了。作者著陸前自高空看到的「白城」特拉維夫，在晚上「有如發亮的巨大棋盤」；在順利入關時，班弟兄已經在望，大夥喜樂相見後，登車就直奔中心的山城耶路撒冷，在黑夜裡那閃爍著燈火的美麗確實不能隱藏！

David一行四人分住兩個房間，位於西耶路撒冷精華地段，有供曬太陽的露台，有住家所需的一切設備，清晨五點還有鳥兒鳴叫歡迎過客……那種幸福美好在那裡找呢？因此David認為，在耶路撒冷醒來，比在巴黎醒來、在倫敦醒來、在紐約醒來……更勝一籌呢，他承認自己是屬基督的人，可能因此對耶路撒冷有些偏心吧！畢竟主耶穌不久就要在這裡降臨……

三十天訪問期間，他們以耶路撒冷為中心，南征北討，看盡那地的豐富奧秘，探尋各道路行動實況，細緻、活潑、圖文參照、詳細指示，趣味橫生製作了這本《在耶路撒冷醒來》，讓你如親臨其境！地上、地下，天空樹林，花草岩石，曠野沙漠，大湖鹽海，滿地滴灌的各色水果、各類蔬菜，豐碩堅果，豐盛食物，多元美好的衣著，環境保護百分百的模範生，歐洲的後花園，果園和菜園……以色列辦到的，書中也都顧到，有它同在就是以色列之行的落實保證。值得再三享受，分享他們在耶路撒冷呼吸的生活！

3

說到耶路撒冷、以色列，我也是去年十一月才去！七十歲才踏上美地，著實恨晚……

自1981年第一次出國，為的是到倫敦會見失聯三十多年的偉叔。叔叔由中科院與英國皇家學會協議去英國國家物理實驗室訪問研究，為期兩年，在將近完成時，偉叔試著寫信聯絡在高雄的父親，沒有地址，只有公司名稱，竟然聯上了！就在春天我陪父親去了歐洲並遊歷各國。

1983年丈夫高信疆因中國時報余先生受當局壓力，希望信疆出國，信疆在美國威斯康辛大學作訪問學人兩年，我就多次陪伴他西東南旅行各城，陸續在亞洲、印度、俄羅斯各國也看了許多；前年還學了幾個月希伯來文，心想或許該去以色列看看，固然人事全非，但這獨特之民總得看看近況吧……去年參加安那翰夏季訓練得知尚有一個名額可以跟隨聖徒同去以色列，所以終於到了最該去、最值得去的地方，去了別處就可以罷了！但是看到David寫的《在耶路撒冷醒來》，覺得他們的經歷是更豐富更多，更仔細，更有趣，去過還可再去！

以色列，這地上獨特之民，有一點，神還保留著沒有賜給他們：就是，神還沒有開他們的心眼，給他們看見，他們所期待的彌賽亞救主基督，2000年前就已來到，並且支搭帳幕在人中間，經過三十三年半人生，最終為我們和我們的罪上了十字架，成功了救贖，三日復活被立為主為基督了，並且成為賜生命的靈，像空氣一樣充滿在宇宙中等人呼吸祂、呼求主耶穌，享受祂作生命作救主，在我們裡面拯救我們，作我們的平安、喜樂、滿足，一切一切……

前時報文化出版事業有限公司總經理　柯元馨

自序

背起自己的行囊，去旅行吧！

身為一個坐辦公室的人夫，生活和工作上有太多的事要兼顧，到神秘的中東去旅行，本來是不敢奢望的事。但是，我所服務的單位－水深之處福音網，有一天做決策的兄長們說，你們坐辦公室太久了，老了，也累了，到以色列去看看人家是怎麼做創意的吧！

這真是太有吸引力了。眾所周知，以色列是著名的新創產業國家，猶太人的聰明和靈活是有目共睹的。另一面，這裡又是人類最悠久的戰場之一，是三大洲交會三大教共尊的聖地，在這裡歷史不僅是活的，牆邊的樹，傾圮的石塊，戴在男子頭頂的小帽，空氣中瀰漫的禱告聲，歷史根本就與你一同呼吸。

於是2016年春天，我們八個人分兩梯次，分別在3月和4月間結結實實到耶路撒冷住上了一個月，並且扛著攝影機到處參訪。我們被洗滌了，被震撼了，被逗樂了，被弄哭了，被啟發了，被滿滿地感動了，也遺憾著陰錯陽差沒能去成海法和阿卡。帶著大包小包的紀念品我們回到了臺灣，就像從桃花源回到了人間的樵夫，繼續砍我們的柴，過著熟悉的山居生活。

經過幾個月以後，兄長們納悶地問我：「你怎麼還沒有把這趟旅行寫成一本書？太忙了嗎？」於是他們放了我一個大假，整整一個多月天天振筆疾書，把我們的故事一個一個還原出來。回到辦公室以後，我又花了一兩個月的時間，天天加班到晚上挑選照片和影片，有時候甚至跟親愛的妻子請假說：「今晚睡辦公室。」接下來又是一長串與出版社的你來我往，同事們也跟著我團團亂轉，好不容易，這本書終於生出來了。

如果你問我感想，我得說許多人事物想像半天，還不如一張機票過去直接看清楚。比如你讀聖經，老是讀到耶穌離開海邊後退到山上去禱告，為甚麼？等親自去了加利利海一看，喔，這裡就是大片的曠野環著海，海邊聳立著一座座小山嘛！那一個月看見的畫面至今依然清晰，好比通過全世界最嚴格的機場安檢時行李全部被倒出來，在海拔七百多公尺空氣清新的聖城裡聽著鳥鳴聲醒來，三不五時到哭牆邊看猶太人搖頭呢喃，在橄欖山號稱千年的古樹旁默想耶穌的事蹟，在街頭被看似急躁卻又很有耐性的車輛禮讓，不斷被孤高的黑衣宗教徒施以白眼，而春日少雨的天空永遠是蔚藍的。

那一個月的見聞，也幫助我明白一件事：猶太人之所以那麼機靈有創意，能在全球經濟居於一言九鼎的地位，在軍事科技文化各方面有傑出的成就，並不見得是天賦異稟，而是因為苦難與生存的壓力。苦難是神所布置的環境，通過考驗的人才能真正成長。所以很有趣，從五湖四海回到祖國的猶太人，其實人人各吹一把號，但家門一開，槍口永遠一致對外。由於周邊都是敵人，所以我不能示弱；家裡甚麼都沒有，所以我不能躺著睡覺。結果，這個沙漠中弱小貧瘠的國家蛻變為強者中的強者，不管是經濟發展或者學術成就，都遠遠把世界大多數的國家拋在腦後。當然，以色列也存在著複雜難解的歷史和政治問題，不過這些事近乎無解，就讓神按祂的時間來解決紛爭吧。

最後要謝謝駐台北以色列經濟文化辦事處的協助，包括游亞旭代表和不厭其煩幫我們處理公關的蔡佳芳姊妹。也要謝謝臉書粉絲專頁「以色列觀光」和教會弟兄們提供部分影片和照片，補足了缺口。限於篇幅，這本書並沒有把我們的故事全部寫出，即便在紙本上連結了一百多部網路上的影片，也遠遠不能述盡那些日子。我期待看完它，你也能背起自己的行囊，到這個有趣的國度去，經歷遠遠比我們更為動人心弦的心靈故事。

水深之處福音網主編　陳舜儀

CONTENTS

Chapter 01 / 耶路撒冷

1949年停火線

往北至示

N

1

50

往西可到
佰示麥和特拉維夫

中央
(巴

赫茨爾山

Mount Herzel

大屠殺紀念館

希大
吉瓦特拉姆

50

希大英科雷姆校區

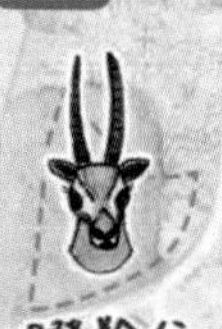

蹬羚谷

馬勒哈火車站

聖經動物園

往南是
佰利恆與希

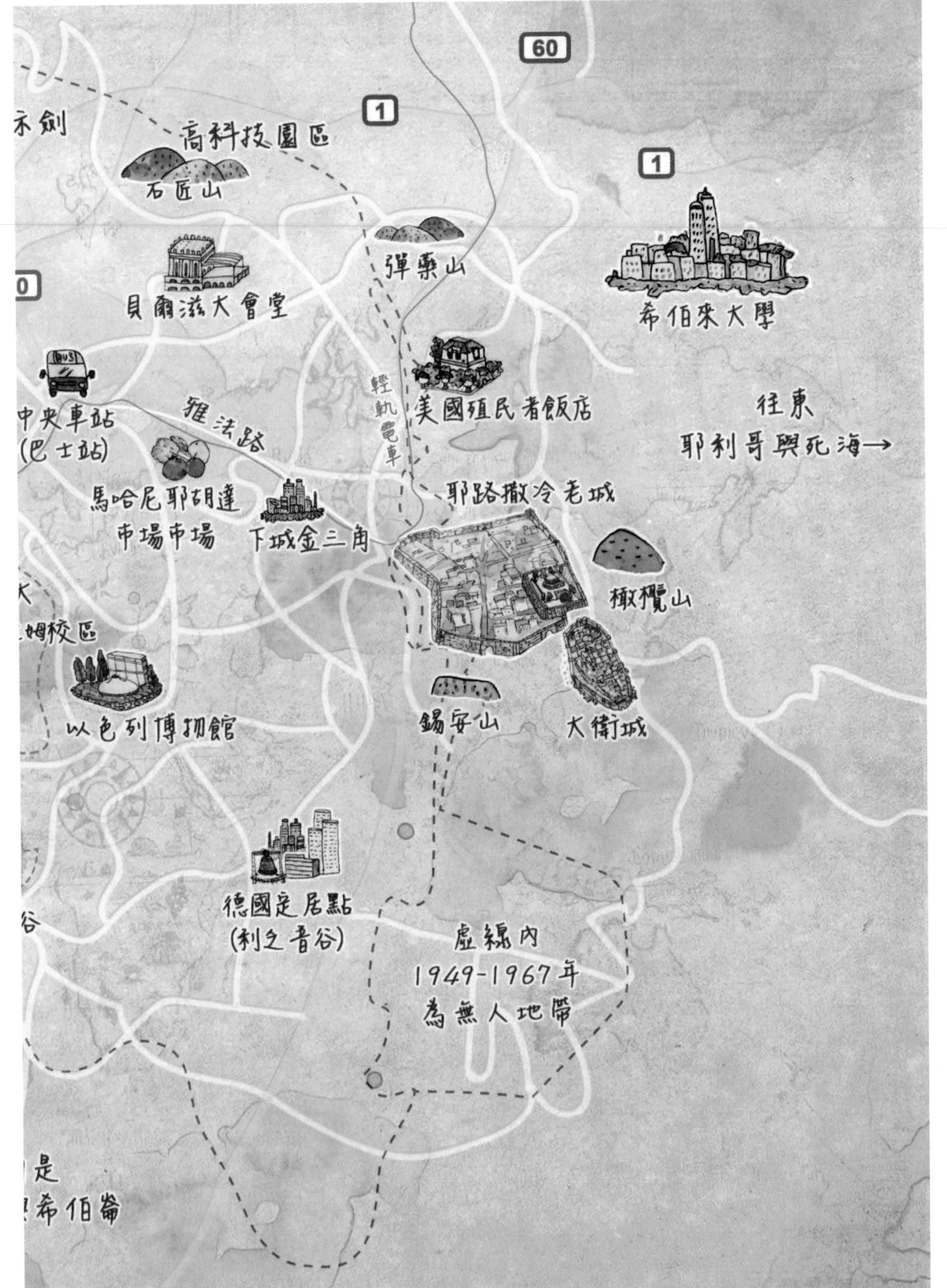

60
1
高科技園區
石匠山
1
彈藥山
希伯來大學
貝爾滋大會堂
輕軌電車
美國殖民者飯店
中央車站
(巴士站)
雅法路
往東
耶利哥與死海→
馬哈尼耶胡達
市場市場
下城金三角
耶路撒冷老城
橄欖山
以色列博物館
錫安山
大衛城
德國定居點
(利乏音谷)
虛線內
1949-1967年
為無人地帶

千百年來，我夢想見到妳。我何等渴望妳那燦爛的光芒。
耶路撒冷，願妳發光，因為妳流寄異地的子民歸回了。
耶路撒冷啊，耶路撒冷，我將速速使妳從廢墟中重建。

——一首猶太民謠

在希伯來文中，耶路撒冷的意思是「和平的根基」。遠在四千年前，就有撒冷王麥基洗德帶著餅和酒出來迎接戰勝的亞伯拉罕。這「撒冷」就是和平的意思。所以耶路撒冷的民眾，問好或道別時會說：Shalom！（撒冷！）

這座盼望平安的城，是我們在以色列停留最久的地方。這裡不但是猶太教、基督教和伊斯蘭教共同的聖地，也是現代以色列國的首都，以及全世界猶太人情感的寄託。有一位猶太學者被問到：「你出生在羅馬尼亞西部，在紐約和巴黎擁有房子，在波士頓教書，到底哪裡才是你真正的家呢？」他的回答是：「耶路撒冷是我的家。」

耶路撒冷，對猶太人幾乎就等於永恆。

Safria廣場牆上的古地圖，以耶路撒冷為世界中心

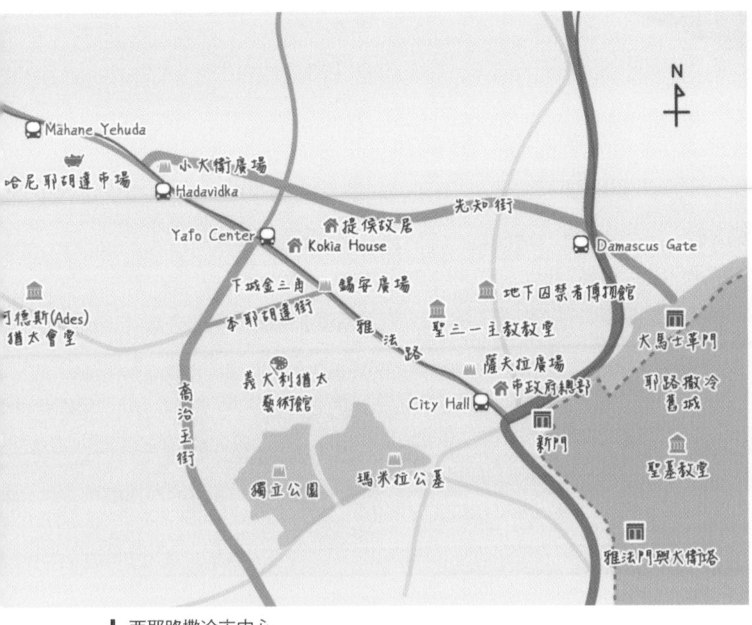

西耶路撒冷市中心

西耶路撒冷市區的天空

第一日，啟程

這是一群經營網路社群的基督徒，為了服務讀者而啟動的年度計畫……

2016年3月5日晚間，我們四人抵達以色列。身為一個基督徒福音網的經營者，接下來這一個月，我們就要一邊在線上繼續臺北日常的工作，一邊在以色列各地旅遊記錄，把相關見聞分享給廣大的讀者。等我們離開了，另外四位夥伴接著還要來。連續兩梯，每一梯都是四個旅人，每個人都有事可忙。

但蠟燭兩頭燒，到底能不能兼顧呢？

▍夢想中的迦南美地，啟航（by Frances Tsai）

直到出發前兩天，我還在思考這個問題，但現在人已經站在以色列。這並不容易，因為當我準備去做一件很重要的事，往往會在日子逼近以前橫生枝節。這一次果然也發生了，親愛的岳父突然在行前一個多月摔車，接著我自己又得了流感，這場流感當時還奪走了不少寶貴的性命。

幸好在飛航前一週，病症突然又消失了，於是事情就這樣過去了。雖然總是會有許多事攔阻你，但我永遠記得別人告訴我的一段話：「只要你憑著信心，把腳踏進暴漲的河水裡，河水就會開始退去。」

所以在這一天清早，河水退去，我們順利地拉著大箱小箱的行李，準時在五點五十分以前抵達桃園機場集合。妻子也跟著我搭乘凌晨四點多的巴士，一路送到她所能走到的最遠一步路。

「我家先生就拜託你們了，他很容易忘東忘西，除了他自己，甚麼東西都有可能弄丟。他的身體也不好，很多食物不能吃，麻煩你們了。」

臨走的時候，我牽了她一小段路。雖然只是一小段，但肯定比沒有牽手更能安慰她的心。嘿妳，不要擔心，我們只是暫時離開一個月。

於是華航的班機來了，於是我們離開了腳下的土地，飛往北方的韓國仁川，準備轉機到以色列的特拉維夫，於是天空是蔚藍的。

✡ ✡ ✡

抵達仁川機場的時候，卻是陰雨天。

在機場等了兩個小時，轉搭大韓航空。登機室裡的大鬍子和長鼻子開始多起來，讓我們意識到自己正要去一個猶太人為主的國家。

「你的身體還好吧？」同伴們問。

從仁川起飛，我們將會一路向西十二個小時，從中國北方追逐著落日而去。有過長途飛行經驗的人一定明白，這將是一段很痛苦的歷程，尤其對於經濟艙的旅客來說，腰腿很快就會發出抱怨。起降的當下，心臟不好的人還會感覺壓迫，甚至是疼痛。

出乎意料的，這十二小時並不那麼無聊。雖然白天窗外太亮，日光照在雲層上的反射太強，但到了晚霞抹在天邊以後，景色開始有意思起來了。

「你看，沙漠。」我揪住鄰座的Tobias先生，指著窗外。

黃海，北京，內蒙古，甘肅。

在新疆上空白晝變為黑夜。天還沒有完全暗下去，地上的燈火卻已經亮起了，一大片的黑暗中點綴著幾點光火，城市與城市之間多麼孤寂，讓我想起古人的那句詩：「西出陽關無故人。」

跨越了大西北，接著又是無邊草原的哈薩克。歷經了不知道多久的黑暗以後，總算在外高加索那裡看見閃爍的燈火。很快地飛機略過土耳其，南方海岸那裡燃起一長串的城市光點，將整個海岸線勾勒出來。奔向地中海以後，飛機劃擦過染有一點光影的塞普勒斯島，最後從以色列西部海岸，從最大的都會區特拉維夫上空俯衝，像是棋士持子衝向一個發亮的巨大棋盤。

「哎，你們看。」我轉頭喚醒兩位姊妹Belinda和Evonne，她們因為時差都昏昏欲睡：「別睡，特拉維夫的夜景很美啊！」

越過市區，以色列最大的國際機場本古里安機場（Ben Gurion Airport）就到了，我們終於離開天空，重新踏上土地，心中有說不出的踏實感。不管天空有多自在，多遼闊，讓你看見多少東西，最後你還是得做個踏實的人，回到地面上。

以色列，你好。

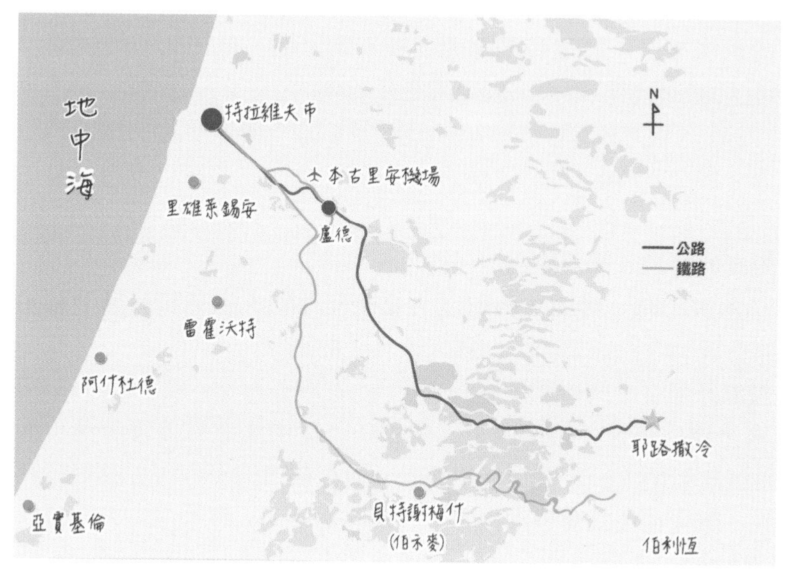

本古里安機場位於特拉維夫和耶路撒冷之間

本古里安機場的IATA代碼是TLV，代表特拉維夫，其實它位於特拉維夫東南15公里的盧德（Lod），肩負特拉維夫和耶路撒冷兩大都會的對外交通。在機場長長的走廊上，赫然看見臺灣企業的廣告向著我們說你好，這也算他鄉遇故知吧。

「待會一定要擺出友善的臉，讓人看出你甚麼都願意配合！」

快要出關前，老成的Tobias轉身耳提面命，但是一切都很順利，很快就放我們出去了。你知道以色列是恐怖份子最想襲擊的國家之一，向來以安檢嚴格且費時聞名。但畢竟我們是從免簽證、非穆斯林背景的臺灣來的，所以並沒有遇上傳說中「惡魔等級的安檢」，如果從馬來西亞或印尼，可就沒那麼方便了。

晚間九點多，也就是臺灣時間凌晨三點多，一行四人順利見到了班弟兄。他在大廳等候多時了，而我們當然也累了。班弟兄是一位美籍華人，退休後到耶路撒冷讀書，算算也住上好幾年了。看見這一位耶路撒冷通，終於讓我們吃下了一顆定心丸。這一次在耶路撒冷的食宿，他二話不說全包了，讓我們隨隨便便在他的公寓住上一個月，省去我們不知道多少的旅費。

他看起來很高興，好久不見面了。幾句寒暄後，他帶我們去搭十人小巴，集滿十人，立即發車。五十分鐘後，時差混亂睡不著的我搖醒同伴：「你

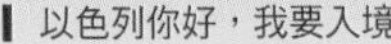
以色列你好，我要入境

本古里安機場的通道

們看，耶路撒冷到了！」

小巴越爬越高，不再是剛剛的海岸平原了。這是山，也是耶路撒冷；是群山連綿，又是一座大城。看著遠處高低起伏、燈火閃爍的山城，班弟兄隨口說了一句經典的話：「城立在山上，是不能隱藏的。」

這真是我們聽過最傳神的一個註腳了。這城高高在上，占住世人心中一個重要的位置，你想不看見都難！

小巴停在市中心，放下我們和我們的行李，也放下我們心中的大石頭。院子內高樹輕拂，總算來到這一條宜人的街道，住進這棟宜人的舊公寓。

今天結束了，明天，我們要走出去看看這座不能隱藏的城……

【本古里安機場的命名由來】

本古里安機場本名盧德（Lod）機場。為了紀念建國後的首任總理David Ben Gurion（1886-1973），以色列在他過世後將機場改名Ben Gurion。這位開國元勳前後兩次執政長達十五年；他創建的以色列工黨，自建國以來更連續執政三十年之久。今日在機場大廳出入口，仍可見一尊本古里安的半身塑像。

本古里安半身像

初見耶路撒冷——在鳥鳴聲中醒來

清晨，我在耶路撒冷醒來，空氣有點乾冷。

昨晚十一點抵達公寓以後，吃了班弟兄準備的湯麵，聊了一會，又花了一點時間整理行李，凌晨一點倒頭就睡。或許是太興奮，又或許是時差，居然在四點就又醒了過來。清晨四點是臺灣時間上午十點，妻子已經去上班了。

親愛的，多麼希望妳也能和我一起，在這座美麗的城市醒來。

儘管我不會為了一座城市情不自禁痛哭流涕，但心中仍不免偏坦，覺得在耶路撒冷醒來，比在巴黎醒來、在倫敦醒來、在紐約醒來更有味道一點。畢竟身為基督徒，我將來的歸宿是聖經上說的「新耶路撒冷」，所以「耶路撒冷」這個名詞本身對我還是有一點點魅力的。住在這裡的一個月，每天我都要告訴自己：清晨，你在耶路撒冷醒來了，醒過來以後，你準備要做甚麼呢？

住了一個月，我們染有日光的公寓

清晨的市區街道

醒過來的第一印象，是鳥叫聲。耶路撒冷的鳥是五點多叫的，天是五點半亮的。先是鳥叫，然後才是天亮，彷彿白晝是被這群小傢伙喚醒的一樣。

在這麼市中心的街區，居然有這麼多鳥雀在覓食，在生活，讓我不禁想起學生時代住在青田街的歲月。那裡有松鼠，也有數不清的鳥雀。有一次，我甚至看到一隻大型的水鳥，居然慢慢地在師大校園裡踱步。

但是我們住的可是西耶路撒冷的商業區，對面就是四星級飯店；附近有一條著名的步行街本耶胡達街（Ben Yehuda），人潮熙熙攘攘，就好像臺北的西門町，所以清晨五點能聽到鳥叫，就更難得了。

我能辨別的聲音是麻雀還有烏鴉，其他還有甚麼就聽不出來了。後來又聆聽了幾天，我突然想起雅法門附近的年輕清潔員，還有在步行區星羅棋布的商販，他們就像清晨的鳥兒一樣，奮力地在耶路撒冷討生活；他們就像世界各地的人們，並不是擺在這座宗教城市裡就不用賺錢糊口。我們都有一個共通之處，那就是人人都得過日子，同在一個天空之下努力生活。

我們植有樹木的公寓

當你開始起來盥洗和換衣服，你一定會覺得很奇妙，昨天你還在自己的城市，今天你已經遠在千里之外。昨夜你看見了一座立在山上不能隱藏的城市，今早你已經埋在它的心窩裡，並且安然高臥。

班弟兄的公寓很舒服，男生住一間，女生住一間。建築物本身很有歷史感，卻窗明几淨，完全不會讓人氣喘，臥室外有浴室，浴室有洗衣機；廚房有微波爐，有烤箱，有冰箱，有暖氣，甚至書櫃都一應俱全。如果你想在耶路撒冷住上一段時間，應該租下這樣一間公寓，好好過上一段慢活生活。

推開臥室的門，外頭就是陽臺，眼前是一個天井。鄰居的建築群高高低低，有一戶人家的陽臺上擺著紅花；天井中長著好幾棵不知名的植物，其中一棵像是椰棗，身材卻擁腫不堪；另外還有一些沒發新葉的小樹，頂著滿頭的枯枝乾站著，彷彿為頭皮煩惱的男士，等待春天來點活它們。

雖然班弟兄說，耶路撒冷相當於二十年前的臺北，但我本來就喜歡舊舊的東西，可以說是如魚得水。我把筆電搬到了餐桌上，坐在靠書櫃這一邊的椅子上，非常開心。往後一個月，這裡就是我的書桌了。

弟兄又告訴我們，在他租下來以前，這裡住一晚就要180元美金，換算成臺幣約莫5,000元。所以我們幸運到家了，居然被如此慷慨地接待。這就是弟兄之愛吧，正如羅馬書說的，待客要追尋機會。

一日之計：出門倒垃圾

「我先帶你們到附近看看，認識一下環境，順便把垃圾拿下去倒。回來以後，住樓上的C姊妹會帶你們去市場走走。」班弟兄說。

▎我愛耶路撒冷

▎生活第一課：如何處理垃圾

一個人如果能認路回家，知道到哪兒去倒垃圾，又知道怎麼買便宜的食物，大概就可以在這裡生存下來了。尤其在一個物價相當於歐洲水平的城市，買東西是一定要錙銖必較的，否則太開心了，不小心就會成為一個窮光蛋。

出門後的第一件事：倒垃圾，做資源分類。耶路撒冷的垃圾處理雖然沒有臺北那樣細膩，但基本的分類還是有的，瓶罐要分開，紙也要分開。

我堅持垃圾讓我來提，還請同伴幫我拍了幾張照片，好讓妻子知道：我雖然出門在外還是每天倒垃圾。這應該算是身為人夫的自覺吧。

這些小小的事，就是從鳥鳴聲中醒來後一切美好真實的故事。

初見耶路撒冷——從市中心走到老城

班弟兄帶我們走到東邊的老城，認一認路。

今天是星期天。以色列星期天不休假，他們休的是安息日。安息日是從週五日落到週六日落的這一段時間，所以隔天星期天是要上班的。早晨走出去，除了老人和觀光客，到處都有上班上學的人。

這座城市大致分為兩部分：團狀的西耶路撒冷，長條狀的東耶路撒冷。歷史上的耶路撒冷老城（Old City）位於東耶路撒冷。分為東西的原因，是

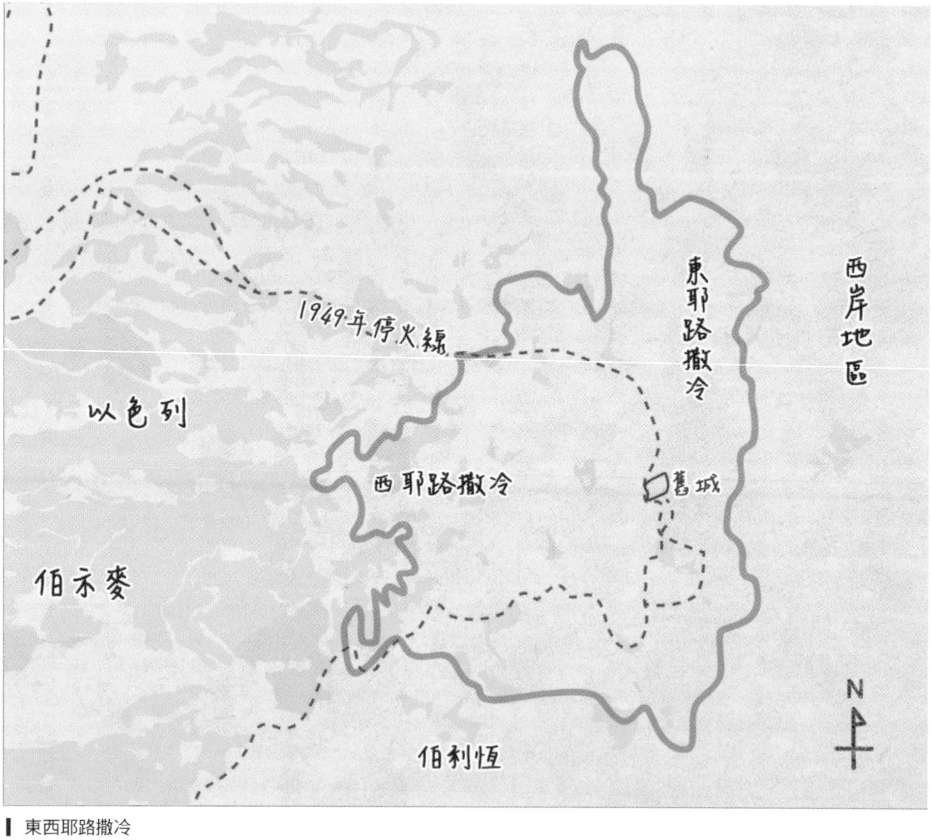

東西耶路撒冷

雅法路上的電車也是一道經典的景致

1948年英國對巴勒斯坦的托管統治結束後，在戰亂中耶路撒冷一分為二，西部被以色列佔領，猶太人多；東部遭約旦佔領，阿拉伯人多。市中心就如同柏林一樣，被混凝土牆和鐵絲網分隔為兩個世界，兩造之間有些地方還淪為無人地帶。直到1967年六日戰爭後，以色列才統一全耶路撒冷，連同約旦河西岸也都入手，但也因而帶來了許多政治及社會問題，特別是部分激進的阿拉伯人不時發動恐攻，盼望能迫使以色列放棄佔領區，甚至消滅掉以色列國。

我們住的是西耶。從喬治王街（King George Street）以東到老城這一帶，是耶路撒冷的都市中心，我們的公寓就座落其間，離老城並不很遠。班弟兄帶我們走的路線，是從步行街本耶胡達（Ben Yehuda）走到錫安廣場，從這裡我們轉到「電車街」雅法路上，學習如何用公交卡儲值坐輕軌電車，之後再走去老城，聽弟兄說點老故事。沿途不時埋伏三兩隻貓，地上有七八隻鴿子，樹椏上和天空有成群的烏鴉，街上還有穿流不息的觀光客。

這樣，早上我們穿過城市的心臟地帶，看了西耶也看了東耶，浮光略影建立了一點印象。如果要粗略地用幾個詞來概括，那或許是山、石頭、違和感。

山城

耶路撒冷是一座立在山上的城，海拔有754米，道路彎彎曲曲上上下下忽隱忽現，走越遠爬坡越多，腿就越痠，呼吸也會有點喘。幸好錢幣總是有兩面，耶路撒冷雖然比較高冷，空氣卻也比較清新，讓經常氣喘的我非常享受；只要不刻意去嗅那些花花草草，日子真的是太好過了。另外溫度自然也是早晚轉涼，所以該帶的衣服就要帶。貼心的妻子給我準備了羽絨衣，可以拆成裡衣外衣，另外還準備了薄夾克。你要是忘了帶上，去耶路撒冷的市集裡買一件也來得及。

石頭城

耶路撒冷除了是山城，還是一座石頭城。自英國統治時期，市政府就規定建築的外觀必須是耶路撒冷石，所以不管是東耶的老建築還是西耶的新市區，放眼望去都是大大小小的石頭，再高級的飯店也一無例外，同時街頭上不可隨意放置大型廣告，呈現出一種穩重端莊的氛圍，市容也因此協調統一。

我告訴同伴：「我們的市長，也應該來這裡參觀一下。」

滿滿的違和感

這座外觀厚重的城市，並不只有嚴肅古老的宗教元素。除了滿街的日本車、韓國車和德國賓士，還有比海洋更湛藍的天空，像是用調色盤調出來的，天空下許多女孩戴著頭巾，許多男士頂著猶太小帽，走過無所不在的麥當勞，經過你身旁時飄出淡淡的香水味。

路過幾條看來很慢活的街道以後，班弟兄說：「在耶路撒冷，車讓人，但是車不讓車。」話才說完，我們就看見一輛貨車對著前面的小車急按喇叭，然後兩輛車都很毛毛躁躁地走了。好緩慢的城市，好急躁的人民。這座看起來很悠閒的古老城市，居民是不是有許多不足為外人道的苦悶緊張？

▎市府門口有本城精神象徵：獅子

雅法路往東走到底就是市政府，有一個電車站，過了馬路就是雅法門。以前這條大馬路是東西的分界，也就是停戰線，現在市政府就坐鎮這兒。班弟兄說，從這裡東邊過去就算是老城，以後自己要知道怎麼來。他看我們一直瞄著電車軌道兩旁的柱子，便停下來為我們解惑：「從前有阿拉伯人開車衝撞電車，政府馬上就加裝了這些柱子作為障礙。」這當然不是車禍，而是恐攻。耶路撒冷的歷史問題太糾葛，所以街頭到處都得防著。但是，明明到處都有持槍的軍警，人們照樣梳妝打扮過日子，而遊客也好像不在意，持續湧進這座城市，為甚麼呢？

這時，紅綠燈前幾個荷槍實彈的大兵看見我們，主動要求一起拍照。目測年齡，也不過就是十八九歲吧？我們對他們有興趣，他們對我們也很有興趣。

Belinda拿著鏡頭，突然用英文冒出了一句：Is this real gun?

——哎呀呀，這還用問？

後來班弟兄告訴我們，這些軍人隨時帶槍，放假回家時也帶槍，和女朋友約會逛街也帶槍。大兵們進部隊就像是考大學，不同的部隊對你的前途影響很大；再者，以色列幾乎所有的尖端科技都是從軍中誕育的，所以年輕人非常看重他們服役的時間。軍人不只是身分，也是態度、榮譽和日常生活。

陽光何其刺目，氣溫卻還有些冷，我們穿著笨重的大衣，瞇著眼睛拍下了這張合照。我告訴身旁那個可愛的年輕人，我們來自臺灣，他說，喔，臺灣！

市府廣場周邊

離開以後，我聽見他還在告訴同伴：這些人是從臺灣來的。

站在雅法門旁的廣場上，我們眺望著遠方的民居，無限感慨。縱然歷史是那麼沉重，令我們睜不開眼，又讓我們捏緊大衣，但一代又一代過去，人類脫離仇恨紛爭的日子總會來到的。因為有一個人答應過祂還要再來，回來結束這一個世代，結束數千年來無解的爭鬥。

是的，我衷心盼望：「願真正的和平早日到來！」

與以色列年輕大兵合影

【西耶路撒冷市中心】

耶路撒冷的西門町——下城三角（Downtown Triangle）

北到雅法路，西到喬治王街，東南到本耶胡達街，是耶路撒冷的商業中心和娛樂區，受到遊客和年輕人喜愛。

雅法路（Rehov Yaffo）

耶路撒冷的主要街道，東起老城雅法門，向西穿越市中心通往琴弦橋（Jerusalem Chords Bridge），連接耶路撒冷－特拉維夫公路，沿途串起市政府、錫安廣場、馬哈尼耶胡達市場和耶路撒冷中央巴士總站。雅法路上有輕軌。

本耶胡達街（Ben Yehuda）

熱鬧的步行街，人稱耶路撒冷的世俗心臟，有許多紀念品商店、露天咖啡座和街頭表演。街名紀念Eliezer Ben-Yehuda，他使希伯來語復活成為生活用語。

錫安廣場（Zion Square, Tsiyon Square）

原名「錫安圓環」，源於昔日的錫安電影院，位於本耶胡達街和雅法路的交點。它是下城文化生活的櫥窗，也是街頭表演、節日慶祝和抗議示威的熱點。

先知街（Rehov HaNevi'im）

東起老城大馬士革門外，西至小大衛廣場（Davidka Square），因擁有眾多的19世紀建築，被稱為「老城外最美麗的街道」。曾稱為醫院街和領事街，昔年是醫院、教堂、修道院、政府機關、外國領事館和豪宅群聚的街道，有較多的歐洲元素和基督教背景。附近的提侯故居（Ticho House）是年輕人的藝文聖地。

俄國大院（Russian Compound）

建於19世紀下半葉，原為服務俄國來的朝聖者，今為西耶路撒冷市中心最古老的社區之一，以俄羅斯正教會的聖三一教堂為地標，介於雅法路和先知街之間。1890年後周圍築起圍牆，因而稱為大院。知名景點有地下囚禁者博物館（Underground Prisoners Museum），是英國托管時期的中央監獄。

花木扶疏的先知街

俄國聖三一教堂

德國醫院

馬哈尼耶胡達市場

民以食為天，要認識一個城市，最好的切入點不是觀光景點，而是庶民日常去的地方，這當然包括市場。市場，從來都是觀察人群最好的地點。

逛市場當然還有一個現實的因素。這裡物價相當於歐洲，加上耶路撒冷又是國際觀光城市，每年有千百萬的遊客，一罐普通的雪梨茶就要10舍客勒，相當於臺幣90多塊，一杯現榨的石榴汁要15舍客勒，而一個小小的漢堡可以賣到20塊。所以每天像臺灣那樣外食，很快你就會破產了。

公寓樓上的鄰居C姊妹是泰國來的華人，能說華語，和丈夫女兒一家三口過活。為了在異國省吃儉用，年紀輕輕的她練就了一番殺價的好本事，和市場裡的攤販混得無比爛熟。

她說，耶路撒冷主要的市場有兩個，一個在老城的大馬士革門附近，是阿拉伯人的市場。另外有一個猶太人為主的馬哈尼耶胡達市場（Mahane Yehuda Market），在西耶路撒冷這邊，觀光客可以沿雅法路搭乘輕軌電車前往，有一個同名的車站。

「我帶你們去猶太人的市場就夠了，比較近，而且也不貴。」

市場上的牛肉一定放在玻璃櫃保鮮

在崎嶇不平的耶路撒冷買菜，通常會帶上一兩輛購物車。這種購物車是兩輪的，輪上有一個長長的袋子，可以把許多東西按輕重大小塞進去，普通的家庭主婦用點力，也可以一口氣拖走一週的採購分量，非常實用。

能不能順利買到便宜的肉類呢？無竹令人俗，無肉令人瘦。我們雖然很希望出門在外能瘦些，卻也不希望太瘦。

C姊妹先帶我們去一家小商店，是從俄國回歸的猶太人經營的，那裡有豬肉，而且不太貴。在以色列，肉貴，蔬果便宜，而且豬在猶太教、伊斯蘭教來說是不潔淨的動物，不是每個地

大街上熙熙攘攘的人群

方都買得到。另外他們也不那麼常吃魚，所以魚肉也貴些。蔬果，倒是和臺灣差不多。

豬肉整整齊齊擺放在玻璃冰櫃裡，甚至還有一整條豬腿。聽班弟兄說過一個趣聞，猶太人自己雖然不吃豬，但農場會養豬賣給吃的人，可是豬不准養在國土上，該怎麼辦呢？喔，舖地板吧，這樣就沒有直接在國土上養豬了。

繼續拖著購物車，馬哈尼耶胡達市場不知不覺就到了。兩站電車的距離走起來並不遠。這個市場跨越好幾條街道，攤位超過250個，裡頭的巷弄都有遮陽遮雨棚，很可以當作觀光景點逛逛，事實上，也的確有不少遊客選擇到這裡獵奇，而攤販們也大多能說英語，即便不通，還有一個屢試不爽的絕招：比手畫腳。

這裡的貨色琳瑯滿目，有新鮮水果和蔬菜，有魚有牛有奶酪，有乾果種子和香料，有葡萄和葡萄酒，有賣衣服和鞋子的，有賣

市場上的乾果

你知道「菜薊」這種東西嗎？

豆餅賣沙威瑪賣烤肉的，有賣糖的，有果汁店，有咖啡館和餐館，也有香料擺在咖啡館前賣的。麵包比照蔬菜水果大剌剌攤在路旁賣，巴掌大的麵包比比皆是，有的甚至比女孩子的臉蛋更大。酪梨在臺灣少見，在以色列卻到處都是，奇的是還有香蕉專賣店。

雖然市場裡到處都是深邃的眼神和絡腮鬍，然而人的本質並沒有甚麼不同。我幾乎以為自己身在臺灣的市場當中，熙熙攘攘，吆喝聲此起彼落。有一個攤販看見我們這些華人走近，直覺就拿起薑和蔥蒜吆喝。

這時C姊妹說，有一家我很熟的攤販。

我們一到，身材高大的商家馬上和C姊妹give me five，擊掌歡呼。

「儘量試吃，因為我們是朋友。」商家很大方地說。

攤位上乾貨種類繁多，令人目不暇給。無花果餅一下就認了出來。我拿起一塊大口一咬，哎呀，好甜，而且飽足感十足。這下我總算明白，為何聖經裡老有人吃無花果餅了。撒母耳記上30章就是這麼描述的：「這四百人在田野遇見一個埃及人，就帶他到大衛那裡，給他餅喫，給他水喝，又給他一塊無花果餅，兩串葡萄乾。他喫了，就精神復原。」

耶穌曾以無花果來比喻以色列的復國：「你們看無花果樹和各樣的樹，它們發芽的時候，你們一看見，自己就知道夏天近了。照樣，你們幾時看見這些事發生，也該知道神的國近了。」這事果然發生了，因為物產豐饒的美地，曾經在以色列亡國後氣候變異，成為荒蕪不毛之地，人口也大幅減少。以色列這棵無花果樹，枯乾了。但在復國前不久，耶路撒冷又恢復了雨水，再加上以色列人的勤奮和科技實力，今日已是一個農牧業發達的國度，以蔬果、奶酪和香料聞名。

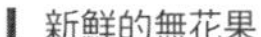

新鮮的無花果

無花果餅

香料鋪

所以來以色列，無花果不是很值得多吃幾塊嗎？

這裡給大家開列一部分的購物清單，單位都是以色列幣新舍客勒，乘以9到10倍就是新臺幣的價位：

牛肉1公斤70塊，比臺灣貴。

鯽魚（彼得魚）1公斤20塊，甚貴。

雞蛋30顆25塊。以色列人常吃的pita餅20個5塊。起司27塊。

葡萄乾1公斤20塊。草莓1公斤10塊，便宜，可多吃。

蘋果1公斤8塊。馬鈴薯1公斤2.5塊。番茄1公斤3.5塊。

Tobias還看到一家賣衣服的商店，比價後冷靜地說，比臺北便宜。

回公寓的路上，我們又進了一家規模不小的超市。震撼的是，C姊妹把滿滿的戰利品堆在門口對面的角落，然後就帶我們逛超市去了。這是甚麼？難道西耶路撒冷的市中心，治安竟好到路不拾遺了麼？

C姊妹並未解釋，只習以為常地說這裡可以買到便宜的牛奶，一罐5.9塊，橄欖油更不用說，以色列可是產地。那麼看看咖啡吧！架子上除了常見的美洲咖啡，非洲和歐洲咖啡也很常見，當然還有本地自產的品種，讓愛喝咖啡的Belinda研究了好久。她對兩種東西無法招架，一個叫作咖啡，一個叫作貓。

這樣，俄羅斯小商店、馬哈尼耶胡達市場和連鎖超市，成了我們在耶路撒冷奮鬥的好朋友，後來我們先後去了五六七八趟，不但Tobias大展身手，每天煮營養好吃的三餐給我們吃，歸國時也從這些地方挑了一些伴手禮。有機會再到以色列，我想我會牽著妻子，推著購物車，到這里來瀏覽各種太陽和月亮曬成的寶物。因為，這裡就是耶路撒冷，你可以在這裡與它一同呼吸。

【馬哈尼耶胡達小檔案】

馬哈尼耶胡達不只是市場，也是一個建立於1887年的古老社區，其創建者是三位商人，市場名便是以其中一位商人的兄弟耶胡達命名。到了1920年代，這裡興建起永久性的攤位和屋面，吸引了許多居民和遊客。安息日時，市場內的一些餐館和咖啡館仍會開到晚間。此外，在它的東邊有紀念1948年獨立建國的小大衛廣場（Davidka Square）；南邊有阿德斯猶太會堂（Ades Synagogue），是敍利亞猶太人的代表性會堂，都是值得前往的景點。

孩子的眼淚：大屠殺紀念館

鐵道上的車，用來表達猶太人被集體送往集中營

到了耶路撒冷，以色列猶太大屠殺紀念館（Yad Vashem）是一定要去的。不光是因為免費，也不只是因為這裡是僅次於哭牆最受歡迎的景點，而是因為這裡藏著猶太人的一滴眼淚。一滴流了千百年，並且參雜著鮮血的眼淚。

當納粹席捲歐洲的時候，同時也忙著把猶太人送進集中營，有系統有方法地處死了六百萬人。這是甚麼樣的深仇大恨？猶太人流不盡的眼淚，又如何轉化為攻不破的城池，並且在學術、科技、軍事、經濟各方面，都繳出讓人肅然起敬的成績單？他們經歷過甚麼樣的痛苦，使他們如此強大？

為了解惑，旅程的第三天，我們決定前往這座著名的紀念館。

電車上的風景

紀念館所在的赫茨爾山（Mount Herzl）位於郊區，再往西邊一點就會離開耶路撒冷市。但電車從市中心開過去很快；從Yafo Center車站坐過去，不

右側的大三角錐體就是主館

入口廣場上的館名

過也就20分鐘。在耶路撒冷，90分鐘內不管坐多遠都是1塊錢，相當於新臺幣10元，而且可以刷公交卡，非常方便。

我們在擁擠的車廂內找到了位置，好奇地看著窗外，看著一棟又一棟的房屋，整齊地砌著淡黃色的石頭。當然，耶路撒冷不只有石頭，由於滴管技術的發達，城內到處都是植物。其中有一種樹木開著繁茂的紫色花朵，另一種正好相反，只剩下光禿而挺拔的白色枝幹。

人生有很多事本來就是這樣的，除了目的地，沿途的景色也很重要。

一段不能被遺忘的歷史

往西繞了一個大圈，在底站（終點站）Mount Herzl車站下車後，一位女士說，必須左轉過馬路。

整個園區很遼闊，佔滿了赫茨爾山的西南側。入口廣場豎立館名Yad Vashem，意思是「有紀念、有名號」，出自聖經以賽亞書56章5節：「我必使他們在我殿中、在我牆內、有紀念、有名號、比有兒女的更美。我必賜他們永遠的名，是不能剪除的。」

在納粹鐵蹄下喪命的同胞，名字不能被抹滅，因此1953年8月，以色列國會通過法律建立本館，搜集紀錄研究展示著有關大屠殺的一切，世界各地的猶太人也大力捐款，直到如今。已經分散兩千多年的猶太人本是一盤散沙，若非受過最深的苦，又怎能捐棄成見，轉變為固若金湯的堡壘？從這個角度來看，苦難成全了以色列國，是無數同胞的死催生了以色列的復活。

▍主館走廊

位於園區內的一個洞穴，洞穴裡滿滿的檔案

希特勒當年殺人是非常歇斯底里的，儘管他的理由頭頭是道。在1933至1945年那個恐怖的年代，東歐700萬猶太人中高達500萬被屠殺。在荷蘭、法國、比利時、南斯拉夫、希臘等國，也都有無數的死難。不管身為商人、教師、律師、醫生，每個人都遇害了。被吊死，被毒死，被刀砍死，被槍殺，大人小孩，美的醜的，無一倖免。如果愛因斯坦沒逃走，可能也會被送進毒氣室。這真是一段長達十幾年的苦難，也難怪戰後有猶太人說，我不相信有神了。苦難雖然成全人，卻也考驗著信心。

出了遊客中心，經過一座跨越鴻溝的橋，2005年落成的主館大屠殺史博物館就在眼前，彷彿一條船邊上開了口，搭個橋讓你走進歷史。它的外型有如一條橫倒的三角形稜柱體，長180米，占地4000多平方米。走進館內，入口壁面上正在投影一部二戰前歐洲猶太人的生活。轉過身，中央走廊呈現三角柱空間，房頂挑高。為了重現那一段考驗信心的悲劇，中央走廊並不一路到底，而是用繩索層層隔開，化作一條人為引導曲曲折折的路徑，通往兩側隱藏的十間展廳，看完一個廳，回到中央走廊再走進下一個廳；它們的入口兩兩對開，仿如埋葬這些受害者的洞穴，分別展示大屠殺歷史不同階段的陳列，從納粹的興起一直到德軍戰敗人民歡欣鼓舞的紀錄，透過展廳外頭的巨大三角長廊交織穿梭。

展廳內的展品相當豐富，約有2500項，包括死難者和倖存者的個人簡介及物品，比如鋪滿一地的禁書複製品，來不及收拾的藝術品和書信，或者從死者口袋掏出的照片，家中的鋼琴、書桌、搖床並紡織機，也有殘破的妥拉經卷，堆積如山的器皿，甚至還有一艘當年的逃難小艇。文物間穿插播放許多倖存者的影音見證，讓氣壓顯得格外低沉。看了你不禁想：財富、地位和名聲，說來就來，說走就走，如何能保障你的人生？

歐洲自古便有反猶的聲音。1939年希特勒發表公開演說，指稱不能再讓猶太人在歐洲內外的跨國金融再次得逞；換句話說，德國人把一戰後經濟的殘敗，遷

怒到富裕的猶太人身上，這是大屠殺的近因。當時有些人不但見死不救，甚至認為猶太人被殺是符合聖經的。查考聖經，耶利米書24章的確是這麼說的：「我必使他們在地上萬國中令人驚恐，使他們遭遇災禍，在我趕逐他們到的各處，成為凌辱、笑談、譏刺、咒詛。我必使刀劍、饑荒、瘟疫臨到他們，直到他們從我所賜給他們和他們列祖之地滅絕。」但是拿著聖經對猶太人幸災樂禍的人，卻未想過以賽亞書10章的一段話：「禍哉，亞述……我打發他攻擊不虔敬的國，吩咐他攻擊我盛怒之下的百姓……然而他不這樣想，他心也不這樣打算；他心裡倒想毀滅、剪除不少的國。」

神要的只是管教，亞述卻想要毀滅和剪除猶太人，結果，它滅亡了。歷史上對待猶太人過於苛刻的政權，比如蘇聯和納粹德國，無一不自取敗亡。反觀猶太人經歷苦難，認真思考生存的意義，或許這就是現代的以色列國強大的秘訣。

不說沉重的歷史了，讓我們看下去吧。

走到最後的展廳時，我們發現自己進入了一個奇特的環狀空間。上面是圓錐形的屋頂，牆壁上貼滿受難者的照片，而下面則是圓錐形的水池。兩者對稱，

檔案室前的圓頂（by David Shankbone）

天圓地圓。遊客可以站在水池上倚著欄杆往下望。水池黑晃晃的，彷彿是一個隕石坑，映照著正上方受難者的照片，又彷彿是埋葬了他們，讓她們在水中逐漸逝去。而更外一圈，四分之三的牆面放滿了檔案，滿滿的都是受難者的名字，把整個展廳空間擁抱在裡面。更裡頭還有一個檔案室，可以付費查詢受難者資料。

看見猶太人這樣盡心對待同胞，實在是無話可說了。

我們走出館外，Tobias以為外頭是海。我說，當然不是，高地上的耶路撒冷不靠海，也不可能遠遠地看到海。

但是外頭的確是一片蔚藍。在巧妙的設計下，幽暗受壓的館內和開闊的瞭望臺形成強烈對比，走到這裡，看見群山環抱，天色與山色青綠相間，精神不覺為之一振。這是不是也在暗示：猶太人雖然苦難重重，終究還是推開了一扇窗？

我們走得更遠，到了停車場附近，發現另一處看風景的好地點。在這裡我們坐了下來，排排並坐，開始吃起自己帶來的餐盒，包括可以夾餡的Pita餅（口袋餅）以及甜膩膩的無花果餅。園區內不管在何處，隨時都能看見波濤洶湧的綠海，看見一片的青蔥翠綠，撫慰旅人的心。

幽閉的主館盡頭是藍天

令人淚光瑩瑩的愛兒館

從過去通往未來

園區內並不是只有主館，還有藝術館、名字堂以及教育中心等等。室外還有一個義人谷刻石立碑，紀念兩萬名在大屠殺期間拯救猶太人的外邦人，並尊稱他們為「國際義人」（Righteous Among the Nations）。前述「有記念、有名號」的經節也被寫在這裡，表示猶太人不忘記他們。而德國商人辛德勒夫婦（對，電影《辛德勒的名單》的主人翁），紀念他們的那棵樹仍在這裡長青發旺。「中國的辛德勒」何鳳山也赫然在列，他在擔任奧地利總領事期間核發簽證救了四千人，是辛德勒的三倍多。你看！雖然苦難考驗信心，另一面，神豈不是透過許多有心人，暗中保守猶太人的血脈？

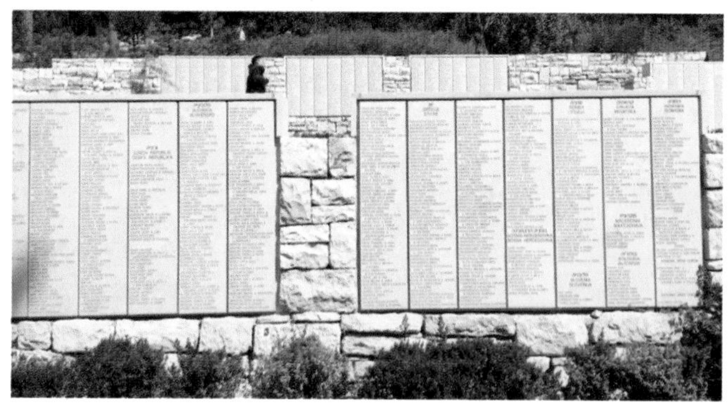

義人谷：紀念各國伸出援手的義人

與200名孩童同時遇害的教育家Janusz Korczak醫生

最後我們進入幼兒館，內心不下於主館的震撼。這個館是為了150萬個孩子設立的，黑暗中一無所見，惟見多媒體投射出150萬個光點，熒熒如淚光，如燭火，彷彿父母正為著無數死難的子女祈禱。

即將離開園區的時候，看著一群又一群來進行國民教育的青少年以及男大兵女大兵們，我默默地佇立著。一個國家的前途，始終是在年輕人的身上。他們同父祖一樣在等候彌賽亞。但這些在我們眼前活跳跳的孩子，經過幾十年後，有多少人還能平安地活著，親眼看見他們的彌賽亞？

我不知道。

無論如何，大屠殺紀念館也許是令某些人感覺窒息的低氣壓中心，但它周圍的山色，以及這些青春昂揚的孩子，至今我仍念念不忘。因為在這裡，讓你思索了甚麼是「生命」，這件事你無可迴避。

【赫茨爾山】

赫茨爾山是以色列的國家公墓，得名於現代錫安主義的創始人西奧多赫茨爾。山上埋葬了赫茨爾和四位以色列總理，包括著名的拉賓在內。1948年建國時在耶路撒冷戰死的士兵葬在這裡，許多曾在以色列服役的基督徒、穆斯林和德魯茲派士兵也都葬在這裡。此外，以色列陣亡將士紀念和恐怖主義受害者紀念等活動儀式，也都會在赫茨爾山上舉行。

【中國的辛德勒——何鳳山】

▎何鳳山（1901-1997）

何鳳山（1901-1997）在1938-1940年間，擔任中華民國駐維也納總領事。當時納粹德國吞併奧地利，猶太人唯有逃離歐洲才能倖免於集中營，然而各國屈服於壓力而不肯發給簽證，獨有何鳳山身為基督徒，堅持發證救人，短短兩年間他送了四千人到上海。最後，到上海避難的猶太人多達3萬，形成了遠東最大的猶太人區。

為善不欲人知的何鳳山，直到以97歲高齡過世後事蹟才浮上檯面。2000年，以色列政府授予「國際正義人士」稱號。2001年，以色列政府在耶路撒冷為何鳳山立碑，碑上刻著「永遠不能忘記的中國人」。2005年，他被聯合國正式譽為「中國的辛德勒」。2007年，以色列政府授予「榮譽公民」稱號，中國也建立上海猶太難民紀念館。2008年，何鳳山紀念牌在當年總領事館的舊址前揭幕，用德文和英文刻上這段生命的奇蹟。

彈藥山六日戰爭紀念館

阿拉伯人可以戰敗一千次，我們卻只輸得起一次。

——以色列前總理邁爾夫人（Golda Meir）

Belinda連絡了一位在希伯來大學讀書的陳姊妹，和我們一樣是從臺灣來的。陳姊妹說，沒問題，見個面，帶我們遊覽校園。她又問，大學附近就是六日戰爭的戰場彈藥山，問我們要不要順便看看？

既然很近，就看看吧。於是姊妹和我們約定在彈藥山這一站相見，先看紀念館，再看大學。

人生第一次遭逢恐攻

出發的前一晚，聽說美國副總統來到以色列了。隔天七點多在小飯廳吃早餐，班弟兄提起，說是城裡不大平靜，大馬士革門外發生了恐攻事件。弟兄又說，其實就像臺灣的立委在鏡頭前會激動起來，等到過幾天副總統走了，記

直擊恐攻現場

者都離開了，激進份子也就冷靜下來了，沒甚麼事。

但副總統今天還沒走。大馬士革門是把守老城北方的要津，也是電車前往彈藥山的必經之路，不曉得會不會遇上第二次的攻擊？

電車經過大馬士革門外一個彎道時，我們發現一輛廢車。查了新聞，這裡正是方才事件的現場，有一名穆斯林攻擊警察被當場擊斃。大夥趕緊從電車內拍下照片，上傳FB報平安：我們沒事，放心！

幾分鐘後，遠遠望見陳姊妹佇立在站牌下。她說不只這一起，另外還有一個女性用刀襲擊保安部隊人員。聽完這消息，我們心中不免興起一絲奇異的感受：戰爭雖然結束了，但幾十年來的衝突還在發生。

彈藥山上

紀念館在車站旁的小丘上，植有一些仙人掌。除了壕洞、坑道和老舊的坦克、吉普車，還有戰爭文物如照片、地圖及砲彈的展覽。

彈藥山一名源自英國時期，此處是耶路撒冷北方的制高點，所以英軍蓋造彈藥庫和訓練中心，順理成章就叫彈藥山。1948年以色列建國時，阿拉伯聯軍大舉圍攻，約旦趁機佔領東耶路撒冷，於是彈藥山便成為約旦的軍事駐地。1967年阿拉伯聯軍再度圍攻以色列，爆發六日戰爭。但以色列空軍短短三小時就摧毀了阿拉伯最強的埃及空軍，六天中輪番與三國交戰，從埃及奪加薩，從約旦奪西岸和東耶，又從敘利亞奪戈蘭高地，版圖擴大為三倍。其中在耶路撒冷，以色列傘兵55旅陣亡37人後攻下彈藥山，打通了前往老城的途徑。館內展出的照片中，有一張正是傘兵進入老城後，同心仰望哭牆的合照。

經典照片：望著哭牆的傘兵

1975年，以色列在山上蓋了紀念館，種植182棵橄欖樹，紀念182位六

館內破損的玻璃窗

彈藥山上，國旗飄揚

有人說，蜜月想來看看壕溝

日戰爭期間隕落的士兵。1987年，彈藥山宣布為國家紀念遺址。如今，每年有20萬名遊客遊覽此處，包括8萬名的以色列士兵。

雖然如此，我們發現紀念館並不大，和它的歷史價值似乎不太相合，而且進劇場看相關的紀錄片是要付費的。

「這館，好像很窮。」我說，一邊指著館內的破玻璃，有的地方的電燈也壞了。Tobias同意，直說大屠殺紀念館有那麼多人捐款，這邊好像就沒有了。

會不會這是故意的，要塑造一種戰地風情？

不過戶外的壕溝，越老越有味道。這坑道繞著山頭跑，眾人都下去體驗，Belinda甚至像地鼠鑽洞一樣快活，拍起網路直播的影片來，只剩我留在草地上和陳姊妹聊天，從制高點看著迷宮中穿梭的夥伴們。後來有人看到了Belinda的直播，直言很想來以色列度蜜月。

下一個預言會成真嗎？

對以色列人而言，彈藥山是紀念館和新兵中心；對基督徒而言，彈藥山不僅是六日戰爭的櫥窗，更是新約預言實現的見證。

關於以色列的復國，以西結書36章說：「我必從列國收取你們，從列邦

聚集你們，把你們帶回自己的地。」但關於耶路撒冷的統一呢？也有，那就是耶穌在路加福音21章說的：「他們要倒在刀刃之下，又被擄到各國去，耶路撒冷要被外邦人踐踏，直到外邦人的時期滿了。」雖然千百年來列國的鐵蹄踏過耶路撒冷，但時期滿了，不再讓他們進入了，這事豈不正應驗在六日戰爭上？

不過，這也是增添無窮煩惱的開始。當你領土增加，戰略縱深拉大時，禍患也進到了內部。聖經的下一個預言：彌賽亞帶來和平，何時才會實現呢？

【裝甲軍團紀念館Latrun】

除了彈藥山，耶路撒冷以西15公里的Latrun還有裝甲部隊紀念館，展示著歷次中東戰爭的刻痕，並設有陣亡官兵紀念碑，現任以色列總理內坦雅胡的哥哥也列名其中。獨立建國時，在耶路撒冷的猶太人遭到包圍，於是初生之犢的以色列國防軍向敵方要塞Latrun發動強攻牽制，使另一支部隊成功抵達耶路撒冷解圍。如今，這裡陳列了200多輛坦克和各類裝甲車，其中有以軍使用過的，也有從敵軍奪來的，另外還有從歐美收購的二戰坦克。

坦克博物館

由校園內遠望聖殿山

瞭望山上的希伯來大學

在一般人的觀念裡，臺灣最好的大學是臺大，香港最好的大學是港大和港科大，而中國大陸最好的大學是清華和北大。

那麼以色列呢？眾所公認，是耶路撒冷希伯來大學（The Hebrew University of Jerusalem）。該校籌備於1918年，建成於1925年，是繼以色列理工學院之後以色列的第二所大學，同時也是西亞最好的大學，養成許多諾貝爾獎得主，並且產生四位以色列總理。在各種世界大學排名裡，希伯來大學經常都在百名之內。可見以色列強大的不只是軍事，更有教育文化的軟實力。

一座瞭望著耶路撒冷的山

從彈藥山出來，轉搭公車，十分鐘就可以到希伯來大學。

希伯來大學有四個校區，包含斯科普斯山、吉瓦特拉姆（Giv'at Ram）、英科雷姆（Ein Kerem）、雷霍沃特（Rehovot）。除了雷霍沃特在特拉維夫南邊，另外三個都在耶路撒冷。其中斯科普司山在東耶路撒冷內；吉瓦特拉姆在西耶路撒冷的主要市區，旁邊就是國會和以色列博物館，校園內還有國家圖書館；英科雷姆則在耶路撒冷市的最西邊，相傳是施浸者約翰出生的地方。

主校區所在的斯科普斯山（Mount Scopus）是老城東北的一座山，海拔826米，離哭牆不過兩公里，遠遠就可以看見。反過來說，從山上你可以俯瞰聖殿山。事實上，斯科普斯山本來就是瞭望山的意思，望向哪裡？望向耶路撒冷。

在耶路撒冷統一前，這裡是屬於猶太人的飛地，被包圍在約旦控制的土地裡，遠遠望著耶路撒冷興嘆。這也讓希伯來大學一度放棄校園，另闢了西耶路撒冷的校區。後來1967年六日戰爭後，整個約但河西岸都被以色列攻佔，通往斯科普斯山的路也打通了，於是人們可以由西耶來到校園內了。

希大校園巡禮

為我們導覽校園的陳姊妹，就是從臺灣來到這樣一個地方讀書，剛來時，家人很擔心她的安危，其實倒也沒那麼糟糕。

公車可以直達校門前，但陳姊妹提早一站下車，帶我們去一家咖啡連鎖店解解渴，還說這一家讓星巴克做不下去，黯然退出以色列。

我問：「他們打敗星巴克的祕訣在哪裡呢？」

「在地化吧，星巴克堅持做自己，沒有提供以色列人喜歡的食物，比如冰砂；咖啡的口味也和當地人不合。」

希伯來大學的正門口

打敗星巴克的咖啡店

門口牆面上的學術巨人們

進入希伯來大學，必須安檢。周邊有英國軍人公墓和醫院。校門對面的馬路旁，掛著愛因斯坦等人的畫像，進了校園和室內，又看見了他老人家。這所大學為何對愛因斯坦這般敬仰？因為第一屆希伯來大學董事會的理事，包括愛因斯坦、弗洛伊德、馬丁布伯和魏茨曼，都是赫赫有名的大人物。

這裡不分阿拉伯人和猶太人。走在校園裡，不時還會看見一些黑頭髮的學生。這幾年來讀書的中國人和韓國人不少，韓國人以基督徒居多，而中國人則是和以色列簽訂了許多合作方案。

放眼望去，校園本身就是一個占地廣闊的植物園，耶路撒冷常見的懷特花，在這裡也很普遍，一株株樹上開滿紫紅色的花，有點像是櫻花，點綴著校園一角。陳姊妹指著一棟占地廣闊的巨大建築說，大部分的學院都在這裡，有五層樓，地下兩層，地上三層。我暗暗想著，這建築大，卻很不起眼。然而，希伯來大學的優勢不在於硬體。在圖書館裡，我觀察到兩個點：

第一，進出不需要證件，充分信任訪客；第二，館內到處都是學生做報告，我們問陳姊妹可否拍照，她說，這裡你可以做任何事，直到有人來阻止你；果然，當鏡頭帶到學生時，他們打招呼說嗨，沒有一個人閃躲。

這兩件事看起來很平常，然而以小窺大，多少可以看出希伯來大學的學風，和以色列人大開大闔的社會風氣。

姊妹又帶我們去看了校園中最特別的空間－猶太會堂。男生必須戴上門口的猶太小帽才准進入。會堂就像一個扇形的階梯教室，講臺的位置有一大片

希伯來大學的標幟

大學中的猶太會堂

玻璃窗，從那裡你可以看見聖殿山，午後，金色的清真寺在陽光下閃爍光芒。

我開始覺得這棟建築不那麼平常了。注重創新的以色列人，勇於挑戰權威，人人都有責任照他以為最好的方式有所作為，他們的創新公司是全球最受矚目的。但說到底，還是有一個信仰基礎定在這裡，穩住他們的心。

推開門，從會堂旁邊走到陽臺，聖殿山和橄欖山的景致盡在眼前。陳姊妹說，這裡還不是最好的，另外還有一個觀景臺。走過去，觀景臺果然風景更好，周圍遠山環抱，橄欖山上的升天塔彷彿伸手就可以碰觸。

還可以看一個地方喔。姊妹說。

羅斯伯格半圓形劇場就像一個羅馬競技場，鎮住校園東邊的低處，以廣闊的天地為背景，向上放射出宏偉的弧狀觀眾席和階梯，每一塊全都是石頭砌成的。從第一階走下去，又從最後一階再走上來，腳底就整個軟了。區區一所大學，怎麼會有如此壯麗的景觀？

校園裡有許多歐洲來的學生，他們很喜歡曬太陽，日正當中時還坐在草地上聊天。而在靜謐的羅馬劇場這裡寥寥數人，自己找一塊階梯躺下，舒舒服服地曬起午後的陽光，就像是陶淵明筆下「悠然見南山」的情調。

遠處朦朧的高大山影是約旦的山，旁邊是約旦河，再過去就是約旦。三千五百年前，摩西曾經從約旦那邊遠眺西岸這邊。如今我們又從西岸這邊，遠眺以色列人當年渡過來的東岸，連死海都可以清楚望見。原來瞭望山不只瞭望耶路撒冷，也可以瞭望約旦。

兩點半陳姊妹要上課，邊吃午餐邊和我們聊了許多。她說，在希伯來大學這裡，學生必須很用功，有時候十二點下課，十二點半又上課，從早上一直持續到晚上六點，不睡覺是常有的事。超越巔峰，就發生在這些你看不見的地方。

在離開校園以前，她陪我們又走了一段路，直送到大門口。

在希伯來大學這裡，雖然觀察到一些浮光掠影，但更珍貴的還是天涯若比鄰，陳姊妹和我們這短暫的相聚一刻。下午兩點天很熱，卻有微風吹拂。我們四人揮手道別，帶著滿滿的感動，往橄欖山的方向步行而去……

與瞭望山遠遠相望，約旦這一頭的尼波山

【你希望到以色列留學嗎？】

由於生活空間不足，加上每年必須接納大量回歸的猶太人，因此華人要移民以色列並不容易，除非你通婚歸化為猶太人。再者，以色列對外來的勞動者課稅比較重，因此想在此間住上幾年，留學讀書是比較簡便可行的路。

除了進行遠距教學的以色列開放大學（OPENU）外，以色列有七所公立大學可以供你選擇。在耶路撒冷，有耶路撒冷希伯來大學（HUJI）。在南方的貝爾謝巴（別是巴），有內蓋夫本古里安大學（BGU）。在北方的海法，有以色列理工學院（IIT）和海法大學（HU），前者是以色列的第一所大學。在西海岸有三所：在雷霍沃特的魏茨曼科學研究學院（WIS），在特拉維夫的特拉維夫大學（TAU），以及在拉馬干的巴爾伊蘭大學（BIU）；這三所學校都位於特拉維夫都會區，其中WIS只有研究所沒有大學部。此外，HUJI還設有雷霍沃特校區，IIT也設有特拉維夫校區。

聖經動物園

耶路撒冷市區的西南方，有一個占地64公頃的民營動物園The Tisch Family Zoological Gardens，由於展出許多在聖經中出場的動物，所以被外界稱為耶路撒冷聖經動物園。動物園對面的火車站，站名就叫作Jerusalem Biblical Zoo。

在「聖經」的加冕下，動物園長期以來一直是熱門景點，伴隨以色列人走過了將近一世紀。但這座動物園沒有太多珍禽異獸，這裡看得到的，在臺北的動物園也幾乎都看得到。這裡真正獨特的，是園內和平相處的畫面。動物園的工作人員包括猶太人和阿拉伯人，他們不理園外紛擾，攜手照顧神的造物。

搭公車去動物園

動物園比大屠殺紀念館更遠，而且沒有輕軌電車可以搭乘，我們必須從Ben Yehuda Street坐17號公車去，約時15至20分鐘。雖然園區對面有個火車站，卻不是通往市中心，所以也只能選擇公車了。

耶路撒冷的公車舊舊的，像是捨不得丟掉穿了多年的棉襖。但它也不算落後，不但和電車一樣可以刷卡，而且還會開一張收據給你。唯一令人遺憾的是，公車上和站牌一樣同樣只有希伯來文，對於外國遊客相當不便，得靠網路。

公車一路往西南開去，行經許多狹窄的綠蔭街道，沿途看見的都是石頭砌成的土黃建築。越往西越猶太社區的感覺，正如你由老城出發，越往東就越阿拉伯的感覺。不僅如此，越往西，你對於耶路撒冷的地形就越有印象。正如羅馬是在七座山丘上建立的，耶路撒冷也是由許多山頭組成的。越往西越有空地，你可以看見房屋由市區蔓延到山與山之間，然後上到山腰，上到削平的山頂，沿著馬路將散落在各處的社區連結起來。有時候你以為到了郊區，但是道路一轉，過了髮夾彎，眼前又是一片熙熙攘攘的建築。

我嘆了一口氣，如果是跟團，要怎樣才能觀察到這些細節？

共生共存的大水池

由Derech Aharon Shulov這條岔路拐進去，一路走了半公里以上，氣喘吁吁地繞到另一頭的大門口去，沿途都是青青蔥蔥的山壁，還有許多難以辨識的異國樹木，讓人忘記烈日下的汗水。

動物園三面環山，園區建立在一個低谷及周圍山坡上。入口處花畦內一朵朵鮮艷的黃花，陽光白雲，土壤上鋪排著再明顯也不過的滴管。原來，這裡同時也是一個不折不扣的植物園，長滿了各樣的植物。

買票進了大門，眼前又是一片豁然開朗。這是一個不小的池子，池子上有人工島，島上有猩猩在吊繩上盪來盪去。但引起我們注意的是鳥，好多的鳥！

大的鳥，小的鳥。喧鬧的鳥，悶騷的鳥，竊竊私語的鳥。紅的鳥，灰撲撲的鳥。發呆的鳥，踱步的鳥，發狠敲著自己嘴巴喀喀喀作響的鳥。有的明明能飛，卻自願停留在樹梢上不離開園區；有的都已經鑽出池邊的柵欄了，過不多時又自行鑽回欄內，沒有人想要到外頭流浪。天鵝，紅鶴，鴿子，鵜鶘，烏鴉，少說也有十來種鳥禽混養著，隨意放養在圍了低矮柵欄的草坪上，共同分享這一個大池子帶來的繁華。這時我產生了暫時性的錯覺，以為整個宇宙都在歌唱著，從水中冉冉而出。只可惜草坪上躺著好幾條死魚，臭氣熏天。

虎園前的女孩，她眺望著看不見的老虎，牆上的老虎卻逼近她。

▍水池旁的火鶴

▍澳洲的大蝙蝠對以色列孩童來說很是稀奇

春天正是遊園天

「那麼，池子很大，往左還是往右呢？」

「箭頭的指示往右，但我們往左如何？」

左手邊第一個是澳洲動物區，袋鼠自然是最耀眼的明星。坡道下還設了一道重門，讓我們可以大大方方走進袋鼠園內近距離接觸。

「甚麼時候可以進去呢？」問了問坐在黃土地上休息的工人，他們顯然聽不懂英語，於是指著另一頭，意思是那邊有聽得懂英語的人。我猛然想起猶太人並不都是從歐美回歸祖國的，至少有一百萬人是1990年代以後由俄語世界過來的，另外有些土生土長的人也不見得懂英語。

南美區有野豬，有羊駝，有巴西貘，還有和鹿養在一起的豬。由於豬是不潔淨的動物，為了避免紛爭，園方曾在野豬區公告說：「這不是豬！」

野豬的隔壁還有另一種「豬」－水豚，在不大不小的池子裡，一位水豚君茫然地看著遠方發呆，冷不妨被其他幾位水豚君撲倒，引起了Belinda小姐的歡呼。這時，我們在池邊遇見了三個喜孜孜的猶太女孩。

「星期四不是要上學麼？為甚麼會跑來動物園？」

「因為按照猶太曆法，今天放假，所以就來動物園玩啦。」矮小的女孩又說，她們已經是高中生了。她指著最害羞的女孩說：「她是法國回來的唷！」

原來如此，她是從歐洲回歸的猶太人，而其他兩個是土生土長的猶太人。近幾年歐洲反猶之風又起，所以回歸的人多起來了。人與人之間築起高牆，不能如眾鳥雜沓的大水池，分享同一道燦爛的陽光，這是多麼可惜啊！

揮揮手，女孩們，再見。

我們在鱷魚池和象園之間的大草坪坐下，開始吃起我們帶來的口袋餅夾火腿，還有甜滋滋的無花果餅。一群阿拉伯學生，跟著包頭巾的女教師嘰嘰喳喳走過草坪；而另一群猶太學生，歡天喜地同我們坐在草坪上，享受樹蔭帶來的涼爽，整座動物園都年輕起來了。

東張西望的狐獴先生

我的心中卻飄過一抹陰影。兩大族群彼此漠視了對方，這是和平，但還不夠和平。長遠的和平，恐怕還有一段漫長的道路要走。

飯後我們起身，在烈日下來到最大的分區－非洲區。這裡極為有趣，山羊、野鹿、羚羊、長頸鹿、斑馬、鴕鳥、河馬等等十餘種動物混居，有池有泥，上頭架起一條行人專用的高架橋，從東邊直橫到西，又安置了幾座涼亭，讓遊客可以居高臨下，觀看這一片草莽大地。有幾隻羊和鹿，乾脆就躲在橋梁蔭下遮陽，省得一天到晚喘氣喝水。

非洲區的南方就是園外青綠的山地，有許多鴿子飛進來湊熱鬧，與非洲動物同食共宿，令人想起「豺狼必與綿羊羔同居，豹子必與山羊羔同臥」這段話。但願在不久的將來，這個預言能夠實現。曬黑了的Tobias，望著眼前和諧的景象，也無限感慨地說：「就這麼養著，看著，好像也不錯。」

幾人能上方舟

竄過非洲區再往西北去，園區的極西之地，就是挪亞方舟。

挪亞方舟當然不是真的挪亞方舟，只是一個小型的複製品，但還是可以輕輕鬆鬆地裝進幾頭大象。方舟分為二層，一樓規劃為紀念品販售區和資料查詢區，二樓則是露天陽臺，可以登高瞭望南方的山地。

聖經上說，在遠古之時，大洪水以前的那些日子，人又喫又喝，又娶又嫁，整天關注的就是這些，直到挪亞進方舟的那日，還不知道神的審判要來，直到洪水來了，把他們全都沖去。其中得救的動物雖多，那進入方舟安全得救的人卻不多，只有挪亞一家八口。而今天的世界又是甚麼樣的世代，我們將會如何呢？

那麼，這便是那一天遊園的梗概了。還有很多細節，交給你前去體會。

走過紅貓熊的家以後，視線漸開，眼前出現了一條涓涓細流，並且逐漸闊大，最後居然成了谷深水冷的河流，並且沿岸紫花怒放，鴨雁在水面上快活

▍挪亞方舟

地游動著。我想起聖經中的幾句話：「你是園中的泉，活水的井，從利巴嫩流下來的溪水。他們要在草中長起，像溪水旁的柳樹。」隨流而下，我們又回到了入口處的水池，水勢歸於平緩，又見到百鳥爭鳴的場景。

動物，是最能讓人類放鬆心情的好朋友，而人在放鬆心情時的臉孔是他最自然的模樣。所以去動物園，看到的不只是動物，更是看見許許多多來看動物的人，照顧動物的人，以及人背後複雜的生態。如果你來聖經動物園，看見動物以外的故事，甚至想起聖經裡的一些金玉良言，你便已值回票價！

【聖經植物園】

有動物園，就有植物園。特拉維夫與耶路撒冷中間，有一座佔地250公頃的聖經景觀與風貌保留區Neot Kedumim，外界稱為聖經植物園。這個民營的樂園創建於1965年，係為還原聖經景觀而特意打造，從最小的牛膝草到高大的黎巴嫩香柏木都有，園內還仿製了聖經時代的建築與生活情境。

安息日

來到以色列，當然要體驗一下安息日。我們一共在耶路撒冷遇上了四次安息日，現在拿第一次的情形來說說。

猶太曆的一天是從日落開始，也就是先晚上再白天，所以安息日不等於週五或週六，而是從週五日落到週六日落為止。很多人往往把安息日和基督徒的主日混在一起，以為安息日就是主日，就是星期天，這是不對的。

另一個迷思是：許多人以為安息日是敬虔的猶太教徒才會遵守的日子，其實不然，在這一天公司不上班，大眾運輸不營業（只有國際機場和北方以阿拉伯人為主的地區如常運作），許多商店也不開門，影響的層面很廣。在耶路撒冷除非你開車出城，不然安息日一到你既不能搭車，許多機構、景點又休息，會變得有些不知所措。

第七天，你該休息了

為甚麼要設安息日？按照舊約聖經，這日子是神親自設立的：

「天地萬物都造齊了。到第七日，神造作的工已經完畢，就在第七日歇了祂一切造作的工，安息了。神賜福給第七日，將其分別為聖，因為在這日神歇了祂一切創造和造作的工，就安息了。」（創世記2章1至3節）

摩西帶領以色列人出埃及後，律法中的「十誡」就有一條專論安息日：「當記念安息日，將這日分別為聖。六日要勞碌作你一切的工，但第七日是向耶和華你神當守的安息日；這一日你和你的兒子、女兒、僕人、婢女、牲畜、並你城裡的寄居者，無論何工都不可作；因為六日之內，耶和華造天、地、海、和其中的萬物，第七日便安息了；所以耶和華賜福與安息日，將這日分別為聖。」（出埃及記20章8至11節）

老城，安息日的一家人

安息日模式的電梯
（by Frances Tsai）

基帕小帽在街頭隨處可見

可見安息日的基本精神，是神滿足了，停下工作了，祂要人和祂一同安息，而且是全家一起休息。對於猶太人來說，他們認為安息日既是要使身心都停下忙碌，因此透過許多禁令，具體規範了施行細則。在這一天有許多事不可做，包括做生意、談生意、上班、消費購物、做家事、開車、坐車、書寫、用電器、打電話等等。為了不犯禁，在耶路撒冷有許多飯店，時間一到電梯就會轉為安息日模式，不需要讓你用手指「工作」碰觸按鈕，而是自動停在每一層。

只有一件事是公開可行的，那就是按照經上的吩咐舉辦聖會，來到神面前。所以猶太會堂在週五日落時或晚間會舉辦敬拜活動；週六早晨和下午也有活動，如祈禱、讀妥拉（摩西五經）。這也正是為何耶穌常常利用安息日去會堂傳道。

空蕩蕩的街頭

觀察安息日最好的地點，是猶太人集中的西耶路撒冷。在以色列，並不是每個猶太人都嚴格遵守傳統，但耶路撒冷是宗教氛圍特別濃厚的城市。比如男士頭上的小圓帽「基帕」（Kepah），世俗化的特拉維夫街頭看不到幾頂，在耶路撒冷卻是滿坑滿谷。有些猶太人會提供收費服務，讓你體驗他們的安息日生活。如果花不起這筆錢，看看空無一人的街頭巷尾也同樣有趣。

下午兩三點你便可以開始觀察，但在出門以前，切莫忘記先到馬哈尼耶胡達市場或超市去買菜。因為這一天市場不會營業，大街小巷的商店也都休息；更麻煩的是，這件事不會等到日落才開始執行，兩點左右就會陸陸續續拉下鐵門走人。即便你願意大老遠跑到老城，去阿拉伯市場買東西（阿拉伯人不守安息日）；但是公車電車都停駛了，除非自己開車，或者拖著大袋小袋走路半小時回家，否則就得趁著週四晚上或週五上午，趕緊到馬哈尼耶胡達走一遭。

「週四晚上的菜最便宜！」C 姊妹對我們千叮嚀萬叮嚀。平常晚上的菜就比白天便宜，到了安息日封關的前一天，當然是便宜便宜更便宜了。

睡過午覺再出門，不到傍晚街頭已是空空蕩蕩。公寓外的咖啡店，關著門；衣飾店，關著門；雜貨店，關著門。再過一會兒，那些極少數還開著的，也都要關了。但這種甚麼都沒有的畫面，正是你該捕捉的。

繁榮的西耶路撒冷街道上冷冷清清，彷彿一夜之間沉睡的枯枝；不但沒有電車，連汽車都減少了許多，行人還不到平時的一成。在行人徒步區或熱鬧的錫安廣場，人都散了，也沒甚麼人在室外喝咖啡，只剩下貓兒出沒。本地人都去哪裡了呢？原來他們都回到家裡，準備和家人團聚吃晚飯。

安息日的街道，空無一人

夜晚的大衛塔下，車輛仍川流不息

安息日雖然從日落開始算，但公司行號從中午就陸續放假了，週六則放全天，所以人們有一天半可以和家人好好相處。而他們相處的第一件事，就是坐下來好好吃頓飯，別的甚麼都不管。少數在街上看見的猶太人，也多半是三三兩兩，扶老攜幼走著的，像是要趕赴甚麼宴會。

雖然安息日禁止點火，但家中會在週五傍晚預先點燃安息日燭臺，提供接下來這一天的照明。猶太人就是在這暗中有光的時刻開始安息日晚宴，誦讀祝酒辭、祝餅辭，謝飯禱告，與家人共享寧靜的時刻。隔天日落，他們還會再點燃分別為聖之燭，飲酒點香，作為安息日的結束。

偶遇蛋糕帽

這天下午吹起涼風，我們走著走著，一路就走到雅法門，鑽進老城去了。我拉住Tobias：「你看，有奇怪的帽子！」

前方有兩個男人走著，戴著厚厚大大的黑毛帽，看起來像是要參加國王的加冕典禮，腳步十分穩重。在宗教氛圍濃厚的耶城，一般的猶太男人會戴基帕小圓帽，宗教人士則更慎重地拿出黑氈帽和黑毛帽，一派名士作風；尤其在安息日這一天，黑毛帽較平時更為頻繁地出現，方方正正，彷彿蓬鬆的蛋糕塗

上黑漆，所以我私下稱為蛋糕帽。

餘下的時光，我們在聖墓教堂度過。回程，月光灑落滿地，我們四人離開舊城，慢慢走回西耶路撒冷。時間不過晚上七點，平日喧鬧的街道像午夜兩點，淒清而乾淨，連貓也不在了。

經過一戶人家時，偶然瞥見裡頭的燈光和笑聲，還有食物的味道。莫非這就是傳說中的安息日晚宴？正好奇的時候，有個聲音從二樓傳出來：「進來！」原來這裡不是家，是個餐廳。世俗的猶太人和宗教的猶太人為了安息日而產生爭論，早已不是新鮮事，但這家餐廳關起門來做生意，不公開得罪嚴格遵守安息日的正統派，倒也不失為一種妥協的辦法，只是有的人忙著叫人停下工作，有的人則忙著讓別人相信他已經放下工作，但真正能使人安息的，究竟是甚麼？

「凡勞苦擔重擔的，可以到我這裡來，我必使你們得安息。我心裡柔和謙卑，因此你們要負我的軛，且要跟我學，你們魂裡就必得安息。」

我們笑了笑，繼續走回公寓，迎向屬於我們自己的安息。

戴著黑毛帽的男人

戴著黑氈帽的男人

【猶太人的三種帽子】

猶太小圓帽在希伯來語中叫基帕（Kepah），意思是「遮蓋」或「頭罩」，用蒙頭表達對神的敬畏。帽子很輕，人們必須以髮夾別在頭頂扣住。帽子顏色越深表示越虔誠，所以大多是黑色、藍色，上面往往還有圖案設計。在哭牆、大衛墓、各猶太會堂等嚴肅場地，入口都會提供免費的基帕，用後歸還。這種基帕更輕，不需夾住頭髮就可以黏附在頭頂。基帕本是男士專用，但近來也有女子穿戴。

另外還有兩種帽子，常見於極端的猶太教正統派人士（Charedim, Hasidi），他們接受政府的生活補助，外出時常戴著黑氈帽或黑毛帽，身穿黑色長袍長外套，腳著黑長筒襪黑皮鞋。成年男子無論老少必定留一臉絡腮鬍、兩綹鬢髮；未成年的男孩也留長鬢髮，戴小圓帽。

以色列博物館

創建於1965年的以色列博物館（Muze'on Yisrael, Yerushalayim），由以色列政府、耶路撒冷希伯來大學、猶太事務局和耶路撒冷市政府共同經營。在國內的地位就好比國立故宮博物院之於臺灣，它的特點是擁有全球最多的聖經文物，同時也是猶太藝術家最重要的展示櫥窗。因此很早以前，我們就透過駐臺北以色列經濟文化辦事處的協助，跟博物館預約了導覽，館方還很慷慨地讓我們免費進場，希望能透過報導，讓更多的臺灣遊客認識這個文化的寶窟。

一塊市區中的文化瑰寶

和館方預約的時間是3月20日，這時我們已經在以色列待了兩週多，並且剛從北方的加利利回到耶路撒冷，緊接著又要自駕往南部沙漠去。因此能在靜態的博物館中接受文化洗禮，無寧也是一次很好的身心調濟。

博物館佔地將近5萬平方公尺，位於西耶路撒冷的吉瓦特拉姆地區（Givat Ram），以色列許多重要的機構都設於此間，包括國會、總理府、以色列最高法院、以色列銀行、耶路撒冷希伯來大學和國家圖書館、以色列博物館、聖經地博物館等，相當於臺北的博愛特區。

這裡的館藏有50萬件以上的物品，分為考古學館、死海古卷館、美術館、猶太藝術生活館、青年藝術館和藝術花園等展區，受限於時間，這天只能先看看第二聖殿時期的耶路撒冷模型、死海古卷館以及考古學館。負責為我們導覽的是Roni Peled，他是一位有著銀髮的和藹老先生，戴著一頂基帕小圓帽。

耶穌時代的耶路撒冷城

Peled先生第一個帶我們參觀的，是戶外的第一世紀耶路撒冷城的模型，比例是1：50，占地將近一英畝，主要的建材是耶路撒冷石。它是1966年由聖地酒店的業主漢斯克勞（Hans Kroch）倡議興建的，用以紀念在以色列

獨立戰爭中陣亡的兒子。2006年，模型搬遷到以色列博物館永久展示。

這天耶路撒冷的風大，站在模型旁帽子險些飛走。在公元70年羅馬人毀滅耶路撒冷以前，這座城市正處於歷史發展中最繁華的時期，涵蓋了南方的大衛城和錫安山，以及大馬士革門以北的區域，比現在的耶路撒冷老城還要大上一倍。那時的聖殿是波斯統治時期猶太遺民重建的第二聖殿，後來在羅馬指派的大希律王擴建下成為比第一聖殿更宏偉的建物。也就是說，無論是城還是殿都達到了歷史的高峰，連初萌芽的教會都欣欣向榮，正如使徒行傳中所說的：「弟兄，你看猶太人中信主的有多少萬！」但耶穌受死前卻為它歎息，並且預告聖殿的毀滅：「你看見這些偉大的建築麼？將來絕沒有一塊石頭留在石頭上，不被拆毀的。」

Peled先生知道我們是基督徒，特意提點了許多新舊約提及的地點。比如一開始的耶路撒冷是在東南方的大衛城這裡，非常小，北邊是所羅門王蓋的聖殿，然後在希西家王的時代才向西發展。模型中那個又大又高的建築物是第二聖殿，南邊是主要的入口戶勒大門，城門至今猶在，只是封閉了。古時候朝聖者走的路線，是從大衛城南邊的西羅亞池子北上第二聖殿，就在今天的阿克薩清真寺那裡。朝聖者們會經由一條階梯走道前往聖殿南邊的入口，其中Robinson拱門是人們

死海古卷博物館外觀

帶著祭牲進入的地方，耶穌曾經在這裡趕出作買賣的人，推倒兌換銀錢之人的桌子，和賣鴿子之人的凳子，並且引用舊約說：「我的殿必稱為禱告的殿，你們倒使它成為賊窩了。」

城內最高的地方是西邊，也就是現在的大衛塔以及雅法門，當年曾是大希律王的宮殿，後來作為羅馬總督本丟彼拉多的府邸，但他平常住在海邊的該撒利亞，只在節日的時候來耶路撒冷，因為會有超過50萬的朝聖者，需要他現場坐鎮。Peled先生又指著三道城牆說，在耶穌受死的時候還沒有第三道牆，所以第二道牆已經是城的界限，耶穌被釘十字架的各各他和埋葬的墓地在牆外。為什麼？因為猶太人認為死人的身體是不潔的，不能被埋葬在城內。那裡現在已成了聖墓教堂所在。

聖書之龕——死海古卷博物館

耶路撒冷模型旁還有一棟醒目的建築——死海古卷博物館（The Shrine of the Book），又稱聖書博物館或聖書之龕。館中收藏了八卷全球最古老的聖經手稿《死海古卷》（Dead Sea Scrolls），以及罕有的希伯來文手抄本聖經——公元十世紀的亞勒普抄本（Aleppo Codex）。

由死海古卷博物館內部仰望圓頂

說起來我們對死海古卷是很有感情的，因為2014年的時候，死海古卷展在臺北舉行，當時我們曾協助內容製作、佈置並擔任介紹員，忙了好幾個星期。如今親眼看到正本的收藏地，多少還是掩不住一絲的喜悅。

博物館有三分之二都在地下，外觀是一個白色圓頂，圓頂在水池環繞中反射著水光，與旁邊一道黑色的玄武岩牆形成對比。白色圓頂象徵光明之子，黑色石牆象徵黑暗之子，典故出自死海古卷中的戰爭卷，寫到以色列與摩押、以東的戰爭。至於聖書之龕的內部有如一個大壺，壺的中心是一個環狀空間，用以展示珍貴的古卷複本。

館內原本不准拍照，但我們向館方申請得到特許。就在拍得不亦樂乎時，館內有幾個不明究理的民眾怒目環視我們，一副「規定就寫在那裡，難道你們是文盲嗎」的神情，過了一會，又有一位捲髮的先生走過來提醒：「不能拍照喔！」

Peled先生連忙說：「他們是和我一起的！」他又補了一段話：「前兩年，他們有在臺北的死海古卷展幫過忙。」

捲髮先生喔的一聲，這時Evonne突然驚喜地說：「你不就是館長先生嗎？你有來演講過，我還記得你！」

《死海古卷》最早是在1947年發現的，那時有一個貝都因的少

年牧羊人追趕著一頭山羊，但牠卻躲進了山上的洞穴。為了叫那頭羊出來，少年往洞裡丟石頭，結果打中了某樣東西。少年進入洞穴一看，罐內居然藏著許多古老的經卷。後來人們先後從11個山洞找到書卷及殘篇共四萬份，除了以斯帖記以外，整本舊約的手稿都找到了；另外也有聖經評論、宗教法著作和禮儀文本等文獻。經過鑑定，古卷的年代介於公元前三世紀到前一世紀，也有人說從公元前170年到前58年。不管怎麼說，這證明舊約不像某些疑古派說的，是公元後數個世紀才被偽造出來的，尤其最完整的以賽亞書幾乎和現在看到的完全相同，只在一些拼字上有出入。更奇妙的是，古卷正好在復國的前夕發現，大大加強了以色列人的信心。

Peled先生告訴我們，抄錄這些書卷的艾賽尼派（Essenes），社區裡所有的盤子在一起，所有的錢也都在一起，很像共產主義的生活，而從使徒行傳來看，基督徒一開始也過著這樣的生活。

「沒有水就沒有樹，沒有水就沒有生命，如果你沒有聖經，就沒有活著的理由，沒有活著的憑藉。」Peled很認真地指著書卷：「這是以賽亞書的複本，因為正本很古老，每五年我們才會拿出來輪流展示。現在讓我帶你們看原版的，是寫在軟的牛皮上。我們做了DNA研究，所以知道這頭牛是以色列這裡的牛，大約是公元前200年。」

撒母耳與賽迪布隆弗曼考古學館

我們的最後一站，是考古學館，裡頭收藏了將近六千件文物，當中大部分都是在以色列發掘。挑一些和聖經較有關係的部分說說。

但城石碑

公元前九世紀，亞蘭王哈薛為了紀念戰爭勝利而在以色列北部但城立起一塊石碑。石碑上清楚可見「以色列王」和「大衛之家」的字樣。這是第一個在聖經以外提到「大衛」的文物，而且還不是由以色列人自己寫的，把那些主張「大衛只是神話」的人狠狠打了臉。館方現在稱它作「大衛家王朝碑」（House of David Dynasty Inscription）。

但丘石碑

一個被釘十字架之人的殮屍盒

如今確定屬於耶穌以外的某個人，有一段時間考古學家完全不知道他是誰，只知道這個人被釘十字架並埋葬了，幾年以後他的屍體腐爛以後，就把他的骨頭放在殮屍盒。他被釘十字架的方式就跟耶穌被釘的方式一樣。盒裡有他留下的腳骨頭連同上面的釘子，還有一片橄欖葉。

十字架的刑罰：釘子穿過人的腳骨

羅馬總督本丟彼拉多的碑銘

本丟彼拉多也留下了一塊碑銘，他就是審判耶穌並將耶穌釘十字架的人，曾為當時的皇帝提庇留造了一輛車。這塊碑證明了真的有彼拉多這個人。

第二聖殿的幾個遺物

在館內也看得到大希律王興建的162根柱子之一，此外還有籬笆，非猶太人不能跨越這座籬笆，為什麼呢？因為在猶太人看來外邦人是不潔淨的，如果他們進入門內，至聖所就不潔了。所以籬笆上寫著：誰越過了籬笆，就會被神擊殺！此外，館方也收藏了聖殿屋頂丟下的一塊石頭，是在吹號的地方，就是他們宣布安息日的地方，上面的文字是用希伯來文寫的。

大祭司該亞法的殮屍盒

由於大祭司該亞法捉拿了耶穌，所以這個殮屍盒對基督徒很有意義。盒子上面用希伯來文明白寫著「約瑟該亞法」，這讓Peled先生覺得很不可思議！殮屍盒相當華麗，裡頭只放他的骨頭，然後把它放在山洞的廳堂裡。

大祭司該亞法的殮屍盒

猶太人的會堂

看我們一臉驚豔的表情，Peled先生自豪地說，這裡有好幾個世界各地的會堂，比如荷蘭、摩洛哥、敘利亞，現在都在耶路撒冷這裡重現風華。很有趣的是，在印度的猶太會堂很明顯地偏向印度風，有很多繁瑣的圖像設計。而17世紀的義大利Vittorio Veneto會堂，則染上了威尼斯的優雅風味，男人們像看電影一樣在下面坐著，而女性在二樓。這些會堂的外觀都受到當地的建築風格影響，我想這正是猶太人的生存之道——融入環境，但保持自己的獨特性。

華麗的猶太會堂

寫有祭司祝福的項鍊

Peled先生說，這是在城牆外一個山洞（墓穴）發現的，是世界上已知寫有聖經文字最古老的文物，大約在西元前650年，比死海古卷還要早。上面的文字是民數記六章24至26節：「願耶和華賜福給你，保護你；願耶和華使祂的面光照你，賜恩給你；願耶和華向你仰臉，賜你平安。」這段話猶太人稱為「祭司的祝福」（Priestly Benediction），乃是摩西死前給以色列人的禱告和祝福。猶太人每週五用這段話祝福孩子；摩西傳給他們，他們再傳給子孫們。

關於以色列博物館，想說的還有許多，我想還是由你親自走一趟，在這裡遇見一場文化或信仰上的邂逅吧！

普珥節的嘉年華遊行

打從我們抵達耶路撒冷的第一週，就在馬哈尼耶胡達市場發現一件很奇怪的事，那就是有一群女孩拖著板車，在市場裡募集物資，攤販們好像也見怪不怪，把一些蔬菜水果甚麼的送給她們。

「這是在做甚麼？」我問。

C姊妹說：「她們在要普珥節的東西，要送給窮人。」

第二週，我們偶然經過錫安廣場時，又有一群少年人在跳舞，幾個女孩則在外圍募款，原來又是為了普珥節。

到了第三週，事情越來越古怪了，不但小朋友上學時把自己打扮成獨角獸、小公主或米老鼠，飯店的侍者化身為天線寶寶，連猶太人的精神堡壘馬薩達，售票處小姐也戴起兔女郎的耳朵，一副理所當然的樣子。有時候繞過街角，一個「超人」穿著披風安靜走過你的身邊，讓你分不清市民們到底是很認真還是開玩笑。

C姊妹也把女兒打扮成中國公主，她邊笑邊歎息：「這就是普珥節啊，有的家長還會花大錢做很貴的東西。」

其實打從一開始，我們就知道會遇上猶太人的普珥節（PURIM）。今年的普珥節是3月24日和25日，正好是我們從死海回來的當天和隔天，緊接著就是安息日。但我們以為過節就是那麼兩天，想不到兩週前就開始預備了。

以色列辦事處的朋友提醒我們：「霍隆有很熱鬧的遊行喔！」

霍隆（Holon）人口超過15萬，在以色列算是大城，而且還是僅次於海法的工業重鎮，屬於特拉維夫都會區的一部分。換句話說，要看全國最壯觀的嘉年華遊行，就得到海邊的特拉維夫去。然而我們的觀點比較另類，熱鬧的活動我們也不是沒見過，但以色列最宗教的城市還是耶路撒冷吧？當這一個城市遇上喧嘩的普珥節，是不是會變臉為另一個城市呢？

我們決定留在耶路撒冷看看。

故事的起點：以斯帖皇后

有人說，獻殿節就像以色列版的聖誕節，而普珥節就是萬聖節。這話說得也有幾分道理，不過普珥節的由來其實不是為了狂歡，而是和猶太人的苦難有關，他們自己有時也會自嘲說，我們的節日不是誰死了，就是誰得救了。

普珥節的由來是這樣的：

根據舊約的以斯帖記，昔年波斯王亞哈隨魯廢除皇后，並且喜歡上一個猶太孤女以斯帖，立她為新后，但以斯帖沒有透露她的身世。後來有一個大臣哈曼得勢，因為以斯帖在民間的叔叔末底改不肯對他下拜，就請王透過掣籤的方式敲定日期，要在猶太曆亞達月的十三日屠殺所有的猶太人。但末底改通知以斯帖：焉知妳得了皇后的份位，不正是為了今天？於是以斯帖禁食禱告後，勇敢晉見亞哈隨魯王。結果哈曼不但沒有機會殺死任何人，反而被王下令處死，王還允許猶太人除滅哈曼的黨羽，以及各地想要下手害猶太人的惡人。於是京城書珊的猶太人十三、十四日殺敵，十五日慶祝；其餘各省的猶太人十三日殺敵，十四日慶祝。每年亞達月十四、十五日因此成為猶太人脫離仇敵、轉憂為喜的日子，猶太人在這兩天舉辦酒席歡慶勝利，不醉不歸。由於哈曼是採取掣籤的方式來挑選黃道吉日，所以猶太人就稱這兩日為普珥日，因為普珥的意思就是「許多的籤」。

發展至今，除了救濟窮困，互贈禮物，猶太人也會在這兩天享用大餐和狂歡遊行，吃一種三角形的點心「哈曼的耳朵」（Oznei Haman）；經書《塔木德》還要求必須喝葡萄酒喝到醉茫茫分不清「哈曼」和「末底改」，在強調節制的猶太教訓中顯得相當特別。在普珥節的前一天還有「以斯帖禁食日」，人們會在這一晚和隔天早晨前往會堂聆聽以斯帖記的誦讀，伴隨著歌舞，念到哈曼的名字就發出吵雜的噓聲，而且女性也可以參與誦讀，紀念以斯帖皇后。

一場中規中矩的嘉年華遊行

普珥節向來落在陽曆二三月之間，今年在三月底，算是比較晚了。C姊妹告訴我們，第二天比第一天更熱鬧，Belinda也查了網路，發現遊行的重點在錫安廣場到薩夫拉廣場之間，步行過去就到了。

雖然已接近四月，但耶路撒冷的天氣還是和三週前一樣，日間溫暖，清晨和夜間卻涼意甚濃，一天之內經歷了春末和初冬。我們穿著外套出門，步行街本耶胡達還是一樣悠閒，一位大叔表演著薩克斯風，另一位大叔架起遮陽傘，在步道中間擺滿了一地的花盆花束。還也一位微胖的姑娘在轉角放了張桌子，滿桌五顏六色的瓶罐，做起這個節日的獨門生意——化妝。

「唉呀，我們也入境隨俗吧？」Tobias說。他這麼說的結果，當然就是很悲慘的把自己推下海。女師傅按他指定的圖樣，在左眼旁畫了一盞秀氣嫵媚的花，與他陽剛的氣質完全不同。

「這樣我也是耶路撒冷人了！」他大笑。

步行街終點就是錫安廣場，電車還是緩緩的開動，不同的是人們今天特別賣力，普通一點的改頭換面變成了牛仔、蜘蛛人和公主，不普通一點的，連絕地大師、小小兵和阿凡達都跑出來了。這天廣場上停著一輛四輪的拼裝車，上面放著音響，載著一群盡情搖滾的年輕人，整個市中心震耳欲聾，也有人隨著音樂跳舞。幾個孩子在人群中插花搗蛋，拿著噴槍相互灑著白色泡沫。最後，一群奇裝異服的人合力推動沒有動力的車子，沿著雅法路緩緩地往喬治王街的方向去了。

① | ② | ③

① 街上有為人變臉的服務
② 帶面具的女人
③ 赴盛會的父女背影

嚴肅的耶路撒冷這一天果然很輕鬆，不過人們還是拿捏著尺度，沒有一個裸露的，肢體動作也稱不上放浪形骸，只能說是一群規矩人做些不大規矩的事。

走上雅法路，成群都是扶老攜幼往薩夫拉廣場移動的人。一路經過露天咖啡店，街上綁著許多黃氣球，揚起一點風吹向路樹。今天是群眾的日子，廣場上設了安檢站。在這種普天同慶的好日子，只要出了一點事，街頭立刻就會肅殺起來無法再歡樂了吧？

薩夫拉廣場上有許多高大的棕樹。通過安檢後，一群銅管樂手圍在棕樹下吹響喇叭，迎接每一個來到耶路撒冷過節的旅人。拿著氣球的孩子和打扮成山羊的人，目不轉睛停在他們身旁，聽著彷彿永遠不會停下的音樂。

在這裡我們看到了面具。一位穿著灰色連身裙的女士，戴著像是威尼斯的面具，與樂手們熱情互動著。這面具究竟是怎麼回事呢？

有人說，這是起源於15世紀的義大利，受到羅馬狂歡節的影響。從小孩子們把普珥節當萬聖節來看，這種說法是成立的。也有人說，這和以斯帖記的寫作方式有關。所有閱讀這卷書的人都明白，猶太人之所以能轉危為安乃是神的作為，可是全文看不到一個神字，也看不到耶和華這個詞，甚至也不說禱告，只說是禁食。作者似乎有意透過這種寫作方式，表達猶太人雖然亡國，但神還是隱藏在萬事背後保護他們，正如戴上面具一樣。

更遠的地方也響起了音樂。廣場內側臨時搭建的舞臺上，年輕樂手們接力歌唱，雖然我們一個也不認識。在銅管樂隊和舞臺之間遼闊的空地上，各種妝扮橫行無阻，駭人的獨眼巨人擺著兩隻長長的手，騎著大蝸牛的女人一臉愁苦，渾身火紅踩高蹺的男女宛如國王和王后，調皮地摸著遊客的光頭，或者按

住女士的頭頂藉勢休息一下。西邊的政府大樓牆面上，還有一組攀岩高手從幾層樓高直直墜下。這一天耶路撒冷人不怕你拍照，只怕你拍得太少，可惜了這一身的精心打扮。

被人群分散的Tobias，站在舞臺那邊聽著歌，我和Belinda則架起相機，側錄著廣場上的一切故事。當另一波樂聲又響起時，四個可愛的小丑吹著哨子，紅色橙色綠色黃色，一個打鼓，三個拿塑膠長瓶，在行進前不斷飛拋和互接，有時也會倒立，或者調戲一下小朋友；偶然失敗了，摸摸鼻子，拿起地上的瓶子繼續往前走。經過我們的相機時，還不忘擠眉弄眼給你一點精采的。

於是一個上午就這麼過去了。各種紛亂的聲響和色彩，都在我們回到寂靜的小院後告一段落。路上我們還在一個咖啡館點了咖啡，心滿意足地將自己攤在陽光下，享受著春意漸濃的午後。

日落後，節日也宣告結束。晚上是安息日，Tobias又拉了我出門，想看看馬哈尼耶胡達市場是不是還有甚麼地方在營業，但耶路撒冷人似乎已用盡力氣，把剩下的時間都留給了家庭。除了鐵門上的塗鴉，我們晃了半小時一無所得，無意間看見一群猶太人在巷弄間喝酒高歌，彼此用外人聽不懂的詞彙高聲問候，看起來也是普珥節的傳統之一；對這些醉了也不歸的人，普珥節還沒有過去，過去的只是活動，留下來的卻是每一代猶太人對於自己活著的喜悅。

耶路撒冷的普珥節，普珥節的他們。是的，這裡的嘉年華不能與霍隆相比，它是在一個不大的籠子裡撲跳的鴿子，不是在山巔展翅高飛的鷹隼。但籠子也有籠子自己的景致，畢竟能看見正經八百的京城人民瘋狂的一面，已屬難得，儘管和其他許多國家相比，這已是一種非常非常溫柔的瘋狂。

猶太人的節期

許多基督徒會特意到耶路撒冷過耶穌受難日和復活節，或者到伯利恆過聖誕節。但以色列終究是以猶太人為主的國家，相較之下，猶太節期更值得一探究竟。在各種猶太節期來臨時，通常也是本古里安機場最繁忙的時刻，特別是逾越節，世界各地都有猶太人回到聖地，讓機票供不應求。

除了每週的安息日，猶太人自古相傳的主要節期有七個，其中記載於舊約的六個分別是：吹角節、遮罪日、逾越節、七七節、住棚節、普珥節；前五個是摩西時代規定的，而普珥節年代較晚，見於《以斯帖記》。這六個以外還有一個獻殿節比普珥節更晚，見於舊約之外的《馬加比壹書》和《馬加比貳書》。

猶太節期的日期是固定的，但由於猶太曆法是一種以陰曆為主的陰陽曆，因此節期每年出現的時間，按陽曆來看是會變動的。我們不妨依照陽曆，從年初到年末看看這些節期的基本資訊，至於複雜的曆法問題就不在這裡詳談了。

普珥節（PURIM）

字面意義是「許多的籤」，紀念哈曼消滅猶太人的計謀失敗，現今已發展為猶太版的狂歡節或萬聖節。日期是在猶太曆亞達月（Adar）十四日十五日，相當於陽曆二月或三月，遇到閏年有兩個亞達月則在第二個亞達月過節。在普珥節前一天（十三日）還有以斯帖禁食日。細節參見前篇。

逾越節（PESACH）

字面意義是「越過」，紀念希伯來人越過神的審判並出埃及。《出埃及記》第12章記載：「摩西召了以色列的眾長老來，對他們說，你們要按著家口取出羊羔，把這逾越節的羊羔宰了。拿一把牛膝草，蘸盆裡的血，打在門楣上和左右的門框上。你們誰也不可出自己的房門，直到早晨。因為耶和華要巡行擊殺埃及人，他看見血在門楣上和左右的門框上，就必越過那門，不容滅命的進你們的房屋，擊殺你們。」

逾越節是三大朝聖日之首，正如利未記16章所說的：「你一切的男丁，要在除酵節、七七節、住棚節，一年三次，在耶和華你神所選擇的地方朝見祂。」今天猶太人的逾越節是在猶太曆尼散月（Nisan）十五日起為時七天的節期（但按聖經該是十四日起），相當於陽曆四月。由於這個節期也有慶祝新春到來的用意，加上放假時間長達一週，因此也被稱為猶太春節，是全家出遊的好時光。

逾越節的隔天是除酵節（無酵節），連續七天不可吃有酵的食物。有人認為逾越節是除酵節的一部分，也有人認為除酵節是逾越節的一部分，總之經過歷史的演變，猶太人已將兩者劃上等號。

在這個新春節期當中，最重要的就是飲食條例，注意甚麼可吃，甚麼不可吃，而清除家中的有酵食物和享用逾越節筵席（晚餐）則是節期的高潮。晚餐席間除了主食無酵餅以外，還會擺放「逾越節筵席」盤，放上五到六種食物，包括雞蛋、青菜（香菜或芹菜）、烤羊脛骨、苦菜一到兩種（maror, chazret）、泥醬（混合果核、酒、蘋果切丁等物），以紀念他們當初在埃及是為奴之家。

逾越節

筵席全程分為十五道程序，包括飲用第一杯祝謝酒、洗手、吃沾鹽水的青菜、擘餅、講逾越節故事並飲第二杯酒、第二次洗手、為著吃餅祝謝、第二次為著吃餅祝謝、吃苦菜餅、夾苦菜一起吃、開始用餐、付贖金（禮物）給藏起半塊餅的孩子然後吃掉這餅、餐後謝恩並飲用第三杯酒、誦讀哈利爾詩篇並飲第四杯酒、祝禱以結束筵席。耶穌正是在逾越節晚餐後被捉拿，席間也有擘餅和喝杯，但當時程序並未如此複雜。

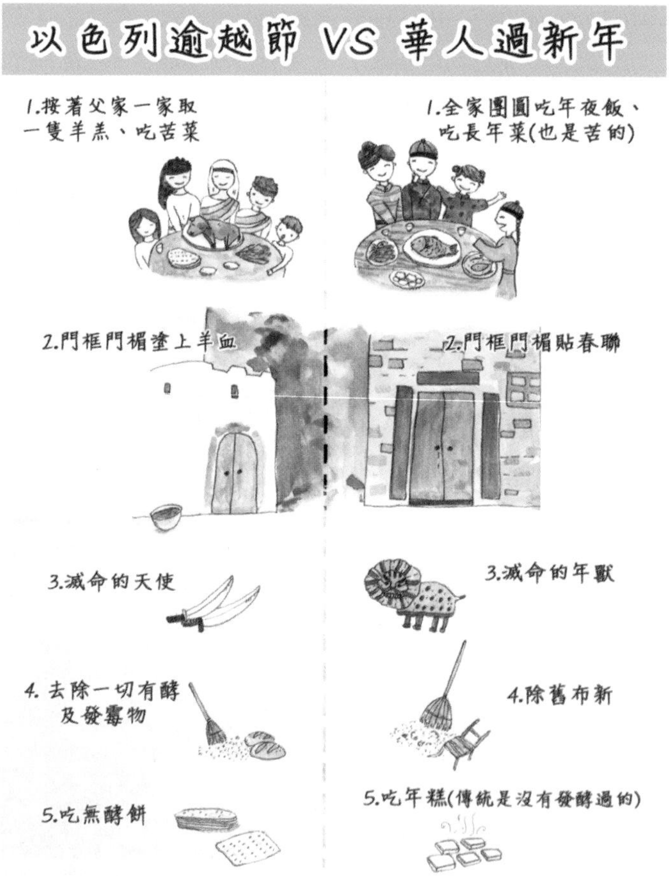

以色列逾越節 VS 華人過新年

以色列逾越節	華人過新年
1.按著父家一家取一隻羊羔、吃苦菜	1.全家團圓吃年夜飯、吃長年菜(也是苦的)
2.門框門楣塗上羊血	2.門框門楣貼春聯
3.滅命的天使	3.滅命的年獸
4.去除一切有酵及發霉物	4.除舊布新
5.吃無酵餅	5.吃年糕(傳統是沒有發酵過的)

七七節（SHAVOUT）

舊約中又稱收割節，新約則稱為五旬節，為三大朝聖日之一，字面意思是「許多星期」，用以慶祝作物初熟收成。日期在猶太曆西彎（Sivan）月六日，相當於陽曆五月或六月；部分猶太人會連過六日和七日兩天。

除酵節期的第二晚起計算的七週，猶太人稱為「俄梅珥數算期」，原因是十六日開始收割大麥（基督徒稱初熟節），而七週之後的七七節則歡慶收割完畢以及早春麥作開始要收成。今日猶太人認為初熟節就是七七節，沒有另立節日。

由於由農業跨入工商業社會已久，現在以色列民眾並不重視七七節。但靈恩派基督徒非常重視這個節日，有一段時間甚至常在五旬節會集於耶路撒冷，因為使徒行傳2章說：「五旬節那天到了，門徒都聚集在一處。忽然從天上有響聲下來，好像一陣暴風颳過，充滿了他們所坐的整個屋子。又有舌頭如火焰向他們顯現出來，分開落在他們各人身上，他們就都被聖靈充溢，並且按著那靈所賜的發表，用別種不同的語言說起話來。」

猶太新年（來源：以色列觀光）

吹角節（Yom Teruah）

吹角節就是所謂的猶太新年，同時也是為期十天悔罪期的開始，日期是猶太曆提示黎月（Tishri）的初一和初二兩天，相當於陽曆九月或十月。必須注意的是：提示黎月是民間俗曆的一月，卻是聖曆的七月；而逾越節所在的尼散月正好相反，是聖曆的正月，俗曆的七月。

除了與親友共進晚餐，吃沾蜜的蘋果，喝石榴汁，猶太人還會在這一天日落時舉行揚棄儀式，將象徵罪惡的麵包屑、小圓石或一袋灰塵丟入水中漂走。但新年最特殊的儀式還是吹公羊角的號角，因為利未記23章說：「七月初一日，你們要有完全的安息，要吹角作記念，當有聖會。」吹角原本是召喚百姓聚集或警告百姓有危險，但在新年吹角則有宣告神是王、警告百姓當儆醒度日等用意。

遮罪日（YOM KIPPUR）

或譯贖罪日，新年為期十天悔罪期的最後一天，這段齋期被稱為「可畏之日」或「最大節日」，日期是提示黎月（Tishri）的第十日，相當於陽曆九月或十月。1973年第四次中東戰爭，阿拉伯國家就是趁這一天發動攻擊，讓正在過節措手不及的以色列人蒙受慘重的損失，因此又稱為贖罪日戰爭。

這一天許多敬虔的猶太教徒會展開二十五小時的禱告，因為利未記23章寫道：「耶和華對摩西說，七月初十日是遮罪日，你們要有聖會，並要刻苦己心，也要將火祭獻給耶和華。當這日，你們甚麼工都不可作，因為是遮罪日，要在耶和華你們的神面前為自己遮罪。」

除了穿上白衣白袍，最值得注意的是下午會誦讀《約拿書》，因為約拿被神差遣到罪惡之城尼尼微，去向這些外邦的罪人宣布尼尼危即將毀滅，而他們居然真的悔改，耶和華也後悔不將災難降給他們。猶太人認為，如果整個尼尼微都可以因悔改而得救，那麼猶太子民當然也可以。

住棚節（SUCCOT）

又稱收藏節或收穫節，為三大朝聖日之一，字面意「棚子」或「茅草屋」，用以慶祝秋收並紀念神的恩典。

住棚節在舊約時代是一年節期的末了，從猶太曆提示黎月（Tishri）十五日起為期七天，相當於陽曆九月或十月；到了最後一

天（第七日）稱為「偉大的和散那」（和散那就是讚美的意思），然後又加上第八天作為聖會日作結束。

利未記23章說：「你們收藏了地的出產，從七月十五日起，要守耶和華的節七日；第一日要有完全的安息，第八日也要有完全的安息。第一日，你們要拿美好樹上的果子、棕樹的枝子、茂密樹的枝條、與溪邊的柳枝，在耶和華你們的神面前歡樂七日。……你們要住在棚裡七日；凡以色列的本地人都要住在棚裡，好叫你們世世代代知道，我領以色列人出埃及地的時候曾使他們住在棚裡；我是耶和華你們的神。」因此這一天猶太人會用棕樹枝葉搭臨時性的小棚子或搭茅草屋，既必須支撐到節期結束，又不可堅固到成為永久性建築，並且在棚子裡塞滿各種農作物和孩童做的飾品，讓屋頂縫隙的日月星辰可以照見。人們還會連續七日在會堂或棚內揮舞著棕樹枝（椰棗樹枝）、香桃木枝條、柳樹枝條和香櫞（類似檸檬）果實，謝恩並祈求來年豐收。

猶太人流亡以後，又發展出一個妥拉節，日期是在這個歡樂的節期過後，也就是第九天。在這一天，人們會讀完本年進度的《妥拉》（摩西五經），並進入明年的新進度。

獻殿節（CHANKAN）

又譯作修殿節，或稱燭光節、光明節，字面意義是「獻上」，紀念公元前165年馬加比家族奪回聖殿獻給神；因為時間上與聖誕節接近，人們會交換禮物，因此逐漸演變為猶太版的聖誕節，許多非猶太人也很喜歡這個節期。

獻殿節為期八天，自猶太曆基斯流月（Kialev）二十五日開始，相當於陽曆的十二月，有時會提早在十一月底，或延伸到次年一月。雖然因為年代較晚，在舊約聖經中沒有提及，但新約的約翰福音10章說：「在耶路撒冷有獻殿節，那時正是冬天。耶穌在殿裡所羅門的廊下行走。猶太人圍著祂，說，你叫我們的心懸疑不定到幾時？你若是基督，就明明的告訴我們。」所以對於新舊約都接受的基督徒來說，獻殿節對他們也是聖經中明文記載的節日之一。

▍西牆邊的光明燈，燈有九盞，與常見之七燈不同。

獻殿節的起因是公元前168年，希臘人的塞琉古王朝強推「希臘化」，宣布猶太教是非法的，甚至在耶路撒冷的第二聖殿中為宙斯建立祭壇，還獻上猶太人視為不潔的豬，強迫人們吃豬肉，最後引發了猶太人起事。公元前165年，馬加比家族一如但以理書的預言，收復耶路撒冷並潔淨聖殿，此後人們就開始慶祝這一天的成就。

獻殿節為期八天的由來，是馬加比當年重新獻殿的儀式舉行八天。有一個傳說是，那時人們找到的聖殿專用燈油不夠，如果要趕工製作或遠赴外地取來，都需要八天的時間。這時神蹟發生了，這一點燈油竟然持續燃燒了八天，使得燈火沒有一天斷過。後來，點燃九蠋的Menorah燈臺就成了獻殿節的特徵，第一天點燃一枝燈盞，以後每天增加一枝燈盞，一直到第八天為止，而第九盞蠟燭稱為「僕人」，是用來點燃其他八盞燈火的。

非常特別的是，人們在獻殿節晚餐除了點上燭臺，還會吃甜甜圈和油炸馬鈴薯餅，這些油炸食品可能也與燈油的傳說有關。

▍以斯帖記古卷（by Fred Schaerli）

其他重要節日

除了以上節期，猶太人還有幾個節日需要留意。

聖殿被毀日（Tisha B'Av），日期是埃波月（AV）的第九日，相當於陽曆的七月或八月，在七七節之後、吹角節之前。這是為了悼念公元前586年第一聖殿被巴比倫人摧毀，以及紀念公元70年第二聖殿被羅馬人摧毀。兩個事件相差六個半世紀，卻發生在同一天。

大屠殺紀念日（YOM HASHOAH），字面意思是災難日，日期在尼散月二十七日，相當於陽曆的四月或五月，在除酵節之後。

陣亡將士紀念日（Yom HaZikaron）和以色列獨立紀念日（Yom HaAtzma'ut），分別訂在以珥月（IYAR）四日和五日，相當於陽曆的四月或五月，在大屠殺紀念日之後、七七節之前。以色列是在1948年5月14日宣布獨立的，換算成猶太曆正是以珥月五日。

耶路撒冷日（Yom Yerushalayim），在以珥月二十八日，旨在1967年六日戰爭後獲得了整個耶路撒冷的控制權。

Chapter 02

/ 耶路撒冷・信仰之路

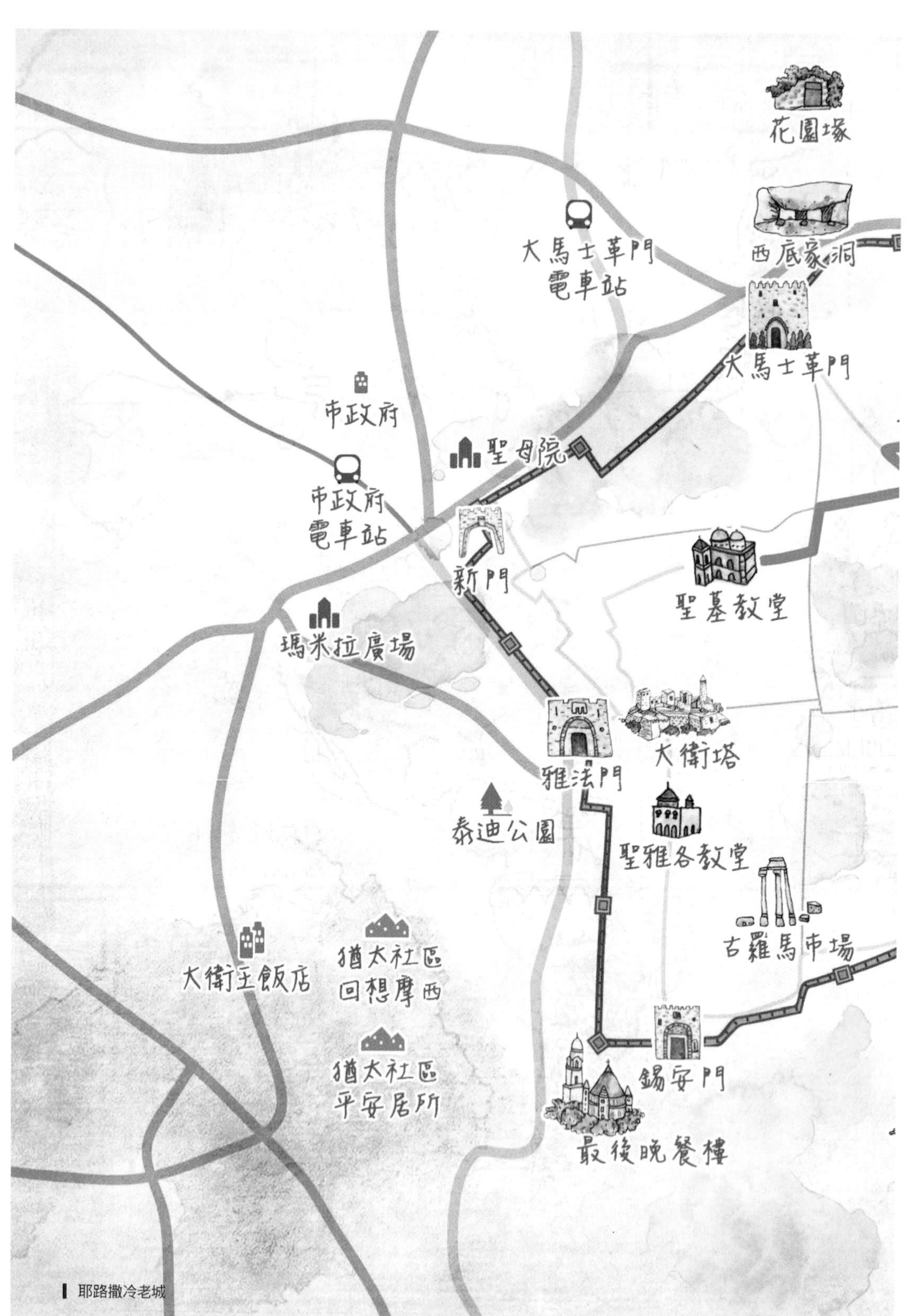
花園塚
西底家洞
大馬士革門
電車站
大馬士革門
市政府
聖母院
市政府
電車站
新門
聖墓教堂
瑪米拉廣場
大衛塔
雅法門
泰迪公園
聖雅各教堂
古羅馬市場
大衛王飯店
猶太社區
回想摩西
猶太社區
平安居所
錫安門
最後晚餐樓

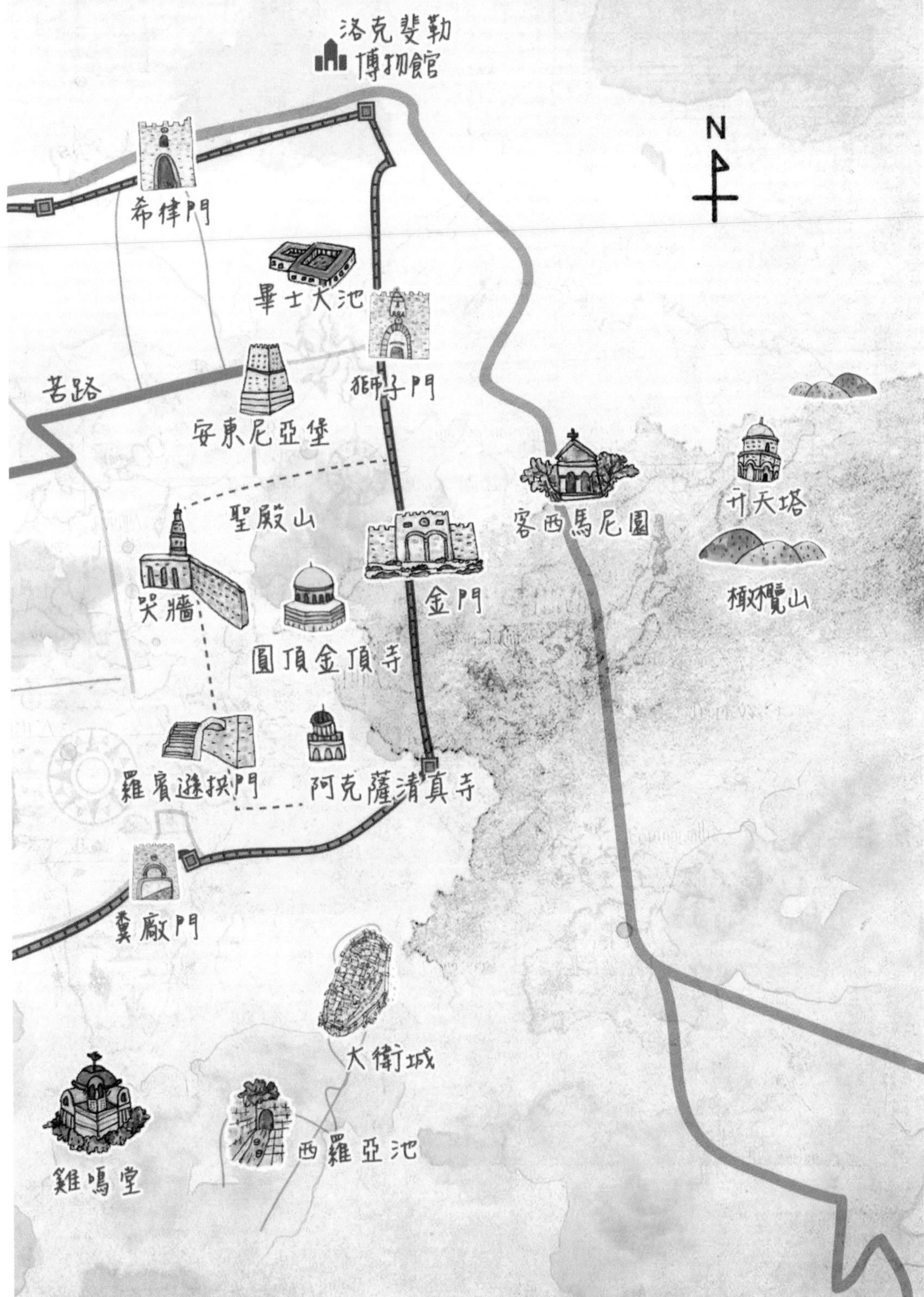

洛克斐勒
博物館
N
希律門
畢士大池
獅子門
苦路
安東尼亞堡
聖殿山
客西馬尼園
升天塔
金門
哭牆
橄欖山
圓頂金頂寺
羅賓遜拱門
阿克薩清真寺
糞廠門
大衛城
西羅亞池
雞鳴堂

耶路撒冷的八個城門

來到耶路撒冷老城，不急著看城裡的古蹟名勝，城牆和城門本身就是一道絕景。清晨來和黃昏來，城會隨著天色漸層上妝，擺出各種嫵媚的姿態。就連夜間到牆邊的廣場來，也可以欣賞公路上燈火川流不息的風光。

今日的城牆是十六世紀土耳其的蘇萊曼大帝重建的，有七個開放進出的城門。這些門包括西邊的雅法門、西北的新門、南邊的錫安門和糞廠門、北邊的大馬士革門和希律門、東邊的獅子門。加上已封閉數百年的金門，合稱耶路撒冷的八個城門。如果想要登高來一趟城牆之旅（Ramparts Walk），在雅法門有售票口，北段的遊城路線較長，由雅法門登牆走到獅子門，沿途經過基督徒區和穆斯林區；南段較短，由大衛塔走到糞廠門以西，瀏覽亞美尼亞人區和猶太人區。

老城的八座古城門

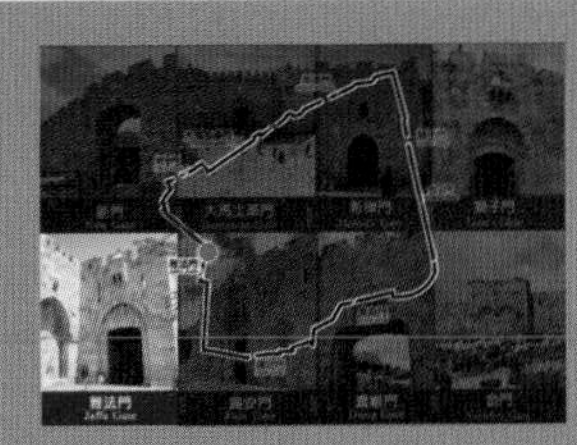

雅法門（約帕門）

雅法門（Jaffa Gate）是老城的西門，因朝向地中海的雅法港而得名。雅法即古時的約帕（Joppa），開港歷史長達四千年，幾個世紀以來朝聖者由此上岸前往耶路撒冷，因此雅法門附近頗為繁榮，現今仍是西耶路撒冷進出老城的主要城門。

阿拉伯人稱雅法門為朋友之門（Bab el-Khalil），又稱希伯崙門，因為他們和以色列人的共同祖宗亞伯拉罕是神的朋友，並且住在希伯崙。

為了防禦外敵，特別是阻止馬軍長趨直入，雅法門與城牆呈90度，加以門外就是欣嫩谷，為易守難攻之險地。如今它轉型觀光，門外有廣場連接大型購物中心Mamilla Mall，吸引許多國際品牌進駐。馬路對面是Teddy公園，有音樂噴泉；公園以西是猶太老社區「回想摩西」（Yemin Moshe），有獅子噴泉。

由雅法門入門後是大衛街，往南為亞美尼亞人區，往北為基督徒區。門的北方有旅遊資訊中心；南方有大衛塔（Tower of David），曾是希律王宮所在，現在作為耶路撒冷歷史博物館，每晚都有令人驚豔的聲光表演。大衛塔曾被誤以為是大衛王的城堡，故有此名，其實它是馬加比家族，也就是哈斯蒙尼王朝（Hasmoneans）的堡壘，後來成為大希律王的王宮之一。因經歷多次戰事，目前遺留的主要是14世紀馬穆魯克人（Mameluke）的清真寺建築，曾經奧圖曼帝國的修復和擴建。大衛塔東邊又有聖公會的基督堂（Christ Church），建立於1849年，乃中東最古老的更正教教堂。

▍雅法門

①
②
③

① 雅法門內雄偉的大衛塔
② 馬米拉商場的每一塊石頭都有編號
③ 艾倫比將軍進城

關於雅法門有兩個故事。雅法門和大衛塔之間原本有城牆連接，但1898年德皇威廉二世來訪時，阿卜杜勒哈米德二世為了讓他體體面面地進城，所以便將這一段城牆拆除，又把壕溝填平，使雅法門的軍事功能宣告終結。許多觀光客都不理解同一個地方為何有兩個門，事實上寬的那個不是門，而是缺口。

第二個故事與耶穌有關。當年英國將領艾倫比（Allenby）擊敗土耳其人，從雅法門騎馬進城接收耶路撒冷，但他轉念一想，我主耶穌昔年進城時，騎的不過是卑微不起眼的驢，我豈可大剌剌地騎著馬？於是，他就跳下馬來。

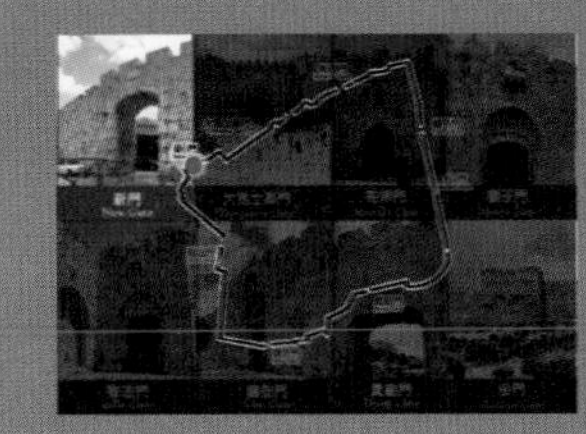

新門

新門（New Gate）位於老城西北，是耶路撒冷最晚開闢的城門，因此稱為新門。由於它是阿卜杜勒哈米德二世於1889年興建的，因此又稱為「哈米德門」。此門是為了方便德皇威廉二世進入基督徒區參訪聖墓教堂，但門口太窄，威廉不願屈尊下馬，結果改從雅法門那邊通過。

1948年約旦占領東耶路撒冷後，靠近西耶路撒冷的雅法門、新門和錫安門都遭到封閉，直到1967年以色列入主後才重新開放。

新門雖然是較小的城門，卻是西耶路撒冷市中心出入老城的捷徑，馬路對面有聖母院（Monastery of Notre Dame）和聖路易斯法國醫院（St. Louis French Hospital），再過去便是市政府總部，遊客在市府站下電車後第一個城門便是新門，入門後東邊就是方濟各會的聖救主修道院（Saint saviour monastry），附近街道上懸掛著耶誕節的五角星星。

① 新門
② 聖母院
③ 新門外英挺的以色列騎警

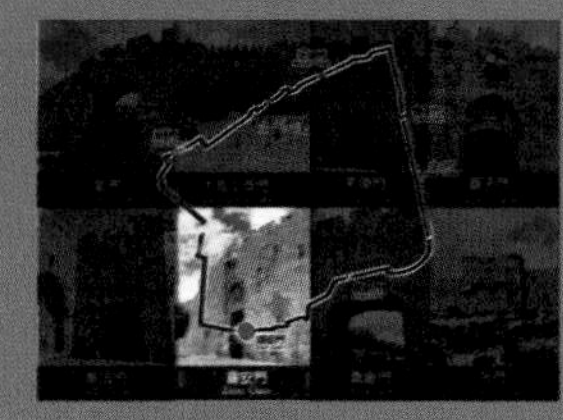

錫安門

錫安門（Zion Gate）位於老城西南，門外即是錫安山。由於錫安山上有大衛墓，此門又名大衛門。往錫安山參觀最後晚餐樓、聖母安息教堂、雞鳴堂多由此門。此外錫安門也是距離平安居所（Mishkenot Sha'ananim）最近的城門，這是老城城牆外一個歷史悠久的猶太人社區，現在是耶路撒冷音樂中心所在。

由於城門內的道路呈L型彎曲，迴旋空間不夠，因此汽車可以出城，但不准入城。入門後往西，是亞美尼亞人區，亞美尼亞博物館（The Armenian Museum）就在門前，北邊則是本區的精神堡壘聖雅各主教座堂（St. James Cathedral Church）。由錫安門往東是猶太人區，羅馬古市場Cardo遺跡離城門不遠。

1948年英軍撤出耶路撒冷時，將錫安門交給猶太人。隨後在第一次中東戰爭的攻防中，猶太勇士Palmach經由錫安門爭奪猶太人區，留下蜂窩般的密集彈痕。但老城終究為約旦所佔領，錫安門也因而關閉，直到1967年才重新開放。

錫安門附近的羅馬古市場遺跡

彈痕累累的錫安門外

門內，注意有人在登牆。

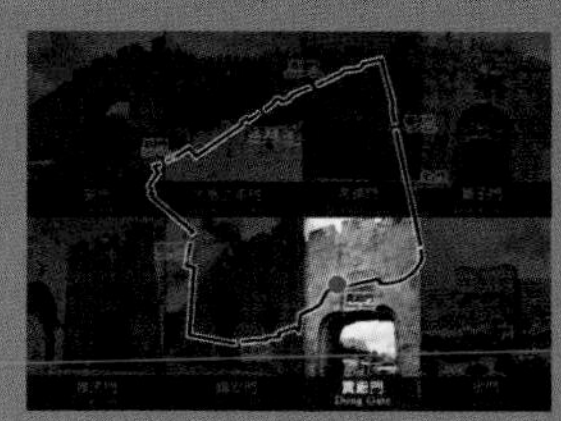

糞廠門

糞廠門（Dung Gate）或譯作糞門，屬猶太人區，位於城牆東南、聖殿山的西南，是八個城門當中最接近哭牆和大衛城的。在舊約尼希米記中也有一個糞廠門，目的是為了將聖殿內的排泄物運往欣嫩谷，但那個門應該不是現在的糞廠門。

現在的糞門之名可能與製皮業有關。有一種說法是：此門的西面本是中世紀的城樓，而城樓西面保留了一個小門，名叫製皮匠城門，因此當時這一帶是製皮市場，臭氣薰天，所以就叫糞門。

此門原本極為狹小，無法通車，然而約旦佔領老城時關閉了靠西的三個城門，因此將東南的糞廠門加以擴建，方便車輛出入。如今糞廠門是前往哭牆的主要車道，白天有公車停靠在門外，晚間則直達門內的公車站。

糞門門內

大馬士革門

在七個開放的城門中，作為北門的大馬士革門（Damascus Gate）被認為最大最壯觀，最能代表昔日的奧圖曼土耳其帝國風采。其外型有如城堡，擁有左右兩座雄偉的塔樓，而進門處有一階梯廣場，容納來自四面八方的過客；人們由廣場通過壕溝上的橋樑，便可進入城門。

在古代，這道北門是通往敘利亞首都大馬士革的起點，因而得名。此門又稱為示劍門（Shechem Gate）或納布盧斯門（Nablus Gate），示劍即納布盧斯的古名，是撒瑪利亞地區的主要城市，位於耶路撒冷的北方。阿拉伯語又稱此門為柱門，原因是它蓋在二世紀哈德良皇帝建造的羅馬古門上面，門前立著一根羅馬的勝利柱。古門就在今天的壕溝裡，從廣場上可以清楚望見，只是柱子已經不在了。

大馬士革門也是惟一有輕軌電車站名的城門，列車由市政府經新門而來，在此以髮夾彎之姿奔向北方的彈藥山，阿拉伯公車則由門外的公車站通往西岸的伯利恆，加上東耶路撒冷的主要市區在老城北方，因此大馬士革門就成了一大交通樞紐。不僅如此，熱鬧的阿拉伯市場緊鄰城門，Beit Habad街道往西是基督徒區，往東是穆斯林區，串連起城內最繁榮的地帶。

然而，大馬士革門附近偶有激進份子滋事，因此持槍巡邏的以色列軍警特別多。有一次我們直擊恐攻之後的現場，另一次則看見兩名阿拉伯男子被喝令搜身，一時萬分緊張。這裡賣的麵包也比雅法門外要貴，建議貨比三家。

門外的景點以花園塚（Garden Tomb）和西底家洞（Zedekiah's Cave）最著名。西底家洞又名所羅

羅馬時期的古城門

▎大馬士革門全景

門採石場（Solomon's Quarries），是一個兩萬平方米的巨大空間，位於穆斯林區的地下，入口在大馬士革門東邊的城牆上。當年所羅門王蓋造聖殿，那些寶貴的大石頭可能從這裡出產。洞中有水珠穿過天花板，被稱為「西底家的眼淚」，因為這位末代國王被巴比倫人挖了眼睛。

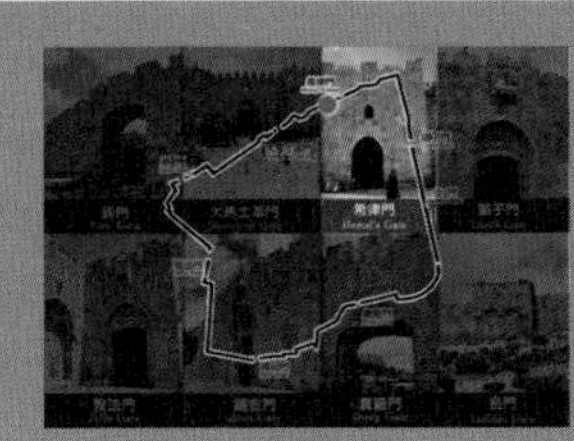

希律門

希律門（Herod's Gate）也在老城北側，位於大馬士革門的東邊，年代只比新門早一點。先前蘇萊曼大帝曾開通了一個小的角門，作為大馬士革門的輔佐，但很少開放。後來人口繁增，為了增進牆外和穆斯林區之間的交通順暢，1875年另外開通了希律門，關閉了原來無用的小門。

這個城門有一個阿拉伯名字，意思是「花門」（Flowers Gate），可能得自於城門上的花環裝飾。但朝聖的基督徒誤以為門內某處是希律安

希律門

提帕的宮殿，所以希律門之名不徑而走。這個希律是大希律王之子，就是殺害施浸者約翰，又被耶穌斥為狐狸的那個加利利統治者。

今天的希律門也有阿拉伯市集，馬路對面有警察局。第二週我們在獅子門遭竊時，正是繞過老城東北角前往此處報案，在轉角那裡有著名的洛克斐勒博物館（Rockefeller Archeological Museum），是以色列博物館的下屬單位，收藏十九世紀至二十世紀上半葉以色列各地的出土文物，其中也包括阿克薩清真寺8世紀的木鑲板，以及聖墓教堂12世紀的大理石楣石。

希律門內的水果攤

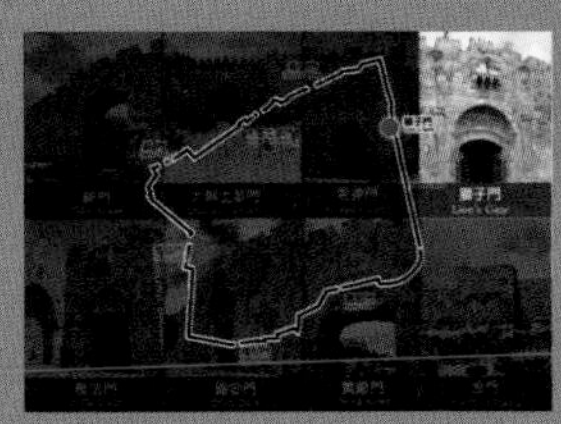

獅子門

獅子門（Lion's Gate）或譯獅門，是目前老城東邊惟一開放的城門，它位於聖殿山以北，靠近聖經時代的羊門，因此被誤傳為羊門。其實這是獅子，不是羊。此門起源有兩種說法，一個是蘇萊曼大帝想要對耶路撒冷徵收重稅，結果當晚他在夢中被兩頭獅子吃了。蘇萊曼醒來後請人解夢，得知真主對他的政策感到憤怒，為了補過，蘇萊曼建造了獅子門來保護耶路撒冷。另一種說法，主角換成了蘇萊曼的前任蘇丹塞利姆一世，他想要毀滅耶路撒冷，結果在夢中遇到了獅子。我們無法得知哪一個說法是對的，但獅子自古便是以色列的猶大支派象徵，而此一支派正是大衛王的支派，所以獅子的夢，代表耶路撒冷對土耳其統治者的憤怒。如今耶路撒冷的市徽上有猶大獅子，市政府前也堂堂擺著獅子塑像。

城門上雕刻有四頭野獸，左邊兩頭，右邊也兩頭。一般以為這不是獅子，而是豹，因為蘇萊曼大帝在1517年擊敗了馬穆魯克人，而豹正是馬穆魯克的蘇丹徽號，所以命人刻豹慶祝。

除了羊、獅和豹的問題，獅子門又被稱為司提反門，紀念這位在門外殉道的基督徒。但這又是一個美麗的錯誤，根據古代文獻，司提反門指大馬士革門。

這個歷史錯綜複雜的門，在以色列國史上佔有重要的地位。1967年六日戰爭期間，以色列傘兵第55旅正是通過獅子門，到聖殿山上升起了以色

獅子門

列國旗。這可能是十幾個世紀以來第一次有猶太人登上聖殿山。

今日的獅子門仍和古代一樣，是朝聖者的要道。出城後往東越過汲淪溪谷，便是橄欖山。入城後往西則是聖安教堂、畢士大池以及苦路的起點，遊客如織。然而東耶不如西耶太平，不建議個別行動。

畢士大池遺跡

獅子門外的路通往橄欖山

金門

雖然土耳其人重建了耶路撒冷城，但某些牆段並非無中生有，而是依循故城的殘留予以修復，金門（Golden Gate）一帶就是很好的例證。

金門是開在聖殿山東側的門，正對著橄欖山，乃是老城現存最古老的城門，但它究竟建立於哪個年代，目前還未有定論。有人認為是六世紀的時候，東羅馬皇帝查士丁尼一世在古代的城門廢墟上蓋造的。有人認為是七世紀阿拉伯帝國的產物，因為金門是由兩扇拱門組成的，符合當時的阿拉伯傳統，北拱門稱為「悔改之門」（Gate of Repentance），南拱門為「憐憫之門」（Gate of Mercy）。可以確定的是，這扇金門並不是聖經時代的東門或美門，因為1969年，考古學家已經在金門底下發現另一個古城門的遺跡，年代不會晚於二世紀。

金門是一座華美壯觀的城門，但它已封閉了許多世紀。封閉的原因有兩種說法，一個是十一至十三世紀時為了抵禦十字軍而將城門封上。另一個說法更為深入人心，說是1541年蘇萊曼大帝得知猶太人的救主「彌賽亞」會從東門進城，所以把金門永遠封上，門外還刻意規劃了墓地，因為蘇萊曼認為彌賽亞是祭司，不能走污穢的墓地。今天金門的結構上蓋有穆斯林的禮堂，可由聖殿山上進入，但僅限穆斯林，其餘閒雜人等一律婉拒。

未來，彌賽亞究竟會不會從這裡進來呢？或許連金門本身都很好奇。

金門近照，下為墓園

遠望金門，氣勢恢弘

哭牆，和去哭牆的路

猶太人的聖地：哭牆

旅程的第四天，我們去了哭牆，也就是西牆。後來我們又去了幾次，看著牆邊的人，牆外的三月天，每次去每次有不同感受。

哭牆其實並不會哭，哭的是那些來看牆的人。但是那一天我們沒有看見誰哭，如果有，那也是外來的觀光客喜極而泣，本地的猶太人反而不哭。他們只是禱告，吟唱，神情肅穆地為以色列求平安，仰望彌賽亞降臨。

由雅法門往哭牆

依舊在五點的鳥鳴聲中醒來。Tobias獨自跑去看牆，為我們探勘地形。回來以後不到七點，正好為大家做早餐。他邊做，我邊看著他拍下的照片發出驚嘆：清幽的街道，高聳的城牆，千年不變的滄桑感，百鳥飛集的晴空。

下午三點，耶路撒冷的天空依舊藍得發亮。我們忙完了手邊的事，Tobias準備帶我們三個去哭牆。由西耶路撒冷市區一路往東，沿途經過獨立公園和Mamilla公墓，傲然佇立的城牆像是衛士，嚴嚴看守著雅法門。

門旁的廣場上正好有兩三組藝人在表演，在欄杆旁打鼓的幾個黑人小孩，很快就吸引了我們的鎂光燈以及打賞的銅板。他們青春的鼓聲，和一箭之遙帶點幽怨的吹簫者居然天衣無縫你情我願，和鳴了一曲動人的樂章。

「回來經過這裡，想和小孩們拍個照。」Tobias說。

但是回程已經見不到小孩了，只剩下賣麵包的大叔，以及廣場上偷吃麵包的鴿子。很多事就是這樣，當下就做，不然就沒有了。

從雅法門進去就是大衛塔，古老的牆壁長出一叢一叢的植物，生意盎然。

老城中的巷弄縱橫無數，通往哭牆的路也有許多組合。有的從哭牆廣場的西側安檢站上下階梯，有的從廣場北側的隧道通往穆斯林區。其中最快捷的路不需要穿過密密麻麻的城內街道，直接從城外搭公車進入糞廠門，就可以抵達廣場南側的安檢站。城內有一條路也走南邊，步行起來卻是又遠又苦，但這條路順著牆邊走，可以看見豁達悠然的景色。首先你得由大衛塔往南走，貫穿亞美尼亞人區直抵城南的錫安門，之後九十度折向東方進入猶太人區，沿著崎嶇的窄路爬坡上下，直到在糞廠門附近抵達目的地。

走這條路，像是喝水誤吞了辣椒，嗆得你汗流不止。這段路不只叫你累，叫你氣喘吁吁，有時拱門下窄巷間汽車還會與人爭道，但城內牆外沿途美不勝收。某些牆段可以沿著階梯上去，只是一不小心掉下來，你就會滾落幾層樓高，砸到牆外公路一輛倒楣的汽車上。從城上望去，牆外長滿一叢叢的植物，底部都有滴管維持著水分。猶太人做事，總在不經意處感動你的心。

HaTkuma Garden附近的城牆有一個學校，我們看到許多的家長接送小孩，特別的是還有做姊姊的來接弟妹們，正所謂小孩接小孩，實在可愛。

「真的像人家講的，大的照顧小的。」Tobias說：「我看過一個故事，說是猶太媽媽跟外邦人的小孩說，你已經七歲了，可以幫媽媽做許多事賺錢了。」

猶太教育，就是鼓勵你，儘量讓你去試，讓你去做；不成功，再做就是。猶太人能在各領域做出傲人的成績來，或許也和這樣的文化有關。

哭牆，一道淚流不止的牆

好不容易抵達哭牆時，太陽已經沒那麼潑辣了。

牆的東邊，金色的清真寺高高聳立著，那裡就是聖殿山，所羅門王以降各時期的聖殿都在那裡，但如今已被兩座清真寺取代；而牆的西邊這一邊，通過檢查站之後，能容納數萬人的廣場就在眼前。

哭牆，正式的稱呼是西牆（western wall），總長488米，但大部分隱藏在聖殿山和穆斯林區的建築裡，廣場上露出可見的部分長58米，高19米。

當羅馬人在公元70年攻破耶路撒冷城時，也一併把聖殿摧毀，應驗了耶穌所預言的：「你看見這些偉大的建築麼？將來絕沒有一塊石頭留在石頭上，不被拆毀的。」不但聖殿本身，連周邊結構也幾乎破壞殆盡，只有一面牆的基底勉強保留住，這牆就是西牆，由大希律王所建。西牆不屬聖殿本身，而是聖殿山擋土牆的西側殘餘，所以後人稱為西牆。雖然聖殿山才是聖的，但山上已經沒有殿，相關的建物只剩下這道殘牆，於是牆就成了第二神聖的地方，千百年來流離失所的猶太人來這裡必定哭，哭自己應了舊約的預言分散到世界各地，縱然家財萬貫，也總是遭人欺侮嗤笑，甚至凌辱殺害。

結果，西牆也成了哭牆。猶太人哭的時候，才總算轉向他們的神。他們哭，才發現至少還有一道牆，至少還有一點希望。

能挨著牆哭是幸福的，有一段時間他們不能哭。那是1948年至1967年約旦

▍哭牆的石，石上棲息的鳥，以及蒼桑的歷史

佔領時期，長達十九年之久猶太人被趕出老城，猶太人區被取消，於是千百年來的憑弔傳統也中斷了。那時還沒有大廣場，牆邊都是密密麻麻的民居。1967年以色列人攻下老城，三天內把居民移走，建築全都剷平，清出這一大片區域，而哭牆也得以重現光明。這一次，以色列讓所有人都能來牆邊憑弔和觀光。

現在的哭牆人人可來，但有管制。以色列人把廣場前端用柵欄圍起來，分為男界女界，南邊四分之一是女界，北邊四分之三是男界。也就是說，男士們可以摸撫到四分之三的牆，女士們呢？只好委屈妳們了。

進入男界，你得戴上猶太人的基帕小圓帽，出入口會免費提供。帶著小帽的Tobias和我，站在哭牆下開始發楞。

牆，殘破而古老，卻有枝椏從牆內探出，有鳥雀在其上築巢。成群結隊的鴿子在天空飛翔，而牆下除了人，只有人影。鳥在這裡自顧自地生活，貓在附近閒晃，而人來憑弔，來禱告，把滿滿的思念和期望，化作小紙片塞滿底部的夾縫。在猶太傳說中，這裡是禱告最容易被聽見的地方。

在西耶路撒冷街頭，穿著正統猶太服裝的宗教人士已經夠多了，而這裡好像鳥雀的巢穴一樣，一口氣群聚了幾百個戴黑帽穿黑衣的人，更為驚人。聽說他們每天早晚都會來這裡，伏在牆上閉眼禱告，也有好些人前後搖晃，還有人唱起悲苦的詩歌。年紀大的，有；年紀小的，也有。

為甚麼那些人邊吟誦邊搖晃呢？因為他們每次讀到神的名字，就要點頭敬禮。你若仔細觀察，還會發現這些正統派走出廣場是倒退走的，以示敬意；他們不背東西只提塑膠袋，為了不讓肩上背負著重擔；他們也不會正眼理睬你，更不可能讓你正面拍照，因為他們心裡已經堆積了太多故事。尤其在安息日到牆邊來，切莫拍照，以免造成文化衝突。

後來有人告訴我們，他們穿著黑衣，是為耶路撒冷哀弔；倘若有一天聖殿重建了，他們都要換上彩衣歡呼跳舞，不再穿黑衣了！

Tobias問我：「實際看了哭牆，感慨萬千吧？」

我說：「還好，其實我是來看人的。」

畢竟這牆，只剩底部是大希律王修築的，中間那部分修築於奧米亞王朝，頂部的小石頭則修築於奧圖曼帝國以後，都和當年的是非無關了。

我看著牆上的鳥雀，請Tobias仰臉拍下巢穴；他感性地說，萬軍之耶和華，我的王我的神阿，在你的兩座壇那裡，連麻雀也找著房屋，燕子也為自己找著菢雛之窩。我說，是的，這也正是我心裡所想的。

兩人走入男界西邊的巨大洞穴，入口上方的岩石又棲息著一隻肥大的灰藍鴿子，而洞內站著跪著一些猶太人，黑衣畢挺，自顧自地祈禱或讀書。這個入口便是威爾遜拱門（Wilson's Arch），據說是七世紀的阿拉伯人蓋的。六日戰爭後，以色列人開始整理哭牆，於是拱門

在牆邊禱告的女子

伏在牆上的猶太少年

也露了出來。現在裡頭當作圖書館和祈禱室，並且放了一個聖約櫃，可以容納超過一百部經卷。

就讓你們好好禱告吧！我們退了出去，牆邊一群猶太孩子正在唱歌，說不上是為黑夜哀傷還是盼望黎明，讓人癡癡地佇立聆聽。這時牆的另一邊，女界那裡突然冒出一顆頭，一個老太太站在椅子上，興味盎然地看著孩子的歌唱。過不多時，女界又冒出一隻手和一架攝影機，想要錄下歌唱的珍貴畫面。啊，那不正是我們的同伴Belinda？

辛苦了。

我們還了小帽，退到圍欄外等候姊妹，正好碰上一隊女兵圍成一圈，不遠處有旗正飄飄的以色列國旗。她們看上去是菜鳥，有的還駝背，全然不像街上那些英姿煥發的女兵。但當長官要她們回話時，女孩們一呼百諾；當猶太拉比為她們講解歷史時，她們大氣也不敢吭，滿懷敬畏地聽著。

在敵人環伺中，以色列的孩子從小就學習對同伴負責任，熱愛自己的國族，尊重權柄，卻又不失去自我的發展空間，所以他們強得一塌糊塗是有道理的，如果能親身來感受一下，你一定能明白我的意思。

看完女兵，在著名的洗手臺用金壺洗手後，我們四人順利會合，只見一個可愛的孩子不住回頭看著我們，似乎連小學都還沒有上，卻和爸爸哥哥一樣留著長長的鬢角，像是出生以來未曾修剪。Belinda大呼好可愛，因為這孩子直盯著她笑。

那麼，該回去了。

著名的以色列女大兵，長官訓示時大氣也不敢喘

從廣場邊的階梯走上去，不久便隱身於迷宮般的街弄。一個肥胖的大媽坐在路旁討錢喊著，一舍客勒，一舍客勒，另外兩名戴帽子的男士客氣地問候我們，希望我們賞一點錢；而在他們身旁的一座小園裡，兩個年輕人自得其樂地彈著吉他，唱著歌曲，絲毫不理會人來人往的遊客。

這就是我們所看見的哭牆，以及周圍的景致。猶太人還會哭下去，直到他們的彌賽亞來臨，而基督徒認為，他們已經知道彌賽亞是誰，並且很快就要回來。但願到那一天，所有的人都不必再哭！

歸程，日已薄暮，我們為了這一天的平安順利，感謝神的憐憫。

下一次，我們還會過來，看看哭牆後面的聖殿山。

中國有金盆洗手，哭牆則有金壺洗手

哭牆附近的黑貓

【西牆隧道】

部分阿拉伯人聲稱聖殿故址不在聖殿山上，但以色列自1967年起挖掘的西牆隧道（Western Wall Tunnels），似乎正在一點一滴還原真相。目前人們在廣場上見到的西牆（哭牆）只不過是一小段，牆體大部分都埋在穆斯林區和聖殿山的地下。透過隧道的挖掘，考古學家發現猶太人赴聖殿前淨身的水池，以及刻有希伯來文的器具、錢幣與文物等，證實此處和聖殿有關。遊客可由廣場北方進入隧道，裡頭有許多猶太人禱告，因為他們認為這裡是最靠近至聖所的地方。

【哭牆下的成年禮】

按猶太經典，男孩13歲、女孩12歲就算成年人。日子一到，家人會在安息日陪伴男孩到哭牆邊舉行成年禮。禮成後，男孩正式成為猶太教的一員，可以自己決定未來要走的路，為自己的行為負責任。成年禮上，父親和家族男性成員會陪伴男孩將妥拉由經文櫃取出，讓他公開頌講。母親則會在男界圍欄外喊叫並拋擲糖果。成年禮原本僅為男孩辦理，但部分教派已經向女孩開放。哭牆下還有許多其他活動，比如猶太新年、贖罪日、大屠殺紀念日、陣亡將士紀念日等重要節日，人們都會在此舉行紀念活動或宗教儀式。

聖殿山

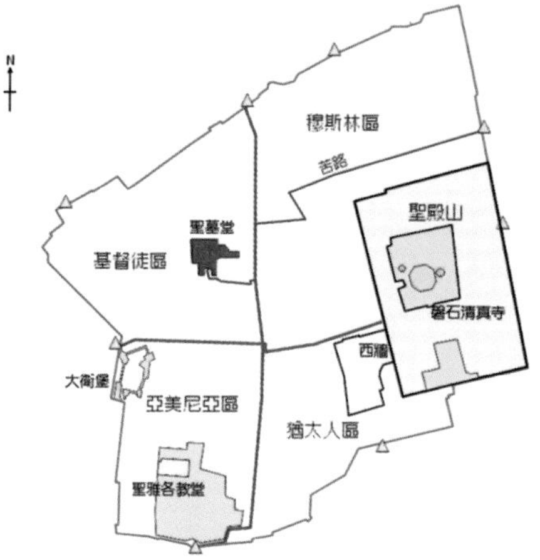

聖殿山（Temple Moun），先後曾有兩座以色列的聖殿蓋在其上，如今則有兩座清真寺蓋在其上。聖殿山，一座有清真寺而沒有聖殿的山。

哭牆寄託了猶太人的感情，但真正關鍵的是牆後的聖殿山。猶太拉比的解經書《米大示》說：「以色列地是世界的中心，耶路撒冷是以色列地的中心，聖殿則是耶路撒冷的中心，在聖殿至聖所裡有一塊被立作世界基石的岩塊。」這話聽起來似乎自大，但世界局勢的關鍵的確是中東，而中東的核心議題的確是耶路撒冷，一個猶太教、基督教、伊斯蘭教都視為聖地的城市，其中聖殿山正是耶路撒冷之所以神聖的緣由。聖殿山，幾乎等於耶路撒冷的靈魂。

耶路撒冷老城分區圖（作者陳崇基）

清真寺

去聖殿山一定要趁早，如果晚一點出發，你就會看見人山人海，甚至有可能動彈不得。因為聖殿山和哭牆一樣必須安檢，而且安檢的通道並不太大，人一多就會塞住；加上開放時間有限，以三月為例，上午開放時間是7點半到10點，而下午是12點半到13點半，只要稍微去晚了，你就等於白跑了一趟。

雖然哭牆就在聖殿山的西面，前往山上的天橋就架在哭牆廣場的半空中，但進出兩地的安檢通道卻是分開的。1967年六日戰爭後以色列擊敗約旦，控制了聖殿山，但國防部長戴陽將軍為求長治久安，仍交由穆斯林的宗教團體

電子看板上，大拉比禁止猶太人上山令

繼續管理。一牆之隔兩個世界，這就是耶路撒冷最微妙的地方。

通道附近長著一叢叢紅花，Evonne說，這是罌粟花吧？

不知道是不是罌粟花的這些紅花，彷彿哭泣的鮮血，靜靜附著在岩石上，讓空氣有點凝滯。尤其猶太教的大拉比（大教師）把禁令公告在安檢站入口，要求猶太人不可踏上聖地，更讓人嗅出一絲不安。

但一走出通道，豁然開朗，眼前就是一處廣場，比一牆之隔的哭牆廣場高上幾層樓；在這廣場的北部，居然又砌了一層樓高的廣場，幅員廣大，其上豎立著華麗的清真寺，金色的巨大圓頂就安在那裡，你想看不見也難。

這就是眾所周知的大磐石寺（Dome of the Rock），俗稱圓頂清真寺，穹頂高54米，直徑24米，有著典型的八角形迴廊結構，是公元七世紀末由馬立克哈里發所建造的。猶太人亡國後，耶路撒冷歷經列強統治，其中7世紀到19世紀初絕大部分時間都在伊斯蘭政權手中，而圓頂清真寺就是他們的印記。穆斯林相信清真寺中間的岩石，就是亞伯拉罕獻上兒子以實馬利之處（他是阿拉伯人的祖先，但聖經上說主角是以色列的祖先以撒），也是穆罕默德夜行登霄到天上見到阿拉的地方，因此將耶路撒冷定為麥加、麥地那之後的第三聖地。1994年，約旦國王海珊出資為圓頂覆蓋上了24公斤的純金箔，因此也有人稱它為金頂寺。

看見金頂寺

從圓頂清真寺廣場上俯瞰南方，還有一個格局方正的阿克薩清真寺（Al Aqsa Mosque），原是八世紀初建造的，780年毀於地震後，932年再度重建。在它的東邊，也就是聖殿山的東南有一個新蓋造的El-Marwani清真寺，曾經挖掘出所羅門王的馬廄遺跡。以色

列博物館的Peled先生告訴我們，古代聖殿的位置就在阿克薩清真寺，但也有人認為是在圓頂清真寺，或者在兩寺之外的空間上。無論如何，因著聖殿的議題如此敏感，現在兩寺都不准非穆斯林入內參觀了。

阿克薩清真寺

所羅門廊遺址

整個聖殿山平整光滑，高高低低鋪滿石板，和我想像中山丘的樣貌不同，顯然是削平了山頭以後的傑作。廣場上阿拉伯老人三三兩兩坐在小桌前，幾張椅子，天南地北不住聊天。他們究竟是何時上山的呢？原來穆斯林另有出入口，待遇不同於觀光客，早在七點以前就已經安安穩穩坐定位置了。

阿克薩清真寺的婦女讀經會

▍由聖殿山上東望橄欖山

耶路撒冷到處都是的貓，這裡也有。鳥也有，圓頂清真寺的階門上，不時有鳥雀停歇，而且還有一個老人餵鳥，引來了無數鴿子。烏鴉不願飛落廣場，卻在飄動的高樹上發出巨大的聒噪聲，彷彿想要插一腳，宣示聖殿山是我的。

在圓頂清真寺下方，花木扶疏，到處有男人圍著小桌，一個小組一個小組的讀經，而阿克薩清真寺的西牆邊，有幾十個婦女聚攏讀經，誦聲朗朗，完全不在意我們這些觀光客。

外圍的建築與門

聖殿山的西邊，還有一棟挨著哭牆長長的建築，是聖殿山的行政管理部門，由北而南有三個門；守門人員告訴我們，最南邊是我們由哭牆廣場進入的通道，而另外兩門則通過穆斯林區，只能出去，不能進來。

聖殿山的北邊也有房屋和門，走出去拐個彎就是老城的獅子門。而東邊正是鼎鼎大名的金門，我們走近時，管理人員很客氣地請我們離開，因為那裡有穆斯林的禮堂。

金門遠自1541年就從不打開，為甚麼呢？有人說在十一至十三世紀時，阿拉伯人與十字軍之間常有軍事衝突，所以將城門封上；但另一個說法更動人，那就是舊約以西結書44章預言：「祂又帶我回到聖所朝東的外門；那門關閉了。耶和華對我說，這門必須關閉，不可敞開，誰也不可由其中進入；因為耶和華以色列的神已經由其中進入，所以必須關閉。」後來蘇萊曼大帝聽說猶太人的救主會由東門進城，所以就把東邊的金門封上，以阻擋彌賽亞。

初次聽見這個典故時，我們相視一笑，如果彌賽亞是封門就擋得住的，那祂就不是彌賽亞了。舊約的撒迦利亞書14章說：「那日，祂的腳必站在耶路撒冷前面東邊的橄欖山上；橄欖山必從中間分裂，自東至西成為極大的谷」，如果一腳就能踏破橄欖山，又豈是一座小小的門能攔得住的？

由南牆射箭的孔洞望出去，遠遠許多建築坐落谷間，拱衛著聖殿山。往南邊下去就是考古園區The Davidson Center和大衛城。

第三聖殿

這些靜靜躺臥的古蹟，這座小小的山，為甚麼至今仍對世人造成影響呢？

原因是：新舊約都預言第三聖殿將要重建。自從以色列人奪得耶路撒冷後，許多猶太人和基督徒都在觀望此事。

第一聖殿，是公元前967年所羅門王開工建造的，理由和祖宗亞伯拉罕有關。亞伯拉罕老年才得嫡子以撒，但耶和華神為了試驗他，說，你帶著你所愛的以撒往摩利亞地去，在我所要指示你的山上，把他獻為燔祭。當時聖殿山稱作摩利亞山，當亞伯拉罕顯出他的順服，神便在最後一刻阻止他，摩利亞山也就成為神所揀選的地方。一千年後，這裡是耶斯人阿珥楠、亞勞拿的禾場，被大衛王買下留給兒子所羅門，使亞伯拉罕獻祭之處成了神的殿宇，以色列男丁一年三次要上來，帶著禮物向耶和華獻祭守節。

然而，由於以色列人不全心跟從神，並且從國王到平民多有不義之事，公元前586年，耶和華完全放棄祂的子民，聖殿被巴比倫王尼布甲尼撒摧毀，以色列人分散到天下各處。直到公元前515年，波斯王古列才下令所羅巴伯和約書亞率領少數餘民回歸故土重建聖殿，後來大希律王又予以大力擴建，耶穌便是在這個殿裡發生了許

▌親吻聖殿山土地的男子

▌出口的守門員和阿拉伯女子

多故事。令人惋惜的是，到了公元70年它又被羅馬人摧毀了，正如耶穌預言的：「你們不是看見這一切麼？我實在告訴你們，將來在這裡，絕沒有一塊石頭留在石頭上，不被拆毀的。」

此後，回歸聖地的猶太人再度流離失所。

1948年，以色列亡國兩千年後終於復國，一如聖經預言的，以色列人果然從天下四方被帶回來了。1967年，以色列軍隊插旗獅子門，實現了另一個預言，使外邦人不再踐踏耶路撒冷。於是，就只剩下以西結書40至48章，關於重建聖殿的預言還沒有完成了。

但聖殿要不要重建？

建聖殿，可能就得拆除山上的清真寺。前總理沙龍曾強硬地登上聖殿山，幾度也有猶太人上山宣示建殿的權利，引發穆斯林的圍攻；相反的，也有猶太學者指控穆斯林暗中破壞聖殿遺址，雙方毫無信任可言。

以色列人雖然對外團結，但對於一個問題的看法不會一致，每個人都有自己的主張。何況完全遵照律法的猶太人只有兩成，不守律法的也有兩成，其餘六成採取選擇性的遵守。換言之，如今的以色列國民多半是世俗化的猶太人，他們要的只是一個國家，不是回到聖經時代。相對的，力主重建聖殿者組成了聖殿重建委員會，他們認為該積極蓋造第三聖殿。相關的器物快要齊備了，祭司也訓練了，獻祭的紅母牛也有了。至於最重要的約櫃，他們相信就藏在聖殿山地下，一直沒有離開耶路撒冷，時機到了便可取出使用。

不容易解決的事，人們只能暫時擱置，但有些事不會永遠這麼擱置下去。只是這些未來的事件，離我們還有多遠，又會以何種出人意料的方式啟動呢？

我們走下聖殿山，步出獅子門，打算二度訪問橄欖山。清真寺周圍巨大的烏鴉叫聲已經聽不見了，彷彿人類這巨大的難題令牠們也啞口無言。

【戶勒大門和羅賓遜拱門】

聖殿山周邊除了西牆（哭牆）以外，在阿克薩清真寺南方的牆體上還發現一組封閉的戶勒大門（Huldah Gates），西側是雙拱門，東側是三拱門，可以沿著一條古道通往大衛城。在聖殿山的西南角，又挖掘出羅賓遜拱門（Robinson's Arch），包括一個巨大臺階和一個石拱門，由大希律王建於公元前一世紀末，和哭牆一樣都是第二聖殿的擴建部分。這道拱門在公元70年就被羅馬摧毀，離它建成不到百年，並且隨著兩千年來城內街道不斷填高而被掩埋。

【巨大的金燈臺】

在哭牆廣場的西邊，有聖殿重建委員會（聖殿研究所）隱身於街弄中，展示他們對於重建聖殿的各項預備。在各樣展示品中，最受矚目的便是放置戶外的巨大金燈臺。金燈臺的形狀是杏花上長出七個分支，既是聖殿、會堂的基本設備，也是如今以色列國的國徽。除了哭牆前的廣場，在本古里安機場外、國會大廈前也都有大型的金燈臺。

▎哭牆旁的羅賓遜拱門

▎聖殿重建委員會的金燈台

大衛城

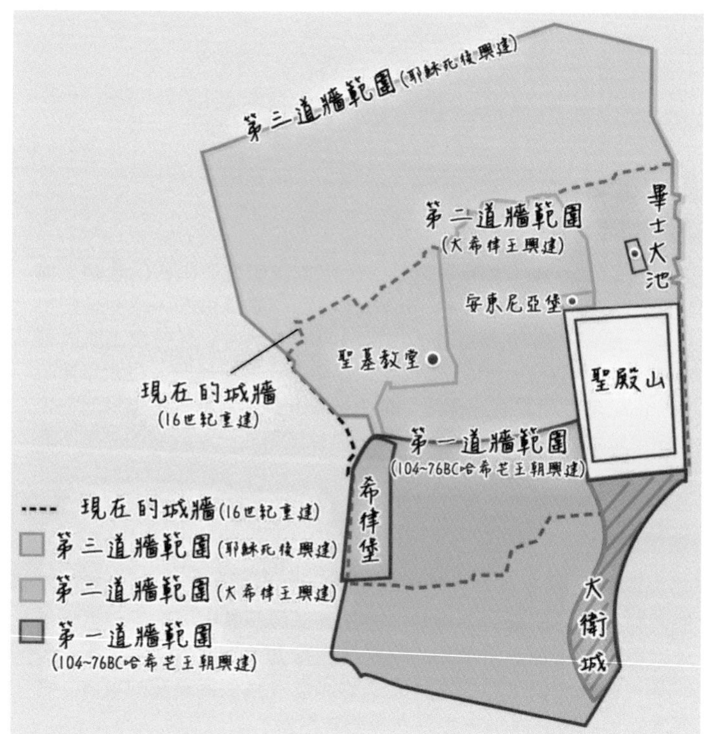

羅馬時期的耶路撒冷城，並大衛城相對位置

以色列人所說的大衛城（City of David）有兩個，一個在耶路撒冷，位於現在老城南方的一座小山頭上，另一個則是大衛王的故鄉伯利恆。在舊約時代，大衛城指的是耶路撒冷的那一個，後來到了新約時代，人們才稱伯利恆為大衛的城。

大衛城還有一個更早的名稱。看過電影《駭客任務》的人，想必對於「錫安」（Zion）這個名詞很熟悉。其實錫安就是耶路撒冷，正如舊約撒迦利亞書9章所說：「錫安的女子阿，應當大大歡騰；耶路撒冷的女子阿，應當歡呼！看哪，你的王來到你這裡。」錫安和耶路撒冷，可以當作同位語交互使用。然而，它一開始的範圍僅限於大衛城，不像現在的耶路撒冷這樣大，證據是所羅門王蓋造聖殿後，列王記上8章記載：「要把耶和華的約櫃從大衛城，就是錫安，運上來。」此城本名耶布斯，因為耶布斯人住在這裡，後來大衛王攻取後才改名大衛城。

晴日登訪大衛城

這個耶路撒冷的原型，是我們最晚造訪的古蹟之一。那天兩位姊妹忙著手邊的工作，只有我和Tobias相偕前往。除了相機，我們還帶了短褲和脫鞋，因為待會要走一條秘密水道，弄得半身濕是免不了的。

到大衛城的路很簡單，走出糞廠門後，往東步行一小段路再往南，在一條叫作Maalot Ir David Street的街道上就能找到入口。從地理上來看，大衛城就像一隻襪子或一柄小刀，刀鋒朝南，刀柄朝北，南北長約460米，東西寬約160米。城東有山壁流出的基訓泉（Gihon Spring）和汲淪溪谷，南方有西羅亞池子和欣嫩谷，城西是泰羅邊谷，城北隔著馬路與聖殿山相接。三面溪谷與城池有幾十米的落差，堪稱易守難攻，也難怪以色列人進入迦南地後，四百多年始終無法趕出耶布斯人，直到大衛王奮起作戰，才憑勇力奪取錫安，並在其上蓋造米羅宮，把王都由希伯崙遷到這裡。一直到現在，山上都還有幾十戶人家。

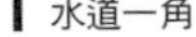
水道一角

西羅亞池子

雖然是週間平常的日子，但這一天的耶路撒冷豔陽高照，園區售票處擠滿了學生團體，嘰嘰喳喳討論著快樂的戶外教學。我們兩位大叔嘴角上揚，走到入口處不遠的平臺上眺望，綠意盎然的山壁外，可以望見汲淪溪谷的阿拉伯民居，密密麻麻，彷彿時光還凍結在十八九世紀，私藏著一個小小的桃花源。

然而大衛城真正的賣點，並不在顯然可見的山景，而是隱藏在深處，包括東側的兩條古代水道，南端的西羅亞池子，以及貫通大衛城西側的上行之路。

乾水道與溼水道

大衛城相關的景點被歸納為二十點，兩條水道的入口在第五點，是一個小小窄窄直立的井道，有專人把守。沿著螺旋樓梯下行後，走過一段幽森的石鑿地道，才發現裡頭別有洞天。原來，兩條水道在此處交集。較短的是迦南水道（Canaanite Tunnel），因為早已無水，現在又稱為乾水道（Dry Route）；另一條是希西家水道（Hezekiah's Tunnel），在基訓泉旁與乾水道分家，綿延半公里之遠，最後由城南的西羅亞池子竄出；由於它至今仍有水流，因此稱為濕水道（Wet Route）。

迦南水道很短，從基訓泉附近再走百米左右，便從山的東側出來，進到一個阿拉伯村落Silwan。據信乾水道已有3800年以上的歷史，並且在3000年前大衛攻打耶布斯城時扮演了關鍵角色。撒母耳記下5章記載：「耶布斯人對大衛說，你不能進這裡來，就是瞎子和瘸子也會把你趕走！……然而大衛攻取了錫安的保障，就是如今的大衛城。當日，大衛說，誰攻打耶布斯人，當上水道

由大衛城東望阿拉伯人聚落

攻打大衛心裡所恨惡的瘸子和瞎子。」這段話的意思就是水道過於險要，就算派瞎子和瘸子也能守住，想不到大衛居然攻陷了。

另一條希西家水道成於公元前800年左右，當時猶大國的賢君王希西家王面臨亞述人攻城，為了防範基訓泉的水源被切斷，下令在岩石中開鑿了一條地下引水道，把泉水引流到城內的西羅亞池，並把泉水入口封閉。令人驚訝的是在危急存亡之秋，匠人們居然還能從兩端分別開鑿，並且在中間接通。

要走濕水道，必備手電筒。那天我們只帶了手機去，才發現輕視了裡頭的黑暗指數。趁著四下無人，Tobias迅速換上短褲，我則怕羞，直接捲起運動褲下水。水道極其迂迴，全長約550米。一路深深淺淺，最深處有75公分深，淹至膝蓋以上；而水道本身亦是忽高忽低，時寬時窄，偶爾需低頭或側身行走，偶爾因地面凹凸不平，腳下險些踏空。Tobias高舉手機，以微弱的螢光力抗幽暗，我則小心翼翼保護著懸在頸上的相機，深怕一個不留意跌跤，便要砸了Belinda慷慨相借的裝備。只聽得前方傳來Tobias的聲響：「我後悔了，你會嗎？」

「不會，我很習慣這種孤獨的時光，我擔心的只是相機。」

全程走完約需半小時，前一組遊客早我們5分鐘進洞，真應了前不見古人後不見來者這段千古絕唱。

西羅亞池子

走出水道以後，我吐了一口氣：「走入黑暗，是為了讓你更珍惜光明。」

冬日不宜走水道，但夏日極其沁涼可人。通過拱門，眼前便是晴空下的長方型水池，兩旁是高大的石牆，有幾根石頭短柱浮出水面，幾個阿拉伯男孩正在跳柱子戲耍，彷彿在窄巷中跳繩打滾的鄰家小弟。

不要小看這樣的玩耍，希西家水道的發現，就是小孩子玩出來的。當時是公元1880年，有一個男孩在池邊嬉戲時意外發現了水道，並且在附近牆面上發現一塊碑。後來，石碑上的文字被證實就是當年的工程記錄。

我們走了過去：「嗨！」

幾個孩子看見外國人打招呼，立刻樂得像被戳中笑穴翻上翻下，但有一個孩子凝視著我們，突然伸手用英語說：「給我錢！」

我的心頭立刻冷了下來。這裡畢竟是東耶路撒冷啊，貧富差距還是存在的。我們搖搖頭，不忍看到過早變調的童年，從階梯那裡離開了。

階梯下方又有一個池子，池邊的解說牌告訴我們，這裡正是西羅亞池子（Shiloah Pool）。也有人認為水道出口的那個池子才是西羅亞池，而這裡稱作下池，不過我們就依官方說法吧。西羅亞池挨著一堵牆，也是長方形，池邊被石階拱起，池內有水管橫躺。仔細一看，池水染有一些慘綠，不知道甚麼植物像大海的昆布漂浮著，總之不會是你大口暢飲的好地方。

然而在兩千多年前，水池並非這樣荒廢，而是一個方正的小水庫，屬於王的園子，並且到了耶穌的時代，還發生過一件基督徒津津樂道的神蹟。

當時，耶穌看見一個生來瞎眼的人。門徒問耶穌說：是誰犯了罪，叫這人生來就瞎眼？是這人，還是他父母？耶穌回答說：不是這人犯了罪，也不是他父母犯了罪，乃是要在他身上顯明神的作為。趁著白晝，我們必須作那差我來者的工，黑夜一到，就沒有人能作工了。我在世界的時候，是世界的光。說完，耶穌就吐唾沫在地上，用唾沫和泥抹在瞎子的眼睛上，叫他往西羅亞池子裡去洗。他一洗，回來的時候眼睛就看見了。

這個神蹟的深意是：每一個出黑暗入光明的人，總是因著耶穌口中出來的話（唾沫）而得救，不是因著泥土也不是池水。如果有人只看事情的表層，千里迢迢要到西羅亞池來得醫治，那就是本末倒置了。

通往聖殿山的上行路

正準備離開西羅亞池子，剛好一位工作人員經過。他說，如果想趕時間回老城，可以走捷徑。Tobias回頭苦笑：「他說的，就是那條去聖殿山的古路！」

西階梯步道（Western Stepped Road），又稱作西羅亞路，乃是一條隱藏在隧道間的上行路，與往下緩流的希西家水道正好相反，古人經由這裡通往聖殿山南牆。這條古道雖然已經荒廢，寬度僅容一人通行，卻看得出當年是用精心切割的大石塊鋪成，每兩級臺階後就有一個長平臺，如此反覆不已。據說總長度有600米，難怪我這個胖子每隔幾分鐘就要喘口氣，稍作歇息。在羅馬時代，起義的猶太人曾經躲在希西家水道，並藉由這條荒廢的秘道奔走大衛城和聖殿山兩端，讓此間更增添幾許傳奇色彩。

　　從考古公園出來時，烈日當空。我們沿著老城外的斜坡路西行，在一個阿拉伯小商鋪買了果汁，拍拍乾透了的衣裳，一步一腳印走回繁華的西耶路撒冷去。

由大衛城通往聖殿山的模型（以色列博物館收藏）

通往聖殿的上行之路

錫安山

錫安山（Mount Zion）或譯熙雍山、郇山，是耶路撒冷西南方錫安門外的小山，自古便是基督徒群聚之地，如今為猶太人的高級社區。山上的名勝大衛墓和最後晚餐樓，對於猶太人和基督徒分別有重大的意義，宛如一盞明燈指引著未來的方向。正好，「錫安」這詞的意義就是光明、顯耀。

第三個錫安山

然而有一個小小的問題。在前一篇的遊記中，我們提到「錫安」原本是指大衛城。到了所羅門王繼位後，他在北方的另一座小山上興建聖殿，城牆因而向北方延伸，錫安自然也就涵蓋了聖殿，就像詩篇76篇說的：「在撒冷有祂的帳幕；在錫安有祂的居所。」所以大衛城是錫安山，聖殿山也是錫安山，到此為止都沒有問題，但錫安怎麼又會由東部的兩座山變成西南部的一座山呢？

原來公元70年羅馬毀滅聖城之後，猶太人四散，垂老的記憶也逐漸模糊。在公元一世紀末，猶太史學家約瑟夫已經開始弄錯，把西部地勢最高的前希律王宮（今大衛堡）稱作大衛王的堡壘。到了公元五世紀，西南方的小山上不知為何出現了聖錫安教堂（Hagia Sion）；公元1173年，又有士特拉聲稱在這裡發現大衛墓，於是人們誤以為這裡就是大衛城（舊約記載大衛是葬在大衛城），遂稱此地為錫安山。這錯誤積習八百多年下來，今日要正名已是不可能的事。

大衛墓和最後晚餐樓

由於坡度很緩，登錫安山遠比登橄欖山更為便利。而要到大衛墓和最後晚餐樓，你得認準外表最搶眼的聖母安息教堂（Dormition Abbey），穿過一條高牆下的窄巷，然後你便會看見紫花怒放的樹下，一個彈琴的大衛像豎立在眼前。

那天遇見兩位中國大媽，喜滋滋地請我幫忙在大衛像前拍照。看著這架昂貴的單眼相機，拍完我問：「你們是基督徒嗎？」

大媽們愣了下：「不是。」然後便開開心心地走了。

來耶路撒冷的人以歐美遊客居多，東亞則以韓國最多，因為他們基督徒的比例最高，但近年來以色列和中國的商貿關係越來越密切，中國遊客也明顯多了起來，而且素質看上去還不錯，是捨得花錢旅行的人。

大衛像對面就是大衛墓入口。如同文章前面說的，它是前人弄錯大衛城位置而造就的產物，只能算是衣冠塚。話說回來，羅馬二度毀滅耶路撒冷後，皇帝哈德良大肆破壞列王墓地，因此大衛墓的位置已不能百分百斷定，猶太人總得找個地方紀念先王。此地規矩比照哭牆，男女分開，男性必須戴上基帕小圓帽，進去一看，只有幾個著黑衣的猶太人搖頭晃腦祈禱著。

對於這樣一個象徵性的場所，到此一遊即可，很快便轉往隔壁二樓的最後晚餐樓（Cenaculum，意思是飯堂）。循著院子內一道樓梯左轉右拐，通過有人看守的房間後，再往內便是Upper Room，人們聲稱這裡便是耶穌和門徒共進最後晚餐的房間。這段典故可參考馬太福音26章，那裡說到門徒到耶穌跟前來問：要在那裡為你豫備逾越節的筵席？耶穌說：你們進城去，到某人那裡對他說，夫子說，我的時候近了，我同我的門徒要在你家裡守逾越節。

大衛彈琴像

當時錫安山和大衛城這一片區域都在城牆內，所以耶穌說，你們進城去。據說這一家便是馬可母親的家，所以又稱作馬可樓（馬可是使徒彼得的外甥，馬可福音的作者）。那晚耶穌和十二門徒在樓上坐席，說：我實在告訴你們，你們中間有一個人要出賣我了。他們就憂愁起來，一個一個問祂說：主，是我麼？

準備賣主的猶大這時被耶穌支使出去，給他機會做這事。耶穌就拿起餅來祝福了，擘開遞給十一個門徒說，你們拿著吃，這是我的身體。又拿起杯來祝謝了，遞給他們說，你們都喝這個，因為這是我立約的血，為多人流出來，使罪得赦。於是耶穌不但為門徒洗了腳，還囑咐他們許多事，眾人就唱了詩，出來往橄欖山去，在那裡夜間禱告，直到猶大帶領大隊人馬捉拿耶穌。

馬可樓附近街景

大衛墓內

馬可樓上：右邊的建築是聖母安息堂

馬可樓的院子

或許就是這樣，如今的Upper Room放著一棵橄欖樹塑像，上面還有麥子和葡萄，分別表徵餅和酒。其餘事蹟如耶穌復活後向門徒顯現，升天後門徒聚集禱告，選出馬提亞取代賣主的猶大，以及五旬節聖靈降臨，也都被認為發生在這一棟小樓上。換句話說，這裡就是擘餅喝杯的起點，也是基督徒最早聚會的地方。

不過，由於這棟樓房最早建於公元十二世紀，呈十字軍風格，有高大的廊柱和彩繪玻璃，到了十六世紀又被改建成清真寺，加蓋了祈禱塔和壁龕。我們只能說，或許在原址附近曾有那棟小樓，但如今人事已非，誰也不知道真相，就只能和大衛墓一樣，借此樓一用，遙想當年的情景。

雞鳴堂

在錫安山的東側山坡，還有一座雞鳴堂（Saint Peter in Gallicantu），傳說中這裡便是捉拿耶穌的大祭司該亞法的府邸。

耶穌在錫安山吃完最後的晚餐，上了橄欖山禱告後，又被帶回錫安山受大祭司審問，然後才帶到羅馬總督彼拉多那裡，這一晚，耶穌並不好受。而彌賽亞居然軟弱到被凡人抓住，這對跟隨者也是一個大的試煉。因此在晚餐時，耶穌預言門徒將要四散逃離，頭號門徒彼得卻不願相信這事，他是大開大闔的漁夫，不能想像自己居然會軟弱到拋下老師，於是耶穌明白告訴他：「雞叫兩次以前，你要三次否認我。」

後來一如耶穌預告的，當祂在客西馬尼園被人抓住，帶回大祭司的宅邸審問，眾人果然都分散了，彼得卻遠遠跟著。人脈最廣的門徒約翰把他引進門後，眾人在院子當中生火圍坐，有一個使女就說，這個人也是同耶穌一起的。彼得卻不承認，說我不認得祂！又過了不久，另有一位說同樣的話，彼得回答：你這個人，我不是！最後第三個人極力指證：他是同那人一起的！彼得說：你這個人，我不知道你說的是甚麼！

他正說話的時候，即時雞就叫第二次了。耶穌就轉過身來看彼得，彼得便想起主的話：今日雞叫以前，你要三次否認我。他就到外面去痛哭。

為了紀念此事，公元457年在大祭司宅邸原址上蓋起一座小教堂，今日的面貌則是1931年重建的結果。屋頂上塑有金色公雞，院子裡也有公雞、女子和羅馬兵丁的雕刻，碑文上還寫著：「彼得卻不承認，說：女子，我不認得他。」

人，是軟弱的，你自覺最可以信靠的，往往就是把你擊倒的破口。或許一個真正的門徒，應該在自以為可以誇口的時候聽見雞叫聲，然後整個人就應聲倒了，跑到外面去痛哭。但是哭不是終點，他還得擦乾眼淚回來，緊緊跟在耶穌的腳後，行完此生榮耀的路程，邁向天上真正的錫安山……

彼得說：我不是耶穌一夥的！

雞鳴堂

橄欖山

到哭牆或聖殿山的人，肯定會看到東邊有一條綿延的小山脈，有的山頭光禿禿的，有的山頭卻是綠蒼蒼的。這條3.5公里長的山脈，便是頂頂大名的橄欖山（Mount of Olives），從北邊希伯來大學所在的斯科普司山開始，一路橫臥到耶京東南方的罪惡山，所羅門王曾在那裡為列國妃嬪蓋造神壇。

但是狹義的橄欖山不含北也不含南，僅僅指聖殿山對面的那座山頭，距離老城最近，從聖殿山這邊望過去，彷彿伸手就可以摸到。據說在古代滿山都是橄欖樹，所以就叫作橄欖山。東坡上的村莊有伯大尼和伯法其，西坡山腳下則有客西馬尼園，山上還有許多的教堂，要全部走遍得花上一天的時間。

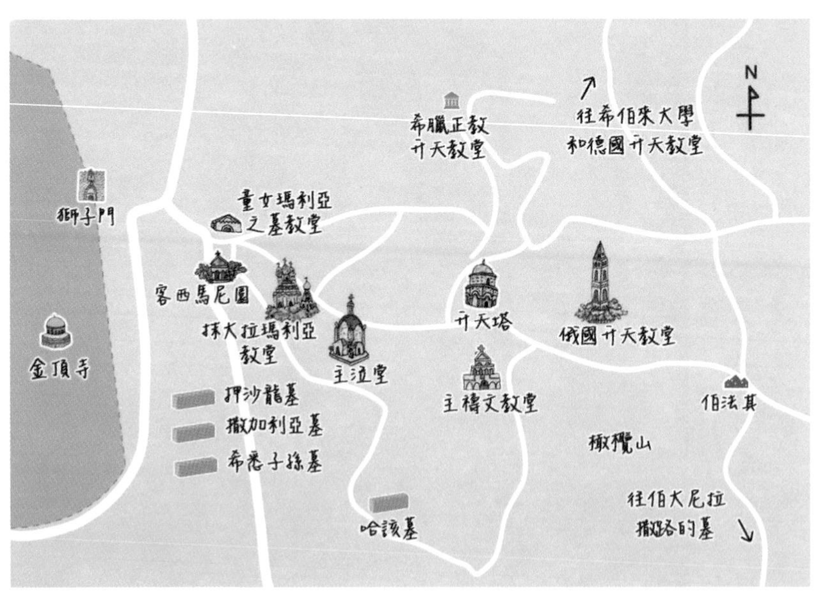

橄欖山

我們來橄欖山，大致有幾個理由。

第一，它有居高臨下的戰略地位。大衛王被逆子押沙龍追殺時，第一個就是逃到橄欖山。公元70年羅馬第十軍團摧毀耶路撒冷，紮營的地方也在橄欖山。

第二，山上有耶穌生活和盡職的點點滴滴。祂在這裡預言聖殿要毀滅。在即將受死的前幾天，祂騎著驢駒下山進城，每日在殿裡施教，每晚又出城到橄欖山住宿。最後的晚餐過後，祂和門徒唱了詩往橄欖山去，在那裡被猶大出賣。

第三，撒迦利亞書指明，橄欖山是末日戰爭時耶和華要降臨拯救以色列的地點：「那日，祂的腳必站在耶路撒冷前面東邊的橄欖山上；橄欖山必從中間分裂，自東至西成為極大的谷，……耶和華我的神必降臨，有眾聖者與祂同來。」

因此，無論猶太人或基督徒都非常關注橄欖山。自古以來，許多猶太人都埋葬在橄欖山西側，山上躺著的死人比活人更多，他們靜靜望著聖殿山，等候復活。

從希伯來大學到橄欖山

上橄欖山，一般是從獅子門出城上山，但我們走了特別的路線。

午後兩點多，我們由希伯來大學，也就是斯科普司山步行前往南方的橄欖山。本來我們考慮坐計程車，但和司機一番折衝後，發現得花上50舍客勒，也就是新臺幣500元左右；一時猶疑，車子就給別人招走了。

也罷，還不就是下了這座山，然後爬上那座山？

天氣很好，我們走在地中海式的蔚藍天空下，一下山就發現大馬路旁有一塊空地，陡峭的草原上有人養牛；而蜿蜒的一號公路像飢餓的蝮蛇，挺著肥大的身軀扭動不已，直直下到死海那邊去。

藍藍的天，禿禿黃黃的山，油油綠綠的山。

下了坡，很快又走上坡。Tobias從地上隨手一撿，拿起一根樹枝佇著走路，成了拿杖的摩西。又走了一小段路，我們經過一些荷槍實彈的以色列大兵面前，再走過去便都是阿拉伯文的招牌和路

自橄欖山腰西望聖殿山

希伯來大學往橄欖山的路上

標，房屋開始擁擠起來，街道也沒有那樣乾淨，連空氣都有點浮躁起來。原來橄欖山是阿拉伯人的社區。雖然飄揚的是以色列的國旗，但氣氛就是有一點不同。

「以色列的阿兵哥，應該不想一個人落單在這裡走吧？」在西耶路撒冷市區，士兵一個人走路比比皆是，但這裡可看不到。由於那兩天美國副總統來訪，以色列各地都發生了恐攻，所以Belinda心裡有些毛毛的。

「不要怕，沒事的。」

偏偏有一個騎著腳踏車的大男孩，突然衝過來咕噥了一陣，意思是要帶我們過去景點，但我們觀察到不遠處有一群男孩開始躁動，於是便自顧自地走了。

班弟兄說過，你跟了男孩子走，就要付錢了。運氣不好的話，就會像他剛到以色列時笨笨地握手，然後錢包就被扒走了。所以不要落單，不要對突然挨近的陌生人太友善，不要隨便接受別人的肢體碰觸。

我們才討論著這事，突然就到了耶穌升天小堂。

耶穌升天小堂（Chapel of the Ascension）

升天堂位於橄欖山的高處，傳說基督耶穌在此告別門徒，升天而去。在山上另有路德會的教堂和俄羅斯東正教的修女院，同樣是為了紀念耶穌的升天。

其實耶穌是否從橄欖山升天，聖經上並無明文記載。但使徒行傳開頭就說，當祂往上去，有天使站在門徒旁邊說，這離開你們被接升天的耶穌，你們見祂怎樣往天上去，祂還要怎樣來，當下門徒就從橄欖山回耶路撒冷去。由這個記載來看，在橄欖山升天的可能性是最大的。何況路加福音24章也說，耶穌領門徒出去直到伯大尼附近，就舉手給他們祝福，然後升天。這伯大尼，就在橄欖山東坡。

然而，準確標出升天的地點，這就有待商榷了。畢竟，耶穌升天至今都超過兩千年了，如何能言之鑿鑿呢？

我們去的時候，有一個彪形大漢看守著小堂（他是穆斯林），順便賣一些地圖明信片紀念品。正猶疑著有沒有必要花錢看它，踏進圍牆內詢問多少錢，他說五塊錢舍客勒，從踏進圍牆內就開始算，而我們已經踏進去了。

橄欖山上：遠處的尖塔是德國升天堂

升天小堂

小堂內部

白色的升天小堂最早建於第四世紀，屢毀屢建，目前的外型是一棟八角形的建築，內部僅能容身數人，供俸著一塊「升天石」，說是耶穌升天時留下了右腳腳印。你還可以在堂內買香，向耶穌燒香祈禱。聽罷，我們便笑了。

在圓圓的小堂的外面，有一堵圓形的白色圍牆將它圍住，圈出一個圓圓的廣場，滿披礫石。廣場兩側各有一個井，裡頭居然有水。如果你也不小心踏入圍牆內，付了五塊錢，記得去看看那兩口井。

主禱文教堂（Church of Peter Noster）

由升天小堂出來，往下拐彎，不久便看到圍牆。一個阿拉伯人眼尖地看見我們，便熱烈地邀請我們進去。八塊錢，比升天小堂更貴。

我們問：這是甚麼地方？

他說，是主耶穌教導門徒禱告的地方。馬太福音6章說：「所以你們要這樣禱告：我們在諸天之上的父，願你的名被尊為聖，願你的國來臨，願你的旨意行在地上，如同行在天上。我們日用的食物，今日賜給我們；免我們的債，如同我們免了欠我們債的人；不叫我們陷入試誘，救我們脫離那惡者。因為國度、能力、榮耀，都是你的，直到永遠。阿們。」

向我們招攬生意的大叔說，裡頭用了100多種語文，把這段禱告詞刻在牆上。他又說，可以站在門內看看園子裡面，再決定要不要付錢。

很好。我們看了下，迷宮般的無數牆壁上，刻了各樣看不懂的文字，還有幾個遊客在拍照。美則美矣，但有沒有必要花八塊錢？

網路上說，教堂是興建在一座四世紀教堂的原址上，後者本是君士坦丁皇帝為了紀念耶穌升天所建，傳說裡頭有一個洞穴與耶穌有關。

「謝謝，我們不進去。」

眼看著這門生意無望，阿拉伯大叔眼尖地發現馬路對面，正好又走來幾個黑髮的妙齡女子，戴著時髦的太陽眼鏡，笑得花枝招展。

「嘿！我的姊妹！」大叔熟練地使用英語，以一貫的熱情態度迎向她們。

我們，走了。

主泣教堂（Dominus Flevit，又稱主哭耶京堂）

沿著斜坡往下，道路越走越窄，也越走越陡峭。

如果你已經走下去，就不會想要再回頭，因為上坡路太辛苦了。要走，就好好走下去，不要走到一半又後悔，卡在山腰上動彈不得。信仰，豈不也是這樣？

沿途我們看見許多墓地，放眼望去一片蒼白。山上有多達15萬個墓穴，據說大衛的兒子押沙龍，舊約時代的最後幾位先知哈該、撒迦利亞、瑪拉基都葬在這裡，等候瀰賽亞降臨。但1948年第一次中東戰爭後，約旦在山上大肆破壞墓地羞辱猶太人，直到十九年後以色列攻佔東耶路撒冷，才將倖存的墓碑尋回。

在墓地的旁邊，我們發現了第三個景點，主泣堂。

「要進去嗎？」

喔，不收費呀，所以我們就走了進去。

主泣堂地方不大，但堂前的小園十分愜意，位置也好，可以平視金頂寺，週邊還有許多的墓地可以拍攝。

教堂的名稱"Dominus Flevit"，意思是意「主哭了」，據說教堂的形狀是仿淚珠而成。其典故是路加福音19章，耶穌臨近耶路撒冷的時候看見那城，就在橄欖山上為她哭泣說，巴不得你在這日子，知道關係你平安的事。你的仇敵要給你築起土壘，周圍環繞你，四面困住你，並要把你剷平，摔毀你裡面的兒女，不容你裡面有一塊石頭留在石頭上，因你不知道眷顧你的時候。

形如淚珠的主泣堂

幽暗的主泣堂內

公元70年，這事果然發生了，羅馬發動大軍毀滅了耶路撒冷，第二聖殿徹底消失，數百年後，山上出現了兩座清真寺。

我們坐在教堂中，看著玻璃窗外射入光線，兩位穿黑衣的神職人員從容走了進來，緊接著一群遊客湧入，規規矩矩地坐在長椅子上。神職人員恭恭敬敬清讀著聖經，到了一個段落，遊客一下全站了起來，我們也只好站起來；又到了另一個段落，眾人同時發聲，似乎是表示讚美之意。

眼看著語言隔閡不通，於是到了下一個段落，趁著眾人又異口同聲說話時，我們陸續走了出去。敬拜的方式雖然不同，敬拜的心意卻能感受。

離開主泣堂，再往下路更陡了，只能一步一腳印，慢慢地走，免得往山麓滾下去。這樣一想，耶穌下山騎著驢也就萬分合理了，驢子最會爬山路了。

黃花不死，猶如以色列人的精神

時間還很早，我們想再去一些地方，特別是耶穌被捕的客西馬尼園，卻發現進不去了。下午四點，明明還是開放時間，怎麼門已經關了？

也罷，橄欖山這麼近，改天專程來一趟，看看客西馬尼園。

不遠處，金頂的清真寺不動如山，城下車輛快速地南來北往，只剩下我們這些園外的旅人，始終等到耶穌回到山上來。良久，天色暝昏，我們開始穿行在高大的兩牆之間，沿著窄路，往耶路撒冷的方向走去。

【伯大尼和伯法其】

伯大尼離耶路撒冷約三公里，在它的西北邊有伯法其。儘管伯大尼的意思是未熟的無花果之家或悲慘之家，但對於耶穌卻是溫暖的家，每當祂由北方的加利利來到耶路撒冷，往往便造訪或居住在伯大尼。在這裡有門徒馬大、馬利亞和拉撒路姊弟一家，還有患痲瘋的西門。當拉撒路死時，耶穌告訴馬大：「我是復活，我是生命；信入我的人，雖然死了，也必復活。」結果發臭的拉撒路竟又復活了。如今阿拉伯人稱伯大尼為Al-Elzariya，意思就是拉撒路之地，並在所謂拉撒路墓旁蓋造聖拉撒路教堂（Church of St. Lazarus）。伯法其（Bethphage）則建有聖枝堂（Church of Bethphage），堂內有一塊石頭，說是耶穌用它登上驢子，開啟祂進入耶路撒冷受人夾道歡迎的行程，這塊石頭現在稱為伯法其碑。

盤根錯結的橄欖樹相傳
已有兩千年之久

客西馬尼園

客西馬尼園在橄欖山的西側山腳下，走出獅子門繞到金門附近，從Sha'ar HaArayot Bridge越過橄欖樹林立的汲崙溪谷，很快就可以抵達。園子前方有童女馬利亞之墓（Tomb of the Virgin），園子後方有抹大拉的馬利亞教堂（Church of Mary Magdalene），後者頂著7顆鍍金的洋蔥圓頂，想要認錯也不容易。

但第一週從希伯來大學去，正好閉園。第二週下了聖殿山想過去，卻在獅子門遭竊，跑了警局一趟。第三週一出門就遇上大雨，之前兩週沒有，之後兩週也沒有，就只在那一天風雨交加。到了最後一週，我們總算順利入園，這次沒有甚麼意外，爬一小段坡路上去，滿園的橄欖樹就在眼前。

上客西馬尼園，很難，也不難，難的是入園後如何平復心境。

客西馬尼的意思是「榨油機」，也就是把橄欖榨出汁油的地方。站在園內，西邊就是金門和高大的城牆。耶穌在上十字架的前一晚，最後的晚餐過後，正是和門徒在這樣一個園子禱告，等著被猶大出賣，押進城內受審。那一晚，耶穌在園內被榨出生命的精華來，禱告到最後大聲哭號，不能自已。來到這樣一個園子，你的心情如何能不跟著激動？

「基督在肉身的日子，強烈的哭號，流淚向那能救祂出死的，獻上祈禱和懇求，因祂的虔誠，就蒙了垂聽；祂雖然為兒子，還是因所受的苦難學了順從；祂既得以成全，就對凡順從祂的人，成了永遠救恩的根源。」（希伯來書5章7至9節）

早期的朝聖者經常來到客西馬尼園禱告，這項傳統延續到如今，許多基督徒還會專程在晚上入園禱告，感受救主那一夜的心境。

園子本身並不大，滿眼都是蒼綠的橄欖樹。據說有八棵老樹的年齡已經兩千年了，但也有人認為這些樹只有幾百年之久。然而有幾棵死了又活，新枝子在蒼老的樹根上長出來，層層包裹，讓人也摸不清究竟有多少年了。

進進出出的歐美遊客中，突然來了黑頭髮的韓國基督徒。在一片韓語聲中，我們走入園子隔壁的萬國教堂（Church of All Nations）。這座教堂是

壁畫：猶大親嘴作暗號捉拿耶穌

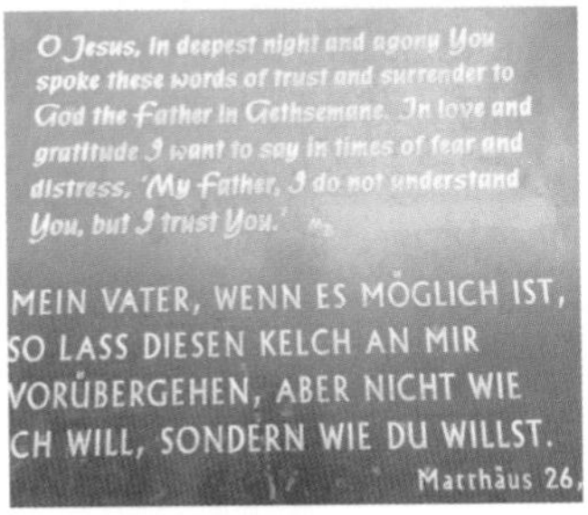

O Jesus, in deepest night and agony You spoke these words of trust and surrender to God the Father in Gethsemane. In love and gratitude I want to say in times of fear and distress, 'My Father, I do not understand You, but I trust You.'

MEIN VATER, WENN ES MÖGLICH IST, SO LASS DIESEN KELCH AN MIR VORÜBERGEHEN, ABER NICHT WIE CH WILL, SONDERN WIE DU WILLST.
Matthäus 26,

耶穌在園中的禱告文

抹大拉的馬利亞教堂

與橄欖園相鄰的萬國教堂

20世紀前期在毀棄的古代教堂根基上建造的，因資金來自16個國家，因而稱為All Nations教堂。教堂前有粗大的列柱和鑲嵌圖案，充滿拜占庭風格。走進堂內，穿著袍子的神職人員摸摸頭，暗示我該摘下帽子。仰頭一看，教堂頂部有多個小圓頂，而後方則是大圓頂，正面牆壁上繪製著耶穌和門徒在客西馬尼園的故事。

我不是愛看教堂和壁畫的人，但那幾幅畫還是讓人沉思良久。

要理解這些畫，你必須讀讀福音書。馬太福音26章說：「他們唱了詩，就出來往橄欖山去。隨後耶穌同門徒來到一個地方，名叫客西馬尼，就對他們說，你們坐在這裡，等我到那邊去禱告。……我的魂極其憂傷，幾乎要死。你們留在這裡，和我一同儆醒。祂就稍往前走，面伏於地，禱告說，我父阿，若是可能，就叫這杯離開我；然而不要照我的意思，只要照你的意思。」

當耶穌回到門徒那裡，他們卻睡著了。祂第二次又去禱告說：「我父阿，這杯若不能離開我，必要我喝，就願你的旨意成就。」祂又回去，見門徒還是睡的，因為他們的眼睛困倦。祂又離開他們，第三次去禱告。最後祂回到這些門徒

▍建築帶有濃濃的拜占庭風格

身旁，說，起來，我們走罷，出賣我的人近了！

每每看到這一段，心裡都不免沉重起來。耶穌在肉身裡有痛苦有憂傷，但睡的人多，儆醒禱告的少，沒有幾個能和祂一同背負重擔。但有一個儆醒的信徒，曾經寫下這樣的歌詞：

你若不壓橄欖成渣，它就不能成油；
你若不煉哪撻成膏，它就不流芬芳；
你若不投葡萄入酢，它就不能變成酒；
主，我這人是否也要受你許可的創傷？

馨香的橄欖油是聖膏油的基礎，用來將聖殿相關的一切分別為聖。沒有壓榨，橄欖就不能流出油來給人享受。耶穌在上十字架前，便已在客西馬尼園開始受壓，甚至祂這三十三年半的人生，沒有一天不是在死，沒有一天不在榨油。客西馬尼，不過讓我們看見情感爆發的一瞬間。

但爆發過後，接下來便是面臨不義審判而沉默，在生命隨著血水流出時，痛苦逐漸遠去，那一天祂帶著肉身進入了永恆，留下希望和生命給這世界，也留下橄欖樹活了又死，死了又活，迎接千年不變的旅人。

苦路十四站

每個人都有一條令你心如刀割的道路，這條路就是你的苦路。

在耶路撒冷的最後一週，從客西馬尼園下山以後，我們去了苦路。

耶路撒冷的苦路（Via Dolorosa）又稱苦傷路、十架路，是天主教所訂的一條朝聖之路，傳說是耶穌當年釘十字架時走過的路，也就是綁赴刑場遊街示眾的路。它由穆斯林區通往基督徒區，起點在城東的獅子門附近，終點是城西的聖墓教堂，沿途共有14站，按照耶穌受審到埋葬依序排列，最後5站都在聖墓教堂內。

儘管苦路赫赫有名，路途短短的也不難走，幾乎是來訪耶路撒冷必到之處，但其中只有聖墓教堂是有歷史根據的，前面9站的真實性都得打上問號。我們在苦路上拿到的導覽小冊甚至明白地告訴遊客：它不是昔日耶穌確實走過的路。

現在的苦路14站，分別是這樣的：

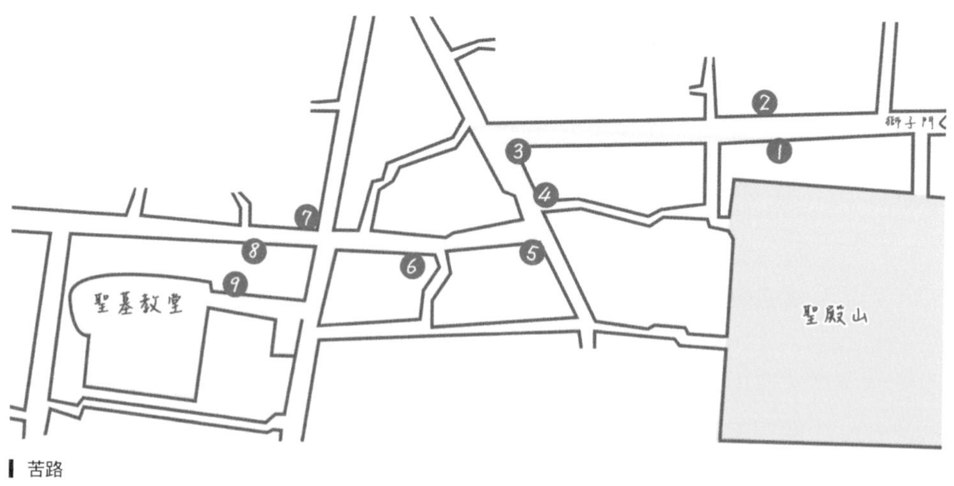

苦路

1 安東尼亞堡：耶穌被總督彼拉多判死刑

位於一所名為奧瑪莉亞的中學（Omariya School），附近有一個清真寺的安東尼亞塔。每週五下午聖方濟會在中學的廣場上進行露天聚會，熱鬧非凡。但考古顯示，當年的總督府可能不是設在城東的安東尼亞堡，而是大希律王留下的王宮，也就是現在城西的大衛塔所在。在那裡，為了討好群眾，總督彼拉多明明找不出耶穌有甚麼罪，但還是判祂死刑，反而把惡名昭彰的巴拉巴給釋放了。

苦路第1站

2 鋪華石處：耶穌背起十架

中學對面有兩座聖方濟會的小教堂，名為定罪堂及鞭打堂，前者建築底下有大片的古羅馬石板道。不遠處又有錫安修女院（Les Soeurs De Sion Monastery），底下同樣有石板道，另有附屬的「看哪，這人」堂（Ecce Homo Convent，又稱荊冕堂），外頭的拱門被稱作「看哪，這人」拱門。典故出於約翰福音19章，彼拉多將耶穌帶去鞭打，兵丁用荊

棘編作冠冕戴在祂頭上，給祂穿上紫袍羞辱祂。當耶穌第一次被帶出總督府來，彼拉多對群眾說，看哪，這個人！第二次出來，彼拉多又在鋪華石處說，看哪，你們的王！但根據考古，石板道和拱門都是公元2世紀羅馬廣場的一部分，與耶穌無關。

苦路第2站

「看哪！這人」拱門

3 耶穌在這裡第一次跌倒（聖經中無此事）

苦路第3站

第三第四站位於El-Wad ha-Gai St轉角處。這一站有個波蘭教堂，入口極小，裡頭有雕塑描述耶穌背十字架跌倒的傳說。

4 耶穌遇見母親馬利亞（聖經中無此事）

傳說馬利亞在路旁看見兒子耶穌受苦。目前是一個亞美尼亞天主堂Church of St. Mary of agony，廣場上可休憩，院中有小樹。

苦路第4站

5 古利奈人西門被迫為耶穌背負十架

這裡是由大路轉彎前往刑場各各他的路，上坡路，階梯路，有一個聖方濟會小小的祈禱室，安靜無人，我試著在那裡屈膝禱告了一會。馬可福音15章21節說：「有一個古利奈人西門，就是亞力山大和魯孚的父親，從鄉下來，經過那裡，他們就強迫他背耶穌的十字架。」根據考證，西門很可能是在當時的花園門（Gennath Gate）外被攔下來，也就是大衛塔北方，與此處並無關係。

苦路第5站

6 維羅妮卡為耶穌擦拭臉上的汗（聖經中無此事）

▍苦路第6站

這是一則中世紀發展出來的故事，傳說耶穌路過時，一名婦女維羅妮卡（Veronica）用手巾為祂抹臉。人們認為禮拜堂下方便是維羅妮卡的故居。

7 耶穌在這裡第二次跌倒（聖經中無此事）

▍苦路第7站

此處目前為聖方濟會的教堂，據說耶穌的判決文被公告在門上，因此基督徒稱為審判的大門。

8 耶穌安慰耶路撒冷的婦女

第八站被標記在一處希臘修道院的牆上。根據路加福23章，正當西門幫耶穌背著十架時，許多百姓及婦女跟隨耶穌，為祂捶胸哀號。耶穌就轉身說：「耶路撒冷的女兒，不要為我哭，當為自己和自己的兒女哭。」接著祂便暗示耶路撒冷即將毀滅，並歎息說：「這些事既行在滿有汁水的樹上，那枯乾的樹將會怎樣？」

苦路第8站

9 耶穌在這裡第三次跌倒（聖經中無此事）

第九站標記在一根羅馬圓柱上，已經挨近聖墓教堂的東邊。接下來的5站都在4世紀蓋造的聖墓教堂，分別是：

苦路第9站

10 耶穌被剝去衣服

11 耶穌被釘十字架

12 耶穌死在十架上

13 耶穌的屍體從十架上被取下來

14 耶穌被安葬在門徒亞利馬太人約瑟的新墳墓中

通往聖墓教堂的道路

也就是說，教堂涵蓋了當年的刑場和墳墓。這刑場叫作骷髏地，用希伯來語叫作各各他，在耶穌的時代乃是城門外廢棄的採石場。羅馬人正是在這樣一個荒地把耶穌釘死。但偷偷作門徒的猶太議士約瑟，正好也在這一帶開鑿了自己的墳墓，是全新的。他斗膽要了耶穌的身體，將敬愛的夫子埋葬在新墳裡。兩千年後，許多基督徒來到這兒往往再三徘徊，思索耶穌的死和復活。

這就是耶路撒冷的苦路，一條宣稱耶穌走過的路，有許多信徒帶著敬

苦路：聖墓教堂

虔之心前往的路，以及如今沿途擁擠著商家的路。

其實苦路，本是14世紀聖方濟會為了朝聖者而設計的信仰導覽地圖，沒有嚴格考證，路線也屢經變動，直到18世紀才固定下來。一開始，朝聖者是從錫安山到聖墓到橄欖山，再從西羅亞池子回錫安山，長度、方向都與現在的路線完全不同，換句話說，你在不同時代來耶路撒冷，你走的就會是不同的苦路。這路，從來不完全是一條真正的苦路，販售的乃是一個情境，一種情懷。

苦路旁的商家

而耶穌呢？在歷史裡默默走著另一條路。根據考古結果，真正的苦路可能是由大衛堡走到聖墓教堂，也就是從亞美尼亞人區走到基督徒區，和現今路線的前9站完全沾不上邊。可人們在意嗎？大多數的觀光客，要的只是一次信仰的巡禮；而幾百年來因朝聖而興盛的街坊，需要的豈是歷史的真相？

【畢士大池】

人們行走苦路時，通常還會參訪獅子門斜對面的聖安教堂（St. Anne Church），一者它紀念的是耶穌的外祖母安，二來院子裡頭有畢士大池（Bethesda Pool），長110米，寬60米，是直接從岩石鑿出來的，目前深埋於地面下約10米。在新約時代這裡是耶路撒冷的飲用水源，多餘的水會流到南方的羊池。

使池子聲名大噪的是約翰福音五章，說到羊門附近有一個畢士大池，旁邊有五個廊子，裡面躺著許多病患。因為有天使時常下來攪動，水動之後誰先下去，無論患甚麼病都會痊癒。但有一個人躺了三十八年，始終晚人一步，當耶穌問他是否要痊癒時，他沒有正面回答，反而向耶穌吐了許多苦水，耶穌就對他說，起來，拿你的褥子走罷。那人立即痊癒，就拿起褥子走了。

聖墓教堂

聖墓教堂（Church of the Holy Sepulchre）是老城基督徒區的中心，可以說這個區一切的發展都是基於聖墓教堂，而教堂的中心，自然便是安葬耶穌的聖墓。因此在這座聖城裡，猶太人有哭牆，穆斯林有大磐石寺，而基督徒擁有的便是這座將近1700年歷史的大教堂。多少朝聖者前仆後繼，無分貴賤貧富，渴望到聖地來看一看救主的墓，儘管祂早已復活，不在這裡了。

我們到聖墓教堂一共兩次。說起哪一次印象更為深刻，無疑還是頭一次，單單去聖墓教堂而不是走苦路的那一次。那是3月11日，我們第一次在耶路撒冷過安息日。在拍攝街頭的景象時，走著走著便走到了那裡去。雖然那一天出門的時間很短，但我久久都無法忘懷，彷彿記憶被那一晚的月光烙印在腦海裡。

安息日的西耶路撒冷，傍晚空盪盪的恍如邊城，逼得我們往東邊的老城走。基督徒區的商店不關門，還開著做生意。一頭鑽進小巷後，沒頭緒的東彎西轉，突然視線一片豁然開朗，在黃昏的天空下，眼前就是壯觀的聖墓教堂。這裡彷彿是耶路撒冷建築的縮影，琳瑯滿目盡都是石頭，走下石頭階梯，又是一處石頭廣場，光滑可人，至高之處乃是一個鐘樓，還沒有敲響便已震攝了旅人的眼睛。

一座歷史糾結的教堂

說起來歷史也很奇妙，羅馬人本是耶路撒冷的仇敵，在公元135年平定猶太人的抗暴後，一舉將全城夷為平地，另建新城，皇帝哈德良還特意將維納斯女神的廟堂蓋在此處，誇耀自己的功蹟。這一個帝國不但惡待猶太人，更對基督徒發動了十次的大逼迫，然而越是逼迫，這信仰反而越在各地蔓延開來，最後連皇帝都歸順了基督耶穌。公元325年，君士坦丁皇帝將維納斯神廟拆除，請他的母親海倫娜建造一座教堂。據說她是敬虔的基督徒，為了得知救主受死的各各他在哪裡，埋葬並復活的地方又在哪裡，於是竭盡所能地調查，最後她宣稱在神廟下發現了十字架和墓穴，因而在326至335年間蓋造了聖墓教堂。

①
② ③

① 聖墓教堂
② 教堂由繁複的設計構成
③ 恩門已開

毀掉耶路撒冷的羅馬，成了保衛聖墓的羅馬，誰能想像得到？後來波斯人和阿拉伯人取代羅馬統治耶路撒冷，教堂遭到了破壞，而這竟成了十字軍東征的緣由之一，可見在這幾百年間，基督教世界多麼普遍地尊崇聖墓教堂。

現在所見的教堂，有一部分是海倫娜遺留的舊址，包括一部分內牆、拱門、地板，圓形大廳，以及教堂的部分地基，但大部分是1149年十字修復重建的。舊建築加上新建築，造就了世界上最複雜的建物之一。循著階梯上下，在任何一個樓層都會發現意想不到的隱藏空間，漫不經心地在角落拐個彎，便又從地下室通往另一個地下室，層層疊疊宛如迷宮的森林。

苦路的最後五站

如今的聖墓教堂涵蓋了苦路的第十到十四站，包括刑場各各他和墳墓：

第十站：位於教堂正面陡斜臺階上的禮拜堂，耶穌在此被剝去衣服，兵丁們搶奪祂的衣物，使祂幾乎赤身露體。

第十一站：即釘十字架的地方，現在是樓上的一個聖壇，地板上鑲嵌了馬賽克圖案，兩旁壁畫是耶穌在刑場上受難的過程。

第十二站：耶穌的死。根據四福音的記載，快要斷氣的時候，祂不是說「完了」，而是說「成了」！隨後耶路撒冷就發生了地震，令圍觀者驚慄不已，而在今日聖壇下方的岩石，正好也有一處裂痕。

苦路第10站（門右階梯進入之處）

苦路第11站12站（右為11站，左為12站）

苦路第13站：放置屍體的長石

苦路第14站：聖墓

第十三站：教堂入口處有一塊長方形薔薇色的石灰岩石，據說耶穌從十字架解下後，屍體被灑滿了沉香、沒藥和母親馬利亞的淚水，再用麻布裹著全身，放在這塊大石上。

最後一站就是聖墓，門徒約瑟向羅馬人求了屍體，把夫子耶穌埋葬在這裡，最後祂也從這裡復活了。現在它是一個圓形大廳的祭壇，前面是天使禮拜堂，後面有小石室，一次可以容納三四人進入，裡頭沒有耶穌，只有一塊大理石板。傳說墓主約瑟和另一個門徒尼哥底母也葬在附近。

一座生態複雜的教堂

除了硬體宛如迷宮，由於象徵意義過於重大，聖墓教堂的管理也非常複雜。除了希臘正教把耶路撒冷牧首的駐地設在這裡，天主教的耶路撒冷宗主教區正式的主教座堂也在這裡，但教堂並不歸任何一派所有，而是同時受到羅馬天主教、希臘正教、亞美尼亞使徒教會管理，另外敘利亞正教會、衣索比亞正教會、科普特正教會也使用和管理了部分設施。當你想到偌大的教堂內，每一個禮堂每一個角落歸誰都是六大派協商過的，每一根蠟燭和細瑣的裝飾都有各自的講究，你就不禁感嘆：信仰本身並不複雜，但人卻不簡單。

不僅如此，1187年埃及的撒拉丁占領耶路撒冷後，任命了兩個穆斯林家族管理教堂，一個是鑰匙的保管者，另一個則為教堂的守護人與守門人。這兩個職務一路傳承至今，並且在爭吵不休的六派之間擔任儀式的見證人，成為耶路撒冷最特殊的景致之一。

教堂內的照明並不好，也許是刻意的，光線幽微而閃閃爍爍，不論白晝夜間都是如此，營造出一種墳塋般的神秘感。當我們從大門進入後，眼睛有些不能

適應，但還是一眼便認出第十三站－耶穌死後暫放的長石。石頭上有一個像是槓桿的設計，吊掛著七八盞長壺狀的燈，好讓朝聖的遊客可以清楚看見石頭。

就如之前聽說的，果然有許多人跪在這塊石頭上撫摸親吻並哭泣。一面當然我也感佩他們的熱切，一面我卻想起馬太福音上的話：「祂不在這裡，照祂所說的，已經復活了。」且不說是不是真的躺過耶穌，即便是，也不過如同耶穌騎過的毛驢一般，並無任何神奇之處，真正重要的還是那位復活的主。

這樣一想，便沒有興趣擠入聖墓石室觀看，那裡早已排出一條長長的隊伍，而且還盤旋了一圈，群聚了來自世界各地的汗臭味。所以當Tobias和Evonne循規蹈矩排隊時，我和同樣不耐煩的Belinda退出教堂，走到廣場階梯上坐下來。

教堂外的大白貓喵喵喵，慢慢走過來，讓Belinda逗著玩，我看著天空發呆。

「怎麼了嗎？」

「月亮很大。」我指指天空。

不愛貓的人，只能看月亮。

今天的月亮不圓，但光潔可人，映照著地上的教堂。月光下的耶路撒冷，月光下對於遙遠故鄉的思念，月光下沐浴的街景，光影背後細微的呼吸聲。要是能帶自己的另一半過來，那就更好了……

月光下的聖墓教堂

抹大拉的馬利亞

和Belinda談著複雜的教派生態時，一群穿著整齊的修女走下階梯，與我們擦身而過，魚貫步入教堂，提醒我們來訪的團體越來越多了。

我說：「那麼，我們也回去看看吧！」

Tobias先遇著了我們。他搖搖

頭：「空間很小，一次只能四個人進去。有一個導遊用力拍著牆壁，叫裡頭的團員快點出來。每個人都看一下就出來了。」

是的，庸俗化了。在這個深邃又陰暗的空間待得太久，會埋藏人們無窮的想像力。但耶穌復活的那一天不是這樣的，那一天各各他是哭泣過的野地，而墓穴裡的事很簡單，有一位把所有事情都完成的人醒來了。七日的第一日清早天未亮，抹大拉的馬利亞來到墳墓，看見封住洞口的石頭挪開了。她不是耶穌的母親馬利亞，也不是伯大尼的馬利亞，而是另一個馬利亞。她一直哭，邊哭邊低頭往墳墓裡看，就見著兩個天使。她實在愛耶穌至深，此時竟也不知道害怕，反而對他們說，有人把我的主取了去。說了這話，轉過身來就看見耶穌站著，卻不知道是耶穌。耶穌說，婦人，為甚麼哭？你找誰？馬利亞以為是看園的，就說先生，若是你把祂移走了，請告訴我，你把祂放在那裡，我好去取祂。

這女人糊塗，卻勝過萬萬千千的聰明人，因為她成為第一個等到耶穌復活的人，她真是把耶穌逼得沒有辦法，必須站出來讓她認一認，然後才升天去。

於是耶穌喚她：馬利亞。

馬利亞就認出她的主來，轉過身對祂說，拉波尼（意思就是夫子）。

這一段的相互呼應，可以說是福音書中最美的記載之一，我期待在聖墓教堂看見的正是這樣的場景，很簡單的人，很簡單的事，只可惜事與願違。這裡抓住空墓不放死氣沉沉的游魂，或許比歌頌復活走到陽光下的人更多。

我們四人離開教堂，離開舊城，慢慢走回西耶路撒冷。晚上七點多的安息日街道，像午夜兩三點一樣。我們搖搖頭，繼續走向不遠處的公寓，院子裡那棵帶著枯枝的高樹，還在殷殷切盼我們的回歸，切切等候著下一段旅程。

【現狀梯子】

現狀梯子（Immovable Ladder）是一個普通的木梯，放在聖墓教堂正面樓上的窗戶下方，自18世紀以來一直放在同樣的位置，中間只搬動過兩次。這把梯子長久維持現狀，與1757年奧圖曼帝國頒布的詔書有關，六個基督徒宗派必須共享聖墓教堂，沒有另外五派的同意，任何一派無權處理任何產業。小小一把梯子，暴露出人心無法合一的光景，而「一」是基督耶穌對信徒最基本的要求。

現狀梯子

花園塚

一直到快要離開以色列的時候，我們才去了花園塚（The Garden Tomb）。花園塚或譯作花園墓，顧名思義就是墓在花園中，花園之中有墓。

那天午間我們在美國殖民者飯店（The American Colony），班弟兄作東為我們餞別，飯後沿著Derech Shchem這條街道，一路散步經過列王墓（Tombs of the Kings）和St Etienne修道院，再從修道院旁的小徑拐進去，便看見了花園塚。從這裡再往南邊走，就會從大馬士革門進入老城。

（說起這個列王墓，曾被誤認是猶大列王的墓地，但現在被認定屬於阿迪亞波納女王海倫娜，她的王都位於今天的伊拉克北部，後來歸皈猶太教。）

很早我們就知道，在耶路撒冷除了聖墓教堂外，還有一個地方也被認定是耶穌的墳墓所在，所以拜託班弟兄帶我們過去開開眼界。畢竟怎會有兩個地方，同時在紀念耶穌的死而復活？這實在很有意思。

稀奇的是，小巷內居然有軍警持槍巡邏著。班弟兄笑笑，告訴我們這裡靠近是非之地大馬士革門，加上觀光客絡繹不絕，所以小偷比較多。

骷髏山

花園塚不收費，入口處可索取簡介。園區長得就像是一隻蝸牛，身體呈六角形，從東邊伸出去一條寬寬的脖子，盡頭處是一組觀景臺，隔著圍牆是停著滿滿大車的公共巴士站，站旁的小山就是園方所說的髑髏山。而這座山，便是人們認定花園塚可能是耶穌墓的契機。

那是1883年的事，英國的哥頓將軍（Charles Gordon）駐守耶路撒冷時，發現小山的石崖有一塊地方長得好像髑髏頭，他堅信自己發現了聖經上的「髑髏地」，也就是希伯來語說的各各他。後來人們又在附近找到了一處古墓，欣喜若狂，認為可能就是耶穌留下的空墓。於是1893年，一群英國基督徒買下這一帶，成立了花園塚協會，把它改建成一個花木扶疏的園子。除了隱藏於石壁間的墓，還有一個大雨水槽和一個大酒醡踹，顯示這裡在古代可能是富人的花園或葡萄園。人們相信這便是亞利馬太人約瑟的花園。他領了耶穌的身體，用乾淨的細麻布裹好，放在自己的新墳墓裡，就是在磐石裡鑿出來的；他又輥了一塊大石頭來擋住墓門，然後才告別他所愛慕的夫子。

但說實話，我並不覺得巴士站旁的山壁特別像髑髏頭，也許是年日已久，部分岩石坍塌的緣故吧？然而，如果短短一百多年便可以產生這樣的變化，那麼上推到公元1世紀，那時真的已有類似髑髏的地貌嗎？

我們在園中行走，聽見一群基督徒正在唱詩歌，沒有繁瑣的宗教儀式，只在這個幽靜的林園間清唱，將人心帶上雲霄，也洗去園外所有的熙熙攘攘你爭我奪。歌聲猶自迴蕩，我們已下了階梯，來到了空墓前的廣場，有一群遊客正在排隊，等著依序進入墓穴入口。裡頭，除了一個鑿出來的石室，空無一物，正如洞口所標示的聖經節：「祂不在這裡，照祂所說的，已經復活了。」

這個主人已離去的空墓，的確很符合聖經上的記載，包括不是天然洞穴

而是人為鑿出來的；牆外的通道可以被一塊大的滾石封住；空間足以站立幾名哀悼者。簡單不複雜的設計，加上富有生命力的園林，也難怪有些人（特別是新教徒）除了去聖墓，通常還會走出大馬士革門，看看這個保持樸素樣貌的花園。細究起來，多少也有那麼一點想擺脫宗教迷宮，找個符合情境的地方紀念救主。

然而耶穌不可能同時葬在兩地。問起這個問題，一位讀考古的弟兄輕描淡寫地說：「聖墓教堂還是比較有可能的地點。」原來，花園塚不是耶穌時代的墓穴樣式，相反的在聖墓教堂附近，可以找到第二聖殿時期的墓穴和文物，而且它位於當時的城牆之外，完全符合聖經記載。何況有錢人的墓地，應該是可以口耳相傳幾百年的。所以園方在導覽小冊上也誠實以告：「我們不知道這個站點是否是耶穌受難，埋葬和復活的實際的地方。」他們盼望這裡是，但他們也不說謊。

其實每一個真正的信徒都知道，此處也好，彼處也好，耶穌都已經拋下了。按著聖經，祂已復活，並進入每一個相信祂的人裡面，人的身體就是聖靈的殿，人該珍惜的是現在這個身體，好好利用這個身體，而不是尋找祂留下的裹屍布、十架或空墓，以為這些事物能證明誰才是正統。

離園前，我在書店買了幾個十字架，是橄欖木做的，乾乾淨淨沒有別的裝飾，聞起來還有淡淡的香味。信仰是靠你這個人活出來的，不需要外面的物件證明；但岳父在長老會聚會了幾十年，他說，難得去一趟以色列，也要顧到人情世故，還是幫忙買幾個十字架送人吧！於是我把禮物帶了回去，直到現在，親愛的岳父好像也還沒有送完，猶自留在他的家中，散發著來自聖地的氣息。

Chapter 03

/ 特拉維夫

概述

特拉維夫是以色列建國初期的首都，至今仍有國防部等重要機構駐守。儘管1980年以色列國會通過「耶路撒冷法」，宣布耶路撒冷為「永恆的首都」，但世界上多數國家仍認定特拉維夫是以色列的首都。事實上，從證券交易所位於此地看來，特拉維夫的確是經濟上的首都。

關於國內的兩大都市，以色列人自己有這樣的說法：「耶路撒冷是宗教的，而特拉維夫是世俗的。」實地探訪以後，我發現這段話再精準也不過了。如果以色列莊嚴肅穆的宗教氛圍，十分有九分落在山上的耶路撒冷，那麼特拉維夫純然像是海中擺盪的船隻，伸出纖纖素手招喚情人，又把地中海各地的花朵摘一點下來，再加一點美國和非洲，揉成了船上香軟的臥鋪。

從另一面來說，特拉維夫是一個臉孔模糊的城市。雖然人口九成以上是猶太人，是全國最猶太的代表城市，但走在街道上，你很難認出這裡是地球上的哪個地方，只能用耶路撒冷作為基準，來突顯它的特質。比如：戴高帽的宗教人士，大部分集中在耶路撒冷；而特拉維夫街頭不但看不到高帽子，連戴基帕小帽的也沒有幾個。在這座世俗之城裡，安息日照常開店的倒是不少，夜店也不少，甚至還有龐大的同性戀社群，彷彿刻意和耶路撒冷打對臺戲。

兩大城市的對比，顯示了猶太人的性格兩面。耶路撒冷是宗教的，而特拉維夫是世俗的；耶路撒冷是山城，而特拉維夫則是海市；耶路撒冷是政治之都，而特拉維夫則是經濟及文化之都；耶路撒冷是老年人夢想歸葬的居所，特拉維夫是年輕人蓄勢待發的創業之地；耶路撒冷雖是第一大城，卻是冷傲的孤城，而特拉維夫只有前者一半的人口，卻左擁右抱，與周圍組成了一個三百多萬人口的大都會。正因為兩座城市擁有南轅北轍的性格，所以不同的猶太人就有了不同的容身之處，構成了這個國家不同的光譜兩端。

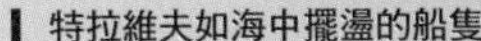

特拉維夫如海中擺盪的船隻

特拉維夫地標Azrieli Center

古城雅法

在耶路撒冷待了九天以後，第二週的週日，我們搭乘長途巴士，來到特拉維夫，以色列的第二大城，以及第一大都會區的核心城市。

從耶路撒冷到特拉維夫，搭乘長途巴士約莫一個小時就能抵達。耶路撒冷中央車站是全市的交通中樞，位於馬哈尼耶胡達市場以西，有電車可以直達。內部稍嫌老舊，但還算整齊清潔，安檢也算快速。只不過以色列服務業的禮數沒有臺灣周到，站務人員不大懂得協助遊客尋找正確的樓層和搭車口。因此積極主動詢問，對你的行程會很有幫助。

由於巴士走的是山路，而且很快就從山上降到平原，有些人耳壓會不平衡。另一點就是，沿途的風光比較單調，因為西部海岸平原多半已經發展為城鎮，所以視覺上很容易疲勞。但竹籃子撈水，多少還是能撈到一些美景。記得車子開到某處時，突然望見一片綠到發燙的麥田，風，快要把綠色的麥田吹拂

特拉維夫中央車站

成金色的。在另一處田野上，睡眼矇矓之間，出現了罌粟花般的血紅，同樣令我印象深刻。也許旅行，看的就是這一些浮光掠影的片段吧。

然而，抵達特拉維夫中央車站時，你必須有心理準備，因為它稍嫌老舊，附近還有許多破碎的路面和傾頹的矮屋，全然沒有現代大都會的架勢。

「這裡就是特拉維夫？」看著Tobias的表情，我讀出了他心中的吶喊。他一直很想來印證雜誌上介紹的特拉維夫：超方便的網路，先進的飲水機……然而這一帶住的都是貧窮的黑人，似乎與「先進」這兩字是絕緣的。

但別急！正如臺灣的許多城鎮，車站往往座落於破落的舊社區，同樣的，你也無需太早對特拉維夫失望，在進入它熱鬧的商業區之前，你不妨跟著我們搭公車往南邊走，欣賞這座城市的起點——雅法。

1

特拉維夫的全名，其實是特拉維夫－雅法（Tel Aviv-Yafo），由來是1950年，新興城市特拉維夫合併了相鄰的古城雅法（Jaffa）。雅法另一個更古老的名字是「約帕」（Joppa），在聖經中屢次提及，它的原文意思有「美麗」和「高」的意思，所以約帕乃是地中

海旁一個美麗的港口，其上有高地。

但這座城市在歷史上有甚麼樣的地位呢？首先，約帕的年代可以上溯到四千年之久，傳說中它是挪亞的第三個兒子雅弗所創建的城市。後來以色列人佔領迦南後，把約帕這一帶分配給「但」支派。到了三千年前所羅門王蓋造聖殿時，得到推羅王的協助，在黎巴嫩砍伐香柏木，紮成筏子浮海運到約帕，讓以色列人從那裡運上耶路撒冷去。數百年後，波斯王古列（居魯士）也吩咐人民將木頭浮海運到約帕，讓猶太遺民重建聖殿。因此，約帕一直是耶路撒冷重要的對外港口。八世紀阿拉伯人崛起後，約帕處於穆斯林長期的統治之下，人口逐漸阿拉伯化，名稱也由阿拉伯語衍生出「雅法」一名，沿用至今。

但雅法又是如何與特拉維夫牽扯上的呢？其實特拉維夫之於雅法，就和新北市之於臺北市一樣，是外來移民買不起房子而發展出來的新城市。19世紀80年代，由於雅法房價太貴，有一批猶太移民搬到了它的北方居住，成為特拉維夫的濫觴。1909年，猶太人正式建造特拉維夫。當時，古老的雅法是阿拉伯人的，新興的特拉維夫是猶太人的；前者是中心城市，後者只是通勤城市。不料在猶太人不斷的移民之下，特拉維夫的發展很快就超過了雅法，並且在以色列獨立戰爭的時候，阿拉伯人大量出亡，於是兩市合併，成為特拉維夫－雅法市，如今留下的阿拉伯人只佔全市總人口5%不到，而且集中在雅法。

諷刺的是，如今的特拉維夫也成了高房價的城市，在全球高物價的排行榜上有名，和它崛起的原因形成強烈的對比。換句話說，南邊雅法的房價沒有掉下來，北邊特拉維夫的房價卻飆高了。由雅法港遙望北方，高樓雲起的特拉維夫市中心恍如仙宮，年輕人可遠觀而不可購買焉。

2

從中央車站到雅法，一趟就可以抵達，不用多次轉乘。由市區走向海濱的道路上，醒目的清真寺高塔提醒著遊客：阿拉伯人曾經主宰這座城市。

老城中處處皆是古蹟，你大可以抬起鏡頭，在巷弄間攝取它的精髓。但別忘了：海，才是雅法的靈魂。走過街道，穿過高大的棕樹，一眼望見地中海的霎那，我的心情沸騰了：「海呀，海呀海呀海！」

人，久久沒有看海，會像啃不到竹子的貓熊那般，害起相思病來。我們已經在耶路撒冷待得太久，或許今天的地中海沒有那樣蔚藍，反而呈現出《奧德賽》故事中的詭譎氛圍，黑水中吐著白色的泡沫。然而，上方的天空是純粹的蔚藍，藍得伸一根火柴出去，彷彿就可以點燃起來；藍得即使是最糟糕的相機，也能在這裡拍出幾張驚豔全場的照片來。

我們四人在港邊走著，看著貓和海鳥，釣客和船，一同在波光粼粼的海邊走著，生活著，眼睛舒服得不禁快要瞇起來。

在這樣的海濱，大概「浪費」了半小時以上吧？可是這樣的浪費是值得的。雖然釣魚的老先生聽不懂英文，雖然船頭的金獅子張著翅膀飛不起來，雖然不到一週以前，港邊的木造步道有一名美國人被人刺殺，聽起來有點危險，但美好的時光還是需要浪費一點點在這裡。尤其當你想到：推羅王的船隻年復一年把巨木運到這裡，蓋造聖殿；而今日的中東和非洲，正有許多難民前仆後繼，由地中海此端湧向彼端，你就不禁覺得，還需要多一點點的時間在這裡，細細咀嚼歷史留下的點點碎渣。

不但如此，如果你是一個基督徒，看著海浪，你還會神遊象外，想起兩個人物。在舊約時代，神曾差遣約拿向尼尼微人傳福音，但尼尼微人是以色列最大的仇敵，約拿不願拯救他們，於是便從約帕這裡搭船逃走，卻逃不出神的手掌心，被大魚（海怪）吞了三天三夜。到了新約時代，使徒彼得居住在這裡的時候，聖靈差遣他到北方的該撒利亞，把基督的福音傳給羅馬人。因此，約帕不但是重要的港口，也是使徒受差遣向外邦人盡職的起點；約拿和彼得，為此地增添了不少旅遊的魅力。

當你走在港邊，肯定還會留意到有一座小山臨海聳立，山上有公園，山間的街道巷弄構成一座迷宮，許多石砌的房子沿山而建，其中也有亞美尼亞教會的房屋，宣告著猶太教和伊斯蘭教之外，

▍由雅法港遠望特拉維夫市中心

基督教在這座古城中也不缺席。在教會的房舍旁，一座階梯拱門上寫著Old Jaffa，歡迎旅人來訪，並且標示著古城的存在。

我轉身對同伴說：「我期待在這裡看見一個畫面，有一個女人打開窗戶，然後海邊的鴿子都飛起來。」

Evonne笑說：「原來你也知道茱麗葉嗎？」

我莞爾一笑：「我當然知道，不過我想的不是他們，在我的畫面裡，是一個平凡的女人，也許是肥胖的，是一個母親，她不經意地打開窗戶準備曬被子，卻驚起一群鴿子。我想要的，其實是這樣的畫面。」

正說著呢，沿街的建築樓上突然有一扇窗戶打開，一名消瘦的男子站在陽臺上，驚起滿天的鴿子，讓你有置身於吳宇森電影的錯覺。留著鬍鬚，造型

雅法老街中的一角：金桔，枯葉，緊閉的門

有點頹廢的他享受了片刻日光，但他一發現樓下有遊客，就把窗戶給閉上了。

被這場「意外」給愣住的我，回過神來，轉身詢問拿著鏡頭的Belinda：「請問，有把這個畫面拍下來嗎？」

可惜無論是照片或影片，都只拍到鴿子散去以後，男人停留在窗臺上沉思的畫面。也罷，就讓滿天鴿子的意象停留在我的記憶裡吧！

走進狹窄的石板路以後，不覺讓人想起耶路撒冷。牆壁上，由於屋前屋後的高低落差，往往會在出人意表的位置上冒出一扇門窗，比如你的腳邊。而在街道的最末端有一座小院子，那裡有一扇關閉的鐵門，鐵門前有金桔，門上則有植物攀爬，陽光流瀉並爬滿整座小院，緩緩地爬進鏡頭裡。

這麼美的街巷，當然必須善用。於是聰明的猶太人早早就將這裡設為藝術區，沿著階梯上上下下，到處都開設著藝廊和工藝品店鋪，騷動著旅人的心弦。當我發現古老的街區裡居然還設有警察局，我的心更幾乎醉了－是甚麼樣績效的警察，才能有幸隱藏在古蹟之中，看守著這滿地的陽光？

3

碼頭附近，我們發現了特拉維夫的公設自行車，類似臺北的U-bike系統，除了前者是綠的，後者是黃色的，兩造的差距並不大；有許多遊客騎著這些小綠車，迎著海風奔馳在街道上，也是人生一小樂事。Tobias查了一下網路，說：「前面就是聖彼得教堂，St. Peter's Church。」

走出小巷，眼前是一座小池和開闊的杜凱明廣場，周圍開設著許多餐廳和店鋪。往下走幾步臺階，又是一層廣場，而廣場上豎立著一棟奇特的建築：不靠海的一側是紅色的，穿插著幾根頂天立地的白色廊柱和一座純白的高塔；靠海的一側，看上去卻是白色的方形，有如一座宏偉的城堡。

從某方面來說，這座教堂就如世界各地的許多教堂一樣，滿了大量的繪畫、雕像和彩色玻璃，缺乏留白的空間，而且充滿幽暗和壓抑感，在藝術表現和信仰方式上都不是我喜歡的類型。但正中央的繪畫，裡頭談的是彼得奉差遣外出傳福音的故事，多少還是引起了我的遐思，這段故事是這樣的：

有一名約帕的基督徒大比大患病死了，使徒彼得去了，看見寡婦們都在哭，還拿著大比大親手做的衣物給他看。他就跪下禱告，對著屍體說：大比大，起來！她就活了過來。於是彼得叫大家進去，把大比大活活地交給他們。這事傳遍了整個約帕，許多人因此信了耶穌。此後，彼得在一個硝皮匠西門的家裡住了好些日子。有天使告訴一名敬神的羅馬百夫長哥尼流

幽暗的聖彼得教堂內部

說，你去約帕找彼得！哥尼流那時住在北方的該撒利亞，就差遣人往南去尋找彼得。彼得告訴哥尼流和他的親友說，猶太人和別族的人親近來往，本是不合律例的，但神已經指示我，不要說任何人是凡俗或不潔的，所以我一被請，就不推辭而來。原來早在哥尼流的人抵達以前，彼得已經藉由異象得知：種族的高牆將要打破，福音開始要傳給外邦人了，於是他就放膽開講，為這一群歸向神的羅馬人施浸。為了紀念這個事蹟，17世紀人們建造了一座教堂，名之為聖彼得教堂，後因戰火摧殘，於19世紀重建，並且成為雅法老城的地標。

教堂附近的Louis Pasteur Street上，還有一棟建築被認為是硝皮匠西門的家，只可惜肚子裡的餓蟲不爭氣地叫了起來，曝曬了一上午的陽光，多少也筋疲力竭了。所以，是不是該吃飯了呢？

從聖彼得教堂走向市區的途中，沿岸有許多風情萬種的餐廳，但對於省吃儉用的我們來說，價格有一點棘手。於是我們癡癡看著陽臺上獨坐的女人，靜靜地享用那頓昂貴的午餐，佐以地中海的蔚藍和海鹽。是的，錢買下的原本就不只是食材本身，更包括秀色可餐的海景，以及不受打擾的閒暇。下次，如果妻子願意和我前來以色列，我一定陪她在這裡吃飯，不趕不急，慢慢地吃。

走進老城，魚店和服飾店、餐飲店相間林立。這裡相當盛行Shawarma，一種用口袋餅或麵包夾餡料的食物，我們一直想找最便宜的店，結果繞了一圈，還是回到街角的第一家，再沒有比它更實惠的了。

擠在小小的店面裡，坐著高腳椅，兩位小哥為我們送上夾滿餡料的熱狗，一邊和我們閒聊。其實，有點分不清他們是阿拉伯人或者猶太人，不過這又何妨？這就像我始終分不清鷹嘴豆究竟長甚麼樣，但只要吃了，鷹嘴豆的營養就能進到我的裡面。福音也是這樣，你還沒有完全懂，卻已經得了好處。

▍露臺上的女人，佐以奢侈的地中海藍天

告別這一家小店之後，我們走到附近的跳蚤市場。這座市場在網路上也頗有名氣，貨品簡直琳琅滿目應有盡有，連各種家具，包括大型的掛衣架都端得出來，看來有人直接把家裡的舊東西拿過來買賣了。

這時，敏銳的Tobias看了攤位上的貨色幾眼，問了一句識貨的話，逗得大家都笑了：「Made in China?」

答案居然是Yes，Made in China真是無所不在啊！在笑聲中，下午一點已過，收拾收拾心情，我們準備前進特拉維夫市中心，看看究竟有何等風華絕色……

特拉維夫的午後

在以色列，人們會告訴你特拉維夫是創業之都，以色列有八成的新創企業發跡於此，但是這一天我們只想當個普通的觀光客，在市區裡隨意走走。

特拉維夫有一種建築風貌被選為世界遺產，那就是多達幾百處現代主義的「白城」建物，與耶路撒冷的黃色石頭大異其趣。所以逛完雅法之後我建議同伴們，午後再花點時間去看看白城，回到耶路撒冷正好是傍晚，可以好好休息，準備隔天的加利利之旅。畢竟這一去可是三天，所以今天絕不能太累，尤其絕不能跑去特拉維夫的海灘，抬頭看著那些高大的觀光飯店。

然而，從雅法搭乘公車，抵達網路上標註的某處「白城」建築後，我震驚了：「甚麼？這就是白城？」

現代主義的白城建築

「是啊……」同伴們很驚訝我的反應，路旁的以色列工人，也很好奇我們為甚麼會來這種平凡的地方。是的，我知道現代主義是甚麼，但我還是睜大眼睛：「我們就專程來看這種街景？」

也許白，真的是一種風格，但現場看過以後，嗯，除非你真的是一個很文青的人，或者非常喜愛建築或設計，否則旅程中不一定需要加上白城。

「不要緊，我們可以再看點別的，比如市政府。」Tobias說，雜誌上不是提到特拉維夫街頭上有「結合太陽能電池和觸控螢幕的高科技飲水機」？說不定已經推廣開來了，我們去市區見識見識吧！

回到剛才下車的站牌，想不到原本空蕩蕩的地方，現在卻塞滿了女學生。跟著擠上了公車以後，令人頗為氣餒，因為我和Tobias一坐下來，女生們立刻像躲避瘟疫似的，遠遠地與我們保持一個人身的距離；明明對面就有兩個座位空著，卻沒有一個人有勇氣坐下來，和兩個流著汗的外國大叔面對面。

全世界的女孩子幾乎都是一樣的，那就是只要有兩三個聚集在一處，就一定會說話。於是在一片青春期的聒噪聲中，嘰嘰喳喳，嘰嘰喳喳，耳邊聽著猶太女生的合奏曲，眼底盡收寬大街道的綠蔭成群。

特拉維夫街頭的綠色自行車

公車上嘰嘰喳喳的女學生

我對特拉維夫市區的印象慢慢改觀了。有個猶太笑話說，一個猶太老爺爺快要死了，於是吩咐兒孫把他帶到耶路撒冷去，他想在那裡等候死亡來臨；不料醫院的醫術太好，他沉重的病情居然治癒了，於是他又急急忙忙要兒孫帶他回特拉維夫。兒孫說，為甚麼？他說，因為耶路撒冷是死人的地方，而特拉維夫是活人的地方。肅穆的耶路撒冷適合埋葬，而世俗的特拉維夫適合生活。生活，往往是普通的，是在世界各地都看得見的小情調，沒有宗教城市的偉大情懷。特拉維夫其實是一個很好生活的地方，有點像高雄和臺中，有陽光，有整齊的大馬路和高聳的植物，只不過高雄種的是椰子，而特拉維夫是棕樹罷了。耶路撒冷高大的城牆，滿眼的歷史滄桑，已經蒙蔽了我在特拉維夫領略「美好」的能力。我笑了笑，人生就是旅行，需要不斷地修正自己的腳步，調整自己的心態。讓自己在過程中不起伏，不急躁，也是很重要的一件事。

來到了全市的中央地帶，在市政府下車以後，原本不理會我們的女學生，卻偷偷地看著我們。她們的眼神似乎在說，哇，外國人要下車了耶！

在小商店買了飲料以後，看著馬路對面巨大的方正建築，我說：「這就是市政府吧？廣場好大啊！」Tobias卻有點氣餒：「我一路上看了半天，沒發現有甚麼『結合太陽能電池和觸控螢幕的高科技飲水機』……」

有如蜂格般的市府大樓

不要緊，就單純地享受這座平凡的現代城市吧！不往大型的購物中心去，不往最熱鬧的海濱去，就看點平凡的日常的普通的事物，這樣也很好。

市政府Tel Aviv Global很像一座蜂巢，從正面看去，密密麻麻地隔成許多四方形的玻璃帷幕，前方的停車場上覆蓋著一片露臺，從露臺下來就是一大片的廣場，也就是全國最大的Rabin Square（拉賓廣場），其上豎立著Holocaust Monument（大屠殺紀念碑），周圍有許多的棕樹，草地，還有一個長方形的睡蓮池。令人訝異的是，草地上居然擺放著許多躺椅，任憑市民在此休憩。

我和Tobias對姊妹們說：「我們兩個在這裡躺躺。」

她們笑了。鴿子在草地上啄著，風從棕樹的葉子旁吹過，躺椅上三三兩兩，女女男男，睡蓮池旁還有一位女士躺在木頭的邊框上。特拉維夫三月午後的這一天，我們在綠油油的草地上曬著陽光，暫時忘掉了一切旅程。

姊妹們給我們拍了照以後，我想起了聖經上的一句話：「耶穌就對他們說，來罷，你們暗暗的到曠野地方歇一歇。這是因為來往的人多，他們連喫飯也沒有機會。」還能說甚麼呢？神使我們躺臥在青草地上，在這裡瞇著雙眼，承受著溫煦的陽光，這就是最好的旅行。世上又有幾個人，能咀嚼平淡的滋味？

陽光下偷閒的旅人

你們偷閒，我偷拍

流散博物館

隔了一個星期以後，我們再度來到特拉維夫。這次不但是造訪一座博物館，同時也造訪了一位友人，我們在臺北便已結識的Maya。她本是留學生，因為簽證出了點問題，暫時不能再回到臺灣了，所以正在準備找工作。

「我們去特拉維夫的時候，找妳出來好不好？」

「可以啊，我家就住在特拉維夫旁邊一個很平常的小城市。」

流散博物館比較特別的地方，在於它的地點——特拉維夫大學校園內。上次我們去的雅法和拉賓廣場，分別屬於特拉維夫的南部和中部，而這次的大學則位於北部，這樣，我們也算是把這座城市略略走過了。

再次見到Maya，上了妝，已經有點認不出她來了。我聽說握手就好，不要對猶太女性行貼面禮，所以當Maya主動擁抱時，我愣了一秒才從善如流。更糗的是，我居然忘了帶護照出門，結果差點進不了校園，幸好Maya對警衛做擔保。我問她，所以妳來過特拉維夫大學嗎？她說沒有，後來在這座佔地遼闊的校園裡，我們果然迷路了，找了許久才發現博物館的位置。

第二梯夥伴訪瑪雅一家

以色列人分散到世界各地去，可說是人類歷史上一大悲劇。流散博物館就是為了這個主題而設立的，入口處的雕塑說的正是聖殿的金燈臺被擄到羅馬的故事。舊約許多預言都認為這是以色列百姓背棄他們的神，又欺壓他們的同胞咎由自取的結果，比如以西結書5章：「主耶和華說，因此，我指著我的生存起誓，因你用一切可憎的物、可厭的事玷污了我的聖所，故此，我定要收回我的眼目，我眼必不顧惜你，我也不可憐你。你的民三分之一必在你中間遭瘟疫而死，因饑荒消滅；三分之一必在你四圍倒在刀下；我必將三分之一分散四方，並要拔刀追趕他們。」較早被亞述人分散的十個支派，如今已完全不知蹤影。

雖然主題同樣很沉重，要說和大屠殺博物館有甚麼不同，我想最大的點就是後者走現實風格，像是新聞報導，強調出滅族的巨大傷痛；而前者卻像一首詩，看似隨意實則行雲流水，把民族分散又聚攏的史實詩意地呈現出來，不讓過多的傷感淹沒了旅人的心，倒是把猶太文化的豐富感傳達到了。聽說給予建議的還真是一位詩人，剛開始參觀時似乎都是不成系統的文物，這邊一點，那邊也一點；慢慢地主題就集中起來了，比如這一區按歷史呈現不同時期的猶太生活，那一區照地理展示不同地域的猶太社會。館方還善用聲光效果和空間收納的概念，活化了展館空間，很值得花上半天來走一走。

猶太人的臉譜

館內精美的模型述說著歷史

開封城模型

在參訪過程中，給人印象最深刻的有兩方面，一面是從非洲回來的黑色猶太人，一面是中國開封回來的黃色猶太人。中世紀起，人們便將猶太人視為三大族群，一個是Ashkenaz，意思是德國，也就是那些德國、波蘭、前蘇聯等中東歐的社群；一個是Sepharad，指的是西班牙，包括15世紀末被驅離西班牙開始流亡到世界各地的族群；最小的一支是Edot HaMizrach，包括來自波斯葉門還有非洲的衣索比亞等地的族群。其中長期掌握以色列國家政經大權的是Ashkenaz，在美國的猶太人也大多屬於這一族群，而最小的Edot HaMizrach自然也就成了中下階層的代表。其中衣索比亞的黑色猶太人，聽說是埃提阿伯女王訪問所羅門王之後，把猶太教信仰帶過去的結果，也有人懷疑他們千年不變的王族就是所羅門王分支在外的後裔。他們的外表已經徹底的黑人化，惟一能辨識的就是他們的信仰，就像前蘇聯瓦解後，許多人只能靠祖先葬在猶太人的墓園來確認血緣，那些族譜都已經不在了。雖然政府竭盡心力要把這些分散的非洲同胞迎接回來，1984至1991年間甚至先後發動了摩西行動、約書亞行動所羅門行動，用飛機把兩萬多名衣索比亞人送回以色列。但政治是一回事，生活是一回事，以色列社會對於他們仍存有歧視，所以在特拉維夫中央車站的破落地區，住的幾乎都是衣索比亞回來的黑色猶太人，治安也不大好，旅人走過一遍就不想走第二遍。

相對於非洲，中國的猶太人是另一種的坎坷。他們大多連信仰的特徵都已失去，只剩下河南開封還保留一些社群。在以色列政府積極的鼓勵下，有一部分人民返回故土，但信仰上被視為猶太人的根據，必須母親是猶太人，因此這些千年以前就融入中國社會的猶太人，從族譜從母系血緣都難以認定，也只能和黑色猶太人一樣，從信仰的蛛絲馬跡去推敲由來了。但要離開落地生根的土地，捨棄華人身份重新認定自己，究竟不是一件容易的事吧？

離開博物館，我對Tobias說，很有飽足感，經營這裡的人很有美學眼光。聽見家鄉的博物館被稱讚，Maya很高興。看著她，我想起另一位朋友的故事，他雖然在前蘇聯的某個小國是牙醫，到了以色列卻甚麼也不是，只能做警衛的工作，終日鬱鬱寡歡。回到故土的猶太人，有的人得到了平凡的幸福，有的人卻失去了幸福。但後繼者依然在看不見的齒輪驅使下，一波又一波地朝著夢想中的家園前進，這又是為甚麼呢？

不一樣的猶太人：專訪小說家艾加凱磊

在以色列的最後一週，我們再度來到特拉維夫，訪問一位小說家。

對於猶太人，我們總淪於一種刻板印象，認為他們都是虔誠的猶太教徒，卻忽略了個體之間存在很大的差距。其實在以色列的猶太人，只有兩成是嚴格遵守律法的，有兩成是完全不守律法的，其餘六成則是選擇性的遵守；換言之，世俗化的猶太人就佔了八成。這一次正好有機會，我們特意訪問了艾加凱磊（Etgar Keret），按他自己的說法，他是一個不可知論者。基督徒和不同信仰或無信仰者有點對話，我想也是好的，因為總要了解人們在想甚麼。就像長住在以色列的班弟兄，也曾經花時間接觸一位猶太老者，了解他為何會在經過大屠殺以後成為一個無神論者，他經過了甚麼樣的衝擊？

艾加凱磊在歐美和臺灣都頗有人氣，除了在國內外獲獎無數，他的作品也入選了以色列高中、大學的文學課教材，受到年輕一輩的推崇。透過以色列辦事處的協助，我們和住在拉維夫的艾加凱磊約定了三月二十八日見面，在咖啡廳聊聊他的文學觀、人生觀和信仰認知。

面對這樣一位重量級的作家，這一天我本該到場的，無奈前一晚吃壞了肚子，只得告假。艾加凱磊從其他三人知道我的窘態以後，幽默地說，喔，以色列的東西，有時候的確吃了不好消化。

以下就是當天的訪談內容，純文學的部分談得較多，只能割愛。

專訪小說家艾加凱磊（Etgar Keret，圖左）

在你成為作家之前，你想做什麼？

我高中的時候主修數學和物理，接下來我應該讀大學成為工程師，但我們要先當兵三年。在服兵役的時候，我不是一個很好的軍人，我總是試著提議新的點子，但軍隊通常不喜歡這樣，他們不喜歡你說「我有一個更好的主意。」我換過幾個單位，最後我到了電腦單位，輪班時間很長，有時候會有40小時這麼長。在其中一次輪班的時候，我寫了我的第一篇故事；那時候我十九歲，從那時起我就一直寫作。我讀了大學，我學數學和哲學，但對我來說最有意義的事就是寫作。

聽有些人說，你覺得猶太人寫書來建立一個國家？

在美國如果有人寫了一本非常棒的書，會被拍成電影；但在以色列有人寫了一本非常棒的小說（按：指聖經），我們把它做成一個國家。在這本虛構的小說裡說到猶太人建立國家，人們讀了書覺得很棒，或許真的可以這麼做，於是人民從各國來，有人從南美洲來，有人從阿拉伯國家來，從歐洲或美國來。我們甚至沒有共同的語言，所以我們讓古老的語言復興了；我們把它放進微波爐解凍，然後我們開始說起這個語言。所以我覺得這國家是心理和靈魂層面的，不只是一班人一起努力來建立一個國家，而是人們開始思考、產生想法、產生願景及熱忱，然後建立這個國家。這讓以色列成為十分獨特的地方，沒有其他國家的建立是這麼的抽象。

在聖經裡說，以色列人要回到這地，結果成真了。你認為一本虛構的書建立了這個國家，但猶太人真的回來了，你怎麼看這件事？

我想許多基督徒，他們認為以色列這個國家有很強的宗教性，但我認為宗教不是建立這個國家主要的力量和動機，而是為猶太人找到一個安全的地方。大部分參與錫安主義運動的人，我會說更多是由於文化或社會認同。舉例來說，你到一個有種族歧視的地方，你又是臺灣人，他們會用奇怪的眼神看著你說：『你跟我們長得不一樣。』而如果你是猶太人，猶太人長得完全就像歐洲人，但是信仰不一樣，這個造成猶太人的恐懼。許多希望有以色列國、猶太國的人是希望猶太人可以不再是社會上的少數民族、不用再被迫害，不需再因而受苦，所以不見得是宗教力量成立了這個國家，而是社會力量。每個人對以色列都有不同的願景，當你問他們作為以色列是什麼意思、作為猶太人是什麼意思，幾乎每個人都會給你不同的答案。

你在安息日會做什麼？

安息日相當於家庭日，我在那天不工作，我花時間陪我的家人，可以一起玩遊戲，可以去海邊，或者去拜訪其他的家人：叔叔、我母親、我太太的母親。那是一段非常平靜的時間，我們通常會邀請其他的家族成員一起吃飯，可能在我母親家，或邀請家人到我們家。

你會在安息日讀妥拉（Torah）嗎？

我不會，但有些人會。我妹妹非常虔誠，然後我會說我自己是不可知論者。

你對耶路撒冷有甚麼看法？

耶路撒冷是一個很好的地方，宗教使人們移民到耶路撒冷。以前比較多人在耶路撒冷定居，但後來我想因為店家營業等等問題，有些人搬離耶路撒冷。我覺得耶路撒冷與我們過去的歷史、我們的身分關係非常密切。耶路撒冷是在山上，特拉維夫是在海邊，所以向世界是敞開的。我覺得我過去的歷史很重要，所以我愛耶路撒冷這個城市，但我不喜歡人們從其上發展出來的東西。

聽說你一直住在特拉維夫？

你說我的一生嗎？對，我住在特拉維夫，出生於拉馬干（Ramat Gan），那裡沒什麼東西，很小。我一輩子很想做的一件事就是住在離海邊很近的地方，在以色列、中東這裡，所有事情都很緊張並具有侵略性，我覺得跟海灘有關的事物就是最令人放鬆的，你就不再會想你是以色列人還是臺灣人，你只覺得你是個人，所以我試著每天都去看看海灘和游泳。我沒有做很多運動，我只是泡在水裡，感受海浪，或之類讓我放鬆的事，我覺得這很棒。

Chapter 04

/ 北方加利利

概述

去以色列北部是在第二週的事。週一先去了特拉維夫，緊接著就是這一趟的三天兩夜之旅，日期是從十五日到十七日，週二到週四，刻意避開了安息日。

北部包括海法區和北部區，相當於羅馬時期的加利利，耶穌就是在加利利長大的，祂傳福音、行神蹟的地點多半在這個地區，十二使徒也幾乎全都是加利利人。現在，這裡是中東重要的農牧地帶，風景秀麗物產豐饒，但絕大部分城鎮都沒有鐵路通達，必須開車才能深入許多景點。

以色列北部地圖

這三天我們是這麼規劃的：先去海法，它是整個北方的商業中心，也是全國最大的港口和最大的工業重鎮，又有風景秀麗的迦密山，因此許多旅行團都會順道安排。只可惜後來出了點事，我們沒去成海法，不過這是後話。

接下來的行程，我們會去末日戰地米吉多，還有耶穌的故鄉的拿撒勒，以及拿撒勒隔壁的迦拿，耶穌在此變水為酒；在這第一天的末了，我們會跟新朋友Yoel（約珥）見面，在約旦河畔的Yardenit共進晚餐，傳說這裡是耶穌受浸的地方。第二天由提比里亞往北方去胡拉谷，看看這個全國最著名的候鳥生態區；接著去約旦河的發源地，國境之北的黑門山；中午往南回走，來到戈蘭高地上的基布茲社區Kfar Haruv，約珥約我們在這裡午餐；他還為我們安排一位漁夫受訪，所以午後我們會下到海邊的漁村Ein Gev；傍晚重返北方去Rosh Pina買巧克力。最後一天到迦百農和五餅二魚堂走走，再回提比里亞吃個彼得魚，然後就準備回耶路撒冷了；回程會登上他泊山望遠，作為結束。

實際去過以後，我們發現三天兩夜太趕了，光是加利利海沿岸還有好多的地方來不及去，有好多的東西來不及看，至少得四天三夜才能游刃有餘。所以我們第二梯次的三位夥伴，果真安排了四天，把我們去不成的地方給補上了。

北部區是全國惟一阿拉伯人過半的區，其中有不少的基督徒，因此除了自然景觀優美，民風純樸，更有諸多與新約相關的景點；對我來說，這裡擁有的不只是歷史，更是值得住上一週細細品嘗的美麗新世界。

以色列北方原野上的景致

第一次自駕就出糗

在以色列自駕開車，你一定要注意，租車不能全額以現金付款，而且駕照和信用卡的持有人必須是同一人。理由很簡單：在這個隨時有可能遭受恐攻的國家，租車當然要留下你的紀錄。

我們在出發前往北方當天，就發生了這樣的悲劇。駕照是Tobias的，但刷的卻是Belinda的信用卡，因為Tobias前兩天在獅子門外，信用卡連同錢包被扒走了，怎麼可能刷自己的卡呢？結果到了租車公司現場，櫃檯人員說，不行喔，這樣不可以把車租給你們。但Belinda沒有國際駕照，我們其餘的兩人不開車派不上用場，眼看著這趟自駕行，一開始就要付之東流了。

「怎麼辦？」Belinda動作看起來很焦慮。

幸好一通電話，班弟兄立刻趕來救我們。他聽說了我們的遭遇，笑了笑，輕聲告訴我們：「以色列人都很自主，每個人的裁量空間都很大，所以等一等換個人辦理，說不定他會幫忙的。」

「這是他們比較人治的意思嗎？」

「不是，但他們會在制度下，按照各自的判斷作出最好的決定。只不過甚麼是最好的決定，大家可能意見不同，所以辯論是常有的事。」

我大概懂了。在華人社會，可能會你看我我看你，儘量按同一套流程、標準，不要做跟別人不同的人，但在以色列這裡，人本來就是不同的，大家都得學著自己解決事情，人人都要有大將之風。我想，也就是這樣的國家，才有可能將軍戰死了軍官領導，軍官死了士官領導，士官死了老兵領導，軍隊永遠不會群龍無首。

換了個對口單位後，對方態度果然不大一樣，班弟兄掏出他的駕照和信用卡幫我們租車，這起烏龍事件立刻順利落幕了。有弟兄，真好，只可惜時間浪費了不少。

這一天的耶路撒冷狂風大作，街上的國旗幾乎要被扯走，天氣也比前一天更沁涼了。我們四人面面相覷：「這到底是三月，還是秋天？」氣象預告也說，北方會下雨，天可能會有點冷。

但我們仍然滿懷信心出發了。只不過既已延誤了一個多小時，海法我們

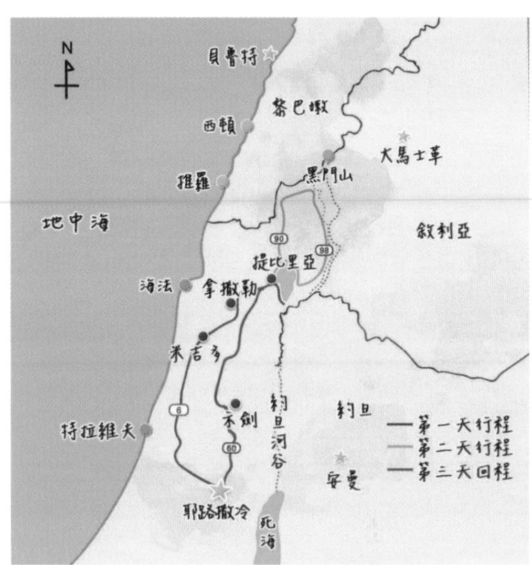

以色列北方行程圖

就不能過去了。反正人還在以色列，還可以另外安排時間。

Tobias說，他看了看，以色列滿街都是韓國車，賓士和奧迪也不少。我們租的這輛韓國車，油門和煞車輕輕一按就會很有反應，所以人和車花了一點時間才彼此適應。

「好像婚姻生活一樣。」我說。

雖然從地圖上看來，從耶路撒冷到北方的加利利，由6o號公路通過「約旦河西岸」最近，但沿途大多是崎嶇的撒瑪利亞山地，為節省時間你該由1號高速公路下到地勢較低的丘陵，再沿著6號高速公路一路北上。我們的去程就是這樣選擇的，回程則如前述路線通過「西岸」，看了點山地風光，也算是兩全其美。

由純然的山地轉而平原漸多，山漸少，我們也離耶路撒冷越來越遠。雖然是去到一個全然陌生的地方，但在以色列，大家都使用WAZE導航，非常便利，一路幫助我們過關斬將，而且我們謹記B弟兄的叮嚀：看到人就讓，看到前車擋路喇叭就按下去，所以沒有出過甚麼大問題。只是天氣，過了特拉維夫北方的內坦亞（Netanya）以後果然陰晴不定起來，甚至下起雨了。我們也不逞強，在一個小地方的加油站休息，順便補充飲品，直到轉成陰天才繼續上路。

出太陽吧。一行人只能默默禱告，雨下多了可是會掃興啊！

（圖片來源：以色列觀光）

末日戰場米吉多

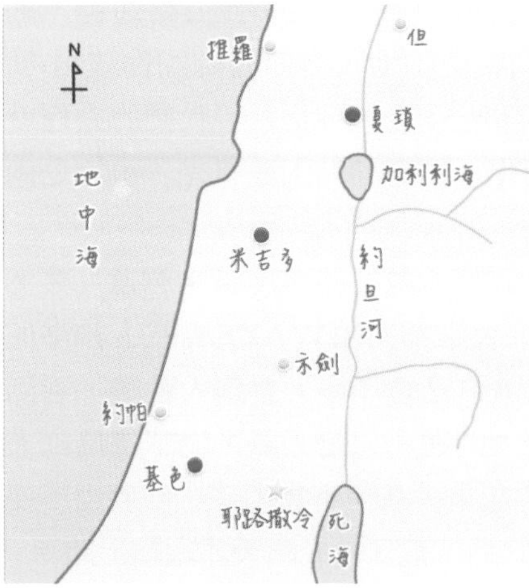

所羅門王的三個馬兵城

離開耶路撒冷一個多小時以後，就在天氣又變得陰風慘雨之際，不知不覺已經接近了以色列北方。黑雲覆頂，車窗外狂風怒吼，彷彿在擊鼓吆喝，準備搏鬥廝殺。過了一會，突然又萬里晴空，彷彿甚麼事也沒發生。

由6號高速公路折西北切入65號公路後，經過烏姆阿法姆（Umm al-Fahm）就到了米吉多。來到米吉多，就已經來到加利利，它是加利利西南部的前哨站。

米吉多（Megido）是一處群山環抱的隘口，而且是迦密山以南三處隘口最重要的一個，西邊是海岸線，東方則是廣袤的耶斯列平原，也就是米吉多平原。此地位於交通要衝，自古便是歐亞非交通的十字路口，有65號和66號公路在此交叉成X狀，分別通往海濱的哈代拉（Hadera）、海法，以及內陸的加利利海和撒瑪利亞山地。舊約列王記上九章特別指出，所羅門王在米吉多和夏瑣、基色建造城牆，作為馬兵城；而猶大國的最後一個明君約西亞，出去抵抗埃及法老時就是戰死在米吉多。至1918年第一次世界大戰期間，英國名將艾倫比又在此地擊敗奧圖曼土耳其帝國。歷代以來，城池毀了又建，建了又毀，越堆越高，廢墟竟達26層，可見米吉多的戰略地位。

但我們一行為甚麼來到這裡呢？只為了看一個戰略要地？

是，也不是。因為米吉多不只是列入世界遺產的古城、古戰場，更是新約最後一卷書啟示錄所說的哈米吉頓（哈米吉多頓），也就是末日之戰發生的地點。按此書預言，有朝一日人類最後的魔王「敵基督」要聚攏列國的軍隊，在米吉多與再臨的基督爭戰，戰況相當慘烈。「哈」在希伯來文是「山」的意思，而「米吉多」是「屠殺」或「聚集」的意思，哈米吉頓，也就是群聚屠殺之山。這一處屠殺之山，將見證在整個廣闊的平原上，有無數天空的飛鳥聚集，前來啄食滿山滿谷的死屍。經過這次戰役之後，人類千百年來的政權就結束了，基督將掌權管理世界，如詩篇72篇所說的：「太陽還存，月亮還在，人要敬畏你，直到萬代。祂必降臨，像雨降在

米吉多馬場遺跡（馬哈念提供）

古城猶在，人安在？

由山上的古城俯瞰耶斯列平原

已割的草地上，如甘霖澆灌大地。在祂的日子義人要發旺，大有平安，直到月亮不存。祂要執掌權柄，從這海直到那海，從大河直到地極。」

這麼關鍵的戰場，趁著還不是戰場時過來看一看，是不是非常有意義？

然而，在我們逼近米吉多時，卻看見了令人吃驚的意象。除了原本的陰雨一掃而空，整個米吉多平原，不著痕跡地打開孔雀的尾巴，向你展示大片的綠色，從山丘到平地茫茫一片綠意，並且有許多波浪般浮動的小麥田，以及綠中有黃的油菜花田。這樣寧靜又豐饒的鄉下，讓我想起了故鄉臺南。真的，看不出將來會發生慘烈的大戰。

車子繞上低矮的山丘，半路設了柵欄，管制人車進出。但我們一靠近，柵欄卻透過遠控打開了。噫！是誰放我們進來的？

原來這裡是一個「基布茲」（Kibbutz）社區。導航系統帶錯了路，讓我們跑到比古城遺址更裡頭的社區來了。基布茲是一種由前蘇聯引進的集體勞動社區，社區裡共享財富，以求全體居民的生存。米吉多意外成為我們第一個造訪的基布茲，而且開了柵欄卻不來理會你，我忙我的，你隨意你的，難得的自在感。

車子停在一塊平地上，有球場，有小公園，群樹低垂，被風吹出一陣又一陣的悠揚樂聲。日光溫暖極了，還有一隻貓瞇著眼，蜷曲在草地上曬太陽。家家戶戶蓋得像是別墅，幾個年輕男子好奇地看著我們，有一個只會說希伯來語的老爺爺，還招呼我們進去看他棚下的雕刻藝術，說他是一位藝術家。

但我們笑了笑，把車繞進一條路面不平的小徑，來到一處牧場。裡頭空無一人，空氣中滿滿的牛糞味，地上也到處堆著牛糞，眼前卻看不見一頭牛，也看不見一個人，只有空盪盪的舍欄，還有崖邊望見綠油油的寬廣平原。太寧靜了，如果不是牛糞，真捨不得走了。唉，這麼悠閒的鄉下，以後真的要血流成河嗎？為甚麼人類總是無法覺悟，執著要以血紅來覆蓋田野的綠呢？

開出牧場以後，我們望著窗外的龐然巨物，發現西邊還有一座山，風吹草低，一輛農作機器好像爬積木的螞蟻，由山腳直攻山頂。在浪漫的情懷作弄下，沿著顛簸的碎石小路再度開車，心情早已撲向了這座草原之山。車輪一轉，小石頭亂飛。隔著牧場的鐵絲網抬頭一望，只能看到山上白嫩嫩的羊兒。

天空有大片的藍，佐以透出金光的白雲，而大塊白雲彷彿巨人在穹蒼之上行走，明明走得很慢，但雲影卻迅速移動，很快就吞噬了整座山頭，並且遊魂似的飄盪過去。山頭瞬間從暗影下得以舒脫，草皮綠得發燙。我趕緊呼喚Belinda拿起相機，錄下雲朵吞吐山丘的全過程。

這高雲之上的海洋，雲的牧場，似乎不只仰望著米吉多，還延伸到加利利全地。壯闊啊，我不禁由衷興起敬畏之心：「願你的旨意行在地上，如同行在天上。」人不時就該看看天，看看海，這會讓你記住自己是誰。

幾乎忘了時間的我們，終歸受時間約束，必須離開這裡前往下一個地點。於是我們直接放棄了古城。柵欄再度升起，送別我們離開。下一站，拿撒勒。

基布茲社區的養牛場

走過碎石路，與小山邂逅的旅人。

看見百分百的拿撒勒

1

拿撒勒（Nazareth），對於每一個基督徒而言，都知道代表甚麼，甚至非基督徒多少也知道一點點：嗯，那不就是耶穌長大的地方嗎？

對的，現在我們要去的，就是這個令人非常好奇的城市。

離開米吉多以後，舉目皆是肥美寬闊的耶斯列平原。我們繼續沿著65號公路在綠色大地上奔馳，天空卻像捉摸不定的女子，突然又下起了雨。這已經是今早出門以來第二次下雨了。經過平原上的重鎮阿富拉（Afula）時，我們北行轉入60號公路，準備前進拿撒勒，天還在下雨。

雖然下雨，遠處的山坡上，赫然有一道金光照在一座城上。那邊，是晴的，這邊，是雨的。嗯，是一陣聲勢驚人的太陽雨呢！太陽那麼大，雨卻下個不停。

透過沾染雨漬的玻璃看出去，山上有許多建築，城立在山上，果然是不能隱藏的，眼前的這座山城就是拿撒勒了。走上坡路，穿過一個隧道後，市區就到了，雨也忽然不見了。雖然，天空的一角還是陰森森的。

街道上滿是雨水，看來我們抵達以前，它已結實挨了一陣雨。車子在斜坡上下時，底盤幾乎貼著地面，讓我想起了橄欖山。在這些山上生活，腳力真的要非常好。不曉得孩童耶穌當年是不是也一樣氣喘嘘嘘，還是蹦蹦跳跳很有活力？

耶穌的人生是從伯利恆的馬槽，到耶路撒冷的十字架的過程。但祂三十歲出來盡職前，乃是在拿撒勒作無名的木匠；這意謂耶穌一生的模型，都在拿撒勒這裡建立。所以我想來走一走，吹吹同一個山谷的風，踩在同一片土壤上。愛一個人，或者全心相信一個人，你會想更了解他的過去。也許正因為人同此心，才會有那麼多的基督徒到此一遊吧。

2

現在的拿撒勒，是「北部區」的行政中心和主要城市。這個地名的本意是枝子，微不足道的枝子。兩千年前耶穌還在這裡時，這座城也真的像不起眼的小枝條，人口少得不能再少，隔壁村有一位拿但業先生還嫌棄說：拿撒勒還能出什麼好的？耶穌怎麼會是舊約豫告的救世主呢？

如今它不再小了，都會區人口有十餘萬，迦拿反而成為它的附庸城鎮。郊區的購物商店，斜坡上蛛網密佈的街弄，說明拿撒勒如今人口眾多，多到你已經找不到耶穌的腳印。事實上，腳印早就被雨水沖刷掉了。耶穌當年只不過是一個不起眼的木匠，而且還是兩千年前的事了，所以你要找甚麼，甚麼都沒有，只能找到後人幫你營造出來的情境，也就是那幾座不同教派的教堂。如果再有空一點，郊區還有拿撒勒村（Nazareth Village），以建築、器物和演員還原公元一世紀的拿撒勒人生活。我們有位弟兄去那兒看表演時，還被一位女演員的美貌給驚豔到了。

拿撒勒的人口以阿拉伯人居多，而緊鄰的上拿撒勒以猶太人居多。在上個世紀的前半葉，拿撒勒和伯利恆並為巴勒斯坦最重要的基督徒城市，歷經以巴之間的戰亂之後，如今基督徒雖然還有三四成，但穆斯林的數量已經壓過了

室外的白色聖母像手掌已被信徒摸到發黑

天使加百列對馬利亞報喜信

基督徒，清真寺的高塔與教堂並立。然而放眼望去，也不知道那些明眸皓齒的妙齡女子，究竟是基督徒，還是穆斯林，又或者是猶太人？

我一直看著窗外，想在街弄之間找到一些感動，只可惜找不到太多驚喜，這裡和其他城市並沒有太多的不同。也罷，我們決定去天主報喜堂（The Basilica of the Annunciation）看看。反正一切都只是情境，雨水都已經洗刷兩千年了。

車子走過一條幹道，路旁的樹都很溫柔多情，高高的，卻粉撲撲柔嫩嫩的，像是典型的好男人。但我們卻在這些好男人之間迷路了，因為我們明明看見天主報喜堂，卻因為塞車和一些陰錯陽差，在同一個長長的路段上來回兩次。過了許久，總算繞進狹隘的巷弄裡，正好也有一群東西夾雜的外國遊客，魚貫而入這座拿撒勒最有名和中東最大的天主堂之一。

華麗的天主報喜堂二樓

教堂旁崎嶇的街道

如果你查考路加福音1章28節，那裡寫到天使加百列到了拿撒勒，對童女馬利亞說：「蒙大恩的女子，願你喜樂！主與你同在了。」神，要藉由童女生而為人，這是一件震動天地的大事。由於馬利亞的配合，雖然她已許配給約瑟，仍願意讓聖靈成孕在她裡面。天主報喜堂，就是根據這段天使報喜信的經文發展出來的教堂。據傳它最早興建於二世紀，後來在基督徒和穆斯林的戰爭中屢毀屢建，現在這一棟已是1969年的第五代建築。它的興衰本身就是一個歷史的縮影。它的對面是約瑟教堂，用來紀念馬利亞的丈夫約瑟，但飽經戰火後也不復原貌。

由於斜坡陡峭，周圍路面高低不一，報喜堂較低的樓層與這一邊低的路面銜接，較高的樓層又與那一邊高的路面銜接，搞得你也說不準哪裡才算是一樓才好？較低的樓層有十幾根廊柱托住，撐起巨大的空間，一走進來，就彷彿走進孕育生命的子宮，沉靜而肅穆。仔細一看，底部還有一個不起眼的洞穴，傳說就是約瑟和馬利亞的家，孩童耶穌長大的地方。如果這是真的，那麼耶穌的家的確有點窮，是地道的「洞府」和貧寒之家。因著耶穌出身如此的低微，所以祂能貼近所有軟弱的人，體會所有遭患難之人的處境，憐恤一切痛苦之人的心情。

但有一件事我引以為憾。這座潔白華麗的教堂，內部嵌滿彩色玻璃，迴旋而上的樓梯間也滿了彩繪玻璃，頂部有如純潔的百合花，美則美矣，堂內院內卻滿是各國信徒贈送的聖母聖子像，哪一國送的就長哪一國樣貌。其中有一個，與華人的媽祖簡直是一個模子做出來的；泰國的像，則頗似佛教、印度教

報喜堂下方的洞穴，耶穌的家

的風格。身為信奉獨一真神的基督徒，表達敬意，是不是還是要有一點界限？

立在庭院裡的馬利亞像，腳踏著蛇，兩手已被信徒摸到剝蝕發黑。我們走出教堂，車子開了一小段路，只見一排年輕人站在公車站牌下等公車，三三兩兩，姿勢很好看，卻不曉得他們是否都知道耶穌愛你？

於是，再也找不到更多的拿撒勒了，再找，也沒有更好的，連教堂隔壁的老市場也勾不起我們的興趣。尋找過去的耶穌足跡，還不如記住現在祂帶你走著的人生足跡，並且等候將來和祂相會。

我們驅車前往北方不遠處的迦拿。車行漸遠，在山路繞行之中，忽然看見谷間的拿撒勒回眸一笑，彷彿瑞士鄉間的美景。暗橘色屋頂的人家，綠樹青葱的郊外，讓人不猶得停下腳步拍照。

那幾乎就是我心目中百分百的拿撒勒，一個很安靜很適合木匠蹲點三十年的地方。也許那些被耶穌砍過製作過的木頭，早就已經化為春泥，但孕育它們的土地還在，山還在。耶穌可能走過和我們一樣的路，翻山越嶺，遠遠地走到加利利海去，直到成為海邊照耀的大光。

原來，百分百的拿撒勒不在教堂裡，也不在後人層層疊疊蓋造的建築中；它早已等在拿撒勒城外，等著我們這些身陷迷宮中的旅人。

我們結婚吧！——迦拿的婚禮教堂

不知為何，下午四點的天空，還是亮眼得令人產生錯覺，彷彿此刻還是午飯過後，正好可以伸個懶腰的時候。

Kafr Kanna這個拿撒勒北方的小城，至今仍保留不少羅馬時代的風貌。許多人相信，這裡就是約翰福音中「加利利的迦拿」（Kanna），也就是耶穌行頭一個神蹟，在婚筵中把水變為酒的地方。

其實耶穌的頭兩個神蹟都是在迦拿施行的，第一個是變水為酒，第二個則是「遠距醫療」，從這裡醫好了一個在迦百農垂死的孩子。無論如何，第一個神蹟總是直接發生在城裡的，於是天主教方濟會和希臘正教分別蓋起了教堂，以紀念這一件值得誇耀的事。其中前者的婚禮教堂（The Wedding Church）更為知名，是在六世紀的遺址上於十九世紀末重建的，入口處位於一條窄巷。

我們走進巷內的時候，一眼就留意到牆面上路加福音的話：「耶穌對她說，婦人，我與你何干？我的時候還沒有到。祂母親對僕人說，祂告訴你們甚麼，你們就作甚麼。」

這件事的上下文是這樣的：「第三日，在加利利的迦拿有娶親的筵席，耶穌的母親在那裡。耶穌和祂的門徒也被請去赴婚筵酒用盡了，耶穌的母親對祂說，他們沒有酒了。」於是耶穌就說了那段話。之後路加又寫到：「照猶太人潔淨的規矩，有六口石缸擺在那裡，每口可盛兩三桶水。耶穌對僕人說，把缸倒滿了水。他們就倒滿了，直到缸口。耶穌又說，現在舀出來，送給管筵席的。他們就送了去。管筵席的嘗了那水變的酒，並不知道是那裡來的，只有舀水的僕人知道。管筵席的便叫新郎來，對他說，人都是先擺上好酒，等客人喝足了，纔擺上次的，你倒把好酒留到如今。這是耶穌所行的頭一件神蹟，是在加利利的迦拿行的，顯出祂的榮耀來，祂的門徒就信入了祂。」（約翰福音2章1至11節）

按照當時猶太人的禮節，席間主人應當無限量供應美酒，所以酒用盡了，對主人或賓客都是一件相當尷尬的事，馬利亞知道耶穌不是一般人，耶穌有辦法，所以就暗示祂該做點甚麼。

你知道按照聖經，耶穌是神成為人。身為人子，耶穌當然是很孝順母親的，但是在神性這一部分並不是馬利亞生的，所以不接受馬利亞的指揮，因為萬物之源的神是沒有父母的。所以當馬利亞想要推一把時，祂說：「婦人，我與妳何干？」妳的兒子只是一個木匠，如果妳是吩咐兒子，那麼小木匠是一點辦法也沒有的；但妳若是懇求無所不能的神，就該換一個態度了。馬利亞立刻懂了，趕緊告訴僕人：祂告訴你們甚麼，你們就做甚麼。換句話說，聽祂指揮調度，而不是聽馬利亞的。

但是，變水為酒除了解除這家人的燃眉之急，不讓這場婚禮漏氣，在信仰上有沒有甚麼深意呢？

首先，迦拿的意思是「蘆葦」，而蘆葦在聖經中象徵軟弱、脆弱的人。現在，在這座蘆葦之城裡有一場婚筵，婚筵表徵人生的快樂和享受。酒用盡了，表徵在這個人生最歡樂的時刻，生命居然走到了盡頭。但耶穌從石缸裡的水變出酒來，挽救了整個局面。這六口石缸象徵第六日受造的人，而在缸中所倒的水，在這裡表徵死亡。耶穌變水為酒，則表徵祂將死亡變為生命。這酒比原來的更好，意思是耶穌給你的生命比你原有的生命更好。人們總是在歡樂的時候，才發現酒不夠用了，生命不夠用了，歡樂和享受無法再延續下去了。但耶穌能將死亡變為生命，使人進入真正的歡樂和享受，這就是祂行神蹟的大原則。

典故你清楚了，現在，讓我們繼續看下去吧。

嵌有經文的牆面

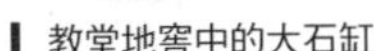
▎教堂地窖中的大石缸

▎商店的父子

我們步入教堂，想不到這一座小小的建築居然別有洞天，擁有兩層地下室（地窖），其中不但有儲水池和「變水為酒」的壁畫，第二層收藏的巨大石缸，聽說還是仿羅馬時代的。看著牆上和地上許多的石缸意象，不免讓你會心一笑。而另一座希臘正教教堂也不落人後，聲稱耶穌變酒的那六口石缸，其中兩口就在他們那裡，至於信不信就看各人了。

比起石缸，人們更興奮的還是能到教堂來結婚。我們很早就知道這裡常常在舉辦婚禮，果然今天也不例外，一樓正在舉行一場別開生面的婚禮，新郎新娘沒有特別換甚麼服裝，只有玫瑰一捧以及牽手的兩人，證婚的神職人員，觀禮的親朋好友若干。或許他們認為，這樣就夠了，這樣就已擁有莫大的幸福。

恭喜你們，願天下有情人終成眷屬。

走出教堂，對面商家高掛自製的耶穌畫像，大賣葡萄美酒；而鄰近的Nathaniel Bartholomew Church，墓園中宣稱葬著十二使徒之一的巴多羅買。當地人相信他就是拿但業，那個質問拿撒勒能出甚麼好的、原本不把耶穌當一回事的迦拿人；後來耶穌說出他在無花果樹下的秘密，讓他嚇壞了，直說耶穌是神的兒子，是以色列的王。此後他成為忠心的門徒，並且成為耶穌復活的見證人。

看著看著，我心中感觸良多，一時也不知從何說起，只好進禮品店買了一個小尺寸的土缸，聊作紀念。老闆夫婦人很好，和藹可親。同伴們則在另一個禮品店看見一個可愛的孩子，害羞地躲在父親懷裡；啊，真令人羨慕，婚禮的目的之一，不正是組織家庭，創造宇宙繼起之生命？

日已昏黃，我們該離開了。旅行往往就是這樣，無法在每一個美好的地方，都如願地待到你心滿意足為止。於是告別了遊客如織的窄巷，告別路旁的石榴樹，我們沿著77號公路一路向東，奔向浩蕩無垠的加利利海，展開下一段的故事……

提比里亞市區

在提比里亞住下來

抵達提比里亞（Tiberias）的時候，我們有點激動，因為經過某些路段時，偶然看見夕陽下波光粼粼的加利利海，但轉眼就不見了。放好行李後，是不是該走幾步路到湖邊走走？

但我們和新朋友yoel（約珥），已經約好了要在約旦河邊晚餐。今晚的住處打點好之後，惟一該做的事就是發動引擎，準時赴約，不要讓yoel空等。

提比里亞位於加利利海西岸的中點，往南北兩端都很方便，也有船可以渡海到東岸去。身為加利利海邊最大的聚落，可能也是惟一夠格稱為城市的聚落，人口四萬的提比里亞當然有好的酒店，我們選的卻是很有特色的公寓型旅館，你根本不知道自己走進旅館，你是走進一個平凡的小社區，只是社區裡的人和你一樣，不知道從天外哪一個地方來的。

上樓的時候，請留神，因為電梯有陷阱。電梯位於樓梯間的轉角，這是由公寓改建的最佳證據；樓梯間硬要塞進一部電梯，結果就是擁擠。不但擁擠，門居然是往外打開的，而且還無法完全打開，因為對面的牆壁不同意。坐上電梯後更是驚險，因為它，沒，有，門，只有到了各樓層才有門，就是往外打開的門，升降的時候完全是敞開的，必須尷尬地和電梯間的裸牆相見歡。或許為了製造恐怖片的氣氛，電梯還會不時晃動一下，幸好住在臺灣的我們已經很習慣地震了。

然而，柳暗花明又一村。打開房門以後，我笑了，這不是一個房間而已，是那種家庭式的大空間，很適合結伴窮遊的朋友。玄關右邊是一個大客廳，有電視，有沙發床，有夠大的餐桌，餐桌背後推開窗，窗外看得見海，只可惜晚上矇矇矓矓看不見。再往裡有廚房，流理臺、冰箱、烤箱樣樣齊備。廚房的隔壁是浴室，再往左就是一間臥室，隔著玄關另一側又是臥室。今晚當然是兩個男生睡一間，兩個女生睡另一間。房門很薄，慎防打呼。

我們兩晚都睡這兒。減分加分之後，感覺還過得去。人在地上本就是客旅，是寄居的，更何況只是三天兩夜的小旅行。只不過有一件事我掛心著。公元70年耶路撒冷被羅馬毀滅後，大量的猶太人湧到加利利，提比里亞逐漸成為他們的文化教育中心，也成為猶太教的四大聖城之一：兩個是南方的耶路撒冷和希伯崙，兩個是加利利的采法特和提比里亞。在緊湊的行程中，這麼重要的古城會不會被我們犧牲掉，只知道晚上回來睡覺，卻沒有空在市區走走看看？

然而就算這樣，我們也是感激。是的，提比里亞，謝謝你的床。

加利利海坐船（馬哈念提供）

哥拉汛
佰賽大
八福山
迦百農
塔加
基尼烈
革尼撒勒
Tel Hadar
抹大拉
亞伯山
Kursi
(跳豬崖)
提比里亞
Ein Gev
N
Yardenit
(受浸地)

加利利海

【小檔案：加利利海的環湖之旅】

以西岸的提比里亞為起點，順時針繞湖一周時你會遇到這些景點：
亞伯山（Mount Arbel）：西岸看海最好的地方。
抹大拉（Magdala）耶穌曾從抹大拉的馬利亞身上趕出七個鬼。
革尼撒勒（Ginosar）：有古船博物館，收藏耶穌時代的漁船；加利利海又名革尼撒勒湖。
基尼烈（Kinneret）：相傳是聖經「水深之處下網捕魚」的地點；加利利海又名基尼烈湖。
塔加（Tabhga）：據説耶穌在此用五餅二魚食飽五千人，並且復活後在海邊向門徒顯現。
八福山（Mount of Beatitudes）：據説耶穌就是在這裡宣告登山寶訓。
迦百農（Capernaum）：耶穌盡職事的中心，也是彼得等門徒的第二家鄉。
伯賽大（Bethsaida）：靠近約旦河入湖處，彼得、腓力的家鄉，耶穌在此醫好瞎眼的人。
Tel Hadar：據説是耶穌行神蹟食飽四千人的地方。
Kursi：以色列人認為這裡是古時候的格拉森，耶穌在此將鬼趕入豬群奔向海中淹死。
Ein Gev：加利利海東岸的主要聚落，有漁港。
Yardenit：位於加利利海南方約旦河流出之處，相傳是耶穌受浸的地點。
由Yardenit再往北走，便回到提比里亞。加利利海又名提比里亞海。

我們的朋友約珥一家人

我從來沒有見過yoel（約珥）這樣一見如故的新朋友，等你離開以色列了，居然還會來信關切。約珥，真是我們在加利利最好的朋友。

在加利利，有一些班弟兄認識的基督徒可以拜訪，不過他們大多是比較窮困的阿拉伯人，我們怕給他們添麻煩，加上這趟旅行想了解的還是猶太人的生活，因此透過以色列辦事處的朋友介紹，就這樣和約珥搭上線，並且和他約好第一天共進晚餐，見個面好好聊聊。

聖經中叫約珥的人很多，迦得支派的首領叫約珥，士師撒母耳的長子也叫約珥，詩人希幔的爸爸叫約珥，寫約珥書的約珥當然也叫約珥。我們認識的這個約珥住在加利利海南部一個小村莊，卻不是農夫或漁夫，而是一家公司的主管。雖然是個主管，卻不擺架子，下午我們還在迦拿的婚禮教堂時，就很關心地打電話來詢問，看看我們旅程順不順利，能不能趕上晚餐。

晚餐的地點位於Yardenit，這是加利利海南方的知名景區，約旦河從湖中流出幾百米後，便在這裡拐了第一個彎。約旦河上有兩個地點，都說是耶穌受浸的地方，一個是在下游快要流入死海，耶利哥城的附近；另一個就是這裡。

對於初來乍到的旅人而言，入夜後離開提比里亞令人有些心慌，因為海邊的燈火若有十分，其中九分都在西岸的提比里亞，有些路段甚至漆黑一片杳無人煙。幸而Tobias把車開得飛快，沿著90號公路南下十分鐘後便說：到了。Belinda說，約珥也到了。看，那正開進停車場內，頭髮不算很多的駕駛，豈不正是一位風度翩翩的猶太先生？

這幾天和約珥勤加聯絡打聽消息的，都是Belinda。她的英文最流利，所以又要當攝影師又要當翻譯員，同時也是對外聯絡人，真是把她給忙壞了。Belinda領著我們上前打招呼，意想不到的是約珥太太也來了。約珥說，他的父母親晚點也會來，赫！對於新朋友來說，這一頓晚餐真是太隆重了。

餐廳就在河邊，對面一下水便是所謂的耶穌受浸處，所以這家餐廳自然遠近馳名。它的主體建築是木頭，正適合岸邊茂盛的樹叢。約珥夫婦就住附近，看起來和餐廳人員很熟，還指著替我們服務的華裔女孩說，她是臺灣人，但是在越南長大，現在住以色列。今晚客人多是白皮膚的歐美遊客或當地人，所以這個女孩也就顯得格外親切了。

與約珥晚餐

喝酒嗎？約珥問我們。

不喝。我們點了別的，約珥也點了別的。

過一會，約珥的父母也到了。桌位怎麼坐呢？有沒有甚麼講究？

沒有沒有，隨便坐。於是約珥夫婦坐內側，右手邊是父母，接著我和Evonne坐外側靠門的方向，最後是Tobias和Belinda，他們坐在約珥的旁邊。我們這樣安排是有深意的，因為這兩人英文好，讓他們和約珥多說點話。

猶太人家庭聚餐和南歐人一樣，拖拖拉拉好幾個小時，點菜等菜吃菜都是緩慢的過程，中間還會傳菜交換食物。也許這就是地中海世界的共識：吃飯不是為了吃飯，吃飯是為了聯絡感情。但今晚的菜色可不隨便，有牛有羊，有沙拉，有鷹嘴豆等各色蔬果，既美味又健康。唯獨那一盤前菜鹹橄欖，嗆得Tobias他們敬謝不敏，只有我想起家鄉的破布子，同著約珥一家津津有味地啃著。我知道地中海世界，比如希臘也愛吃鹹橄欖，但我還是好奇地問：「你們為甚麼吃這樣鹹的東西？以色列食物不是都很養生嗎？」約珥笑了笑，他也不知道，猶太人本來就是從世界各地歸來的，也許就這樣把食物給帶來了。

約珥告訴我們，自己並不是虔誠的猶太教徒，但他們尊重信仰。他又說，他和臺灣淵緣很深，幾十年前他第一次到臺灣的時候，是作為一名義工去訓練高雄的海軍。之後他再去臺灣，則是作為一名龍舟代表隊的隊員去參加比賽。因為澳洲人來以色列進行划龍舟的密訓，準備到臺灣參賽，正好人手不足，於是就很妙地把他給算上了！後來他又被公司外派到深圳，與廣東結下不解之緣。雖然如此，他看不懂漢字，只懂拼音。

話說不多的約珥太太，無意間透露她是小學校長。我告訴她，家母也是國小老師。她有些驚喜，後來兩人就聊了點教育。剛好幾天前在耶路撒冷和特拉維夫都發生了恐攻，所以我問她，猶太人和阿拉伯人相處得怎樣？畢竟在加利利這裡，阿拉伯人是比猶太人多一成的。她委婉地說，平常也沒甚麼，但一發生恐攻，同事之間心中都有陰影，刻意不去提這些事。說的也是，一般的平民百姓，誰不想安安樂樂過太平日子呢？

離席的時候，約珥的父母先回家。二老緊緊握住我們的手，母親還親切地望著我，說了一些話，大意是他們很開心，你們就是我們的家人。我不禁回了一句「阿門！」因為在教會中，阿門的意思是表示贊同。一出口我才想起來，他們不是基督徒，乃是猶太人。可又轉念一想：「阿門」本來就是猶太人的用語呀！

約珥夫婦沒有走，留下來陪我們在河邊待了一會。方才席間Tobias和約珥嘰嘰喳喳盯著手機討論景點半天，已經有點像是老友，捨不得走了。

「你們一定沒想到約旦河這麼窄吧？」

說完約珥又問：「你們明天怎麼走？」

「會去胡拉谷和黑門山，還有戈蘭高地。」

「要不要一起吃午餐？我在戈蘭高地的一個基布茲上班。」

於是敲定了，我們和約珥，第二天也要相親相愛的吃飯……

千鳥飛集的胡拉谷

1

三月十六日，天晴無雨。早上我們要去看鳥，去看一個賞鳥的天堂。

以色列位於歐亞非三洲交界，不但是兵家必爭之地，也是候鳥遷徙的要衝。每年春秋兩季，都有超過五億隻的候鳥過境。其中佔地15000英畝的胡拉谷（Hula Valley）就是最大的棲息地，每年有多達500多種鳥類過冬，超過9萬隻的鶴來回遷徙，吸引著愛鳥人士朝聖。現在是三月，正是賞鳥的好時節。

還沒有出國以前，以色列辦事處的朋友就提醒我們：看鳥要趁早。於是清早七點，我們就著裝出門了。今天的行程是一場硬仗，馬不停蹄從早到晚上山下海，幾乎跑遍半個以色列北方，胡拉谷只是第一站。

去胡拉谷，也就等於品鑑了加利利海。因為胡拉谷已接近北方邊境，從提比里亞到胡拉谷，勢必繞海的西岸而行，所以你可以飽覽湖面風光。昨夜下過雨，提比里亞的路面像是剛洗刷過的地毯，映著朝陽，閃耀著金色光芒。在這座山海交錯的城市裡，隨著路面起伏，加利利海不時就會冒出地平面，波光粼粼，彷彿你已來到了旅程的終點，眼前的金色水床溫柔而又多情，你已得到真正的安息。

對於加利利海更完整的鑑賞，是從脫離市區，經過亞伯山（Mount Arbel）才開始的。有人說，亞伯山是看海最好的地點，但從山下的90號公路上欣賞也是很好的。加利利海是大裂谷的一部分，乃是一個低於海平面、群山環抱的盆地。亞伯山這一帶路面逐漸攀高，海面不再是金黃色，而是回復寶石般的蔚藍色，遠遠的可以看見海對邊的戈蘭高地，正睥睨著低處的船隻。公路漸行漸遠，通過抹大拉（Magdala）、革尼撒勒（Ginosar）等地，最後在海的西北端破空而去，向著北方不再回頭。你終於進入了胡拉谷，車子不斷在平原坡谷間穿梭，時而看見牛羊吃草。你忽然明白耶穌為甚麼老愛在野地裡講道，動輒有幾千人來聽講，因為它夠大，夠安靜，屏除城市的雜音。你無法從這一片青山綠地脫逃，正當你決心一輩子聽風唱歌的時候，在大塊的雲朵之下，胡拉湖突然就到了。

胡拉谷位於大裂谷的北端，在它的北方還有黑門山，西邊則是黎巴嫩和上加利利的山地，東邊是戈蘭高地，有約旦河由胡拉谷中間穿過，流入加利利海。相較於加利利海，直接蒙受山區雪水的前者更為濕潤，綠得幾乎要滴出汁來；而大塊的濕地就位於這樣一片沃土上，以胡拉湖為臥床，以四境田野為誘餌，招喚著數以億計天空的飛鳥。

2

從提比里亞到胡拉湖要一個小時。路過巧克力小鎮Rosh Pina後，在Sde Eli'ezer這個地方右轉，由90號公路轉入9119號公路，就可以抵達胡拉湖。9119號公路不大，但兩側盡是林木，清風舒爽，像是親衛隊歡迎著旅人的到來。

胡拉谷的濕地廣大，其間田疇、沼澤、池塘、溝圳密布，並有約旦河溫潤地流經東方。沿湖有自行車道，如果能自備單車環湖，想必是一件很愜意的事。

我們停好車，步行到湖邊的小亭，有放倒的橫木可坐，只是亭內有鳥糞宣示主權，遊人勿踩地雷。岸上站著幾個遊客，神態舒緩地等候著。這時還沒有看見甚麼鳥，只有對面小徑旁的油菜花田和小橋流水，綠的黃的透明的，在大地上潑灑著色料。我舉起雙臂，想起了家鄉臺南，有稻田甘蔗田玉米田，有嘉南大圳，有曾文溪旁的石虎，有一個正要上小學的我，和女同學手牽手走到大圳旁的學校。

這時我注意到田間有一隻鳥，很奇怪的鳥，絕不是小不點的蜂鳥，但卻和蜂鳥一樣急急躁躁，在大樹旁奮力振翅，也不往前也不上下更不打轉，牠真是老老實實讓自己釘在原地半空中，不知道在做甚麼？

喜歡腦筋急轉彎的Evonne小姐說：「牠在抗風！」

「怎麼可能！」我苦笑了，這個動作中一定有我們不知道的秘密吧！

天陰陰的，飄了點雨。田野的東西兩側，遠遠望去都是連綿不絕的山地。西邊是黎巴嫩的山，翻過去就過了邊境；東邊是戈蘭高地，以前是敘利亞的，後來以色列打勝仗搶過來，成為鞏固北境的險地。從這邊的山到那邊的山，開車不用一小時，真不知道當年夾在黎、敘兩國之間的胡拉谷，是悠閒的農村，還是死生的戰地，抑或兩者都是？

突然Belinda說，鳥群來了。她駕起攝影機等候多時，總算盼來了春天。

鳥來，先是聲音來，哄哄鬧鬧，有如戰鬥力滿點的大媽們，邊挑選著市場新鮮的魚，邊討論隔壁家老公升官加薪，可喜可賀。經過這樣一鬧，岸邊的蘆草好像都被點燃了。過不多久，鳥群的身影突然從北方出現了，像是結隊行走的商旅，你不離我我不離你，看似有數百千隻，佔據遠方的天空，用整齊畫一的動作，做著行雲流水般的迴旋表演。這鳥像是白鸛，可太遠了看不真切；牠們也不降落水面，表演完居然就自動離去了。是不是因為主要的棲息地在北邊？還是我們來得太晚了，鳥兒早已吃完早點，不屑再下水沾得一身濕？

水面上沒有白鸛，沒有鶴，沒有鵜鶘，只有幾隻呆呆不知名的鳥兒，自顧自啄著水下，滿臉不在乎棧道上的旅人。岸邊蘆葦茂密，令我想起了聖經上的話：「壓傷的蘆葦，祂不折斷；將殘的火把，祂不吹滅。」

這是一段非常溫柔的話。但以色列人一開始對待鳥兒和蘆葦，並不是這樣的態度。建國之初，以色列也曾經過度開發，農人將大

片的沼澤抽乾，想要得到更多的田地。但溼地成了乾泥後，造成生態的失衡及物種的滅絕，候鳥不來了，天然肥料也沒了，收成一落千丈。發現錯誤後，政府改弦易轍，興建了90公里長的運河提高湖水水位，而農夫也撥出部份農地供候鳥享用，並讓牠們在田間築巢，捕抓老鼠及害蟲。這樣一來便迎合了歐盟的環保要求，作物價格雖高，卻大大減少了化學藥劑的後遺症，於是出口不減反增。這種雙贏策略提醒我們：人和自然，不一定非爭到你死我活魚死網破不可。

離去的時刻，自行車道上有兩三隻踩高蹺的水鳥，明明是水鳥，卻熟練地在路面上輕輕跳動。這裡的鳥是幸福的，牠們不是來以色列流浪，牠們真的是在這三大洲交會之地過暖冬。我有感而發，對身旁的Tobias念了另一段聖經：「兩隻麻雀不是賣一個銅錢麼？沒有你們父的許可，一隻也不會掉在地上。就是連你們的頭髮，也都被數過了。所以不要怕，你們比許多麻雀還貴重。」

在胡拉谷擁抱天地

人生一定有這種時候，很想離開都市，離開人，去外頭看看鳥，也被鳥兒看看。有時候是療傷，有時則是賞心悅目。所以當你來到加利利海，何妨再走遠一點，去北邊的胡拉谷看看山，看看鳥，看看湖邊的蘆葦。在對的時間，對的地點，你看到的一定比我更多，也更壯觀。這裡被整個天地溫柔地包裹著，見證無論再怎麼艱難，造物主仍然顧到大大小小的需要！

黑門山下

打從第一天來加利利，沿途天氣就一直陰晴不定，像個鬧脾氣的孩子。進入第二天以後，天空的脾氣更壞了，剛才在胡拉谷還是笑的，想不到兩腳一頓，眼淚便像水龍頭般扭開，從高空扔下幾噸重的烏雲，把我們這群螻蟻轟得無處可去，踉踉蹌蹌開了十公里後，只能躲到一家咖啡館躲雨。

但這並不意外，畢竟我們已經深入北方，離黎巴嫩、黑門山不過幾里之遙，而這裡恰恰是雨水最豐沛的地區，她不用烏雲扔你，還真對不起自己。

我們躲雨的Si espresso咖啡館，位於謝莫納（Qiryat Shemona）郊區，90號公路和977號公路交口，湊巧今天第一日開張。謝莫納是以色列最北的城市，再往上只有幾個村鎮，不能再稱為城市了，所以過了這家咖啡館，也不知道何時才能再喝一杯咖啡。今天特別幸運，老闆說，新開張，每個人送你一杯咖啡。

那披薩呢？我們指指那邊，店員搖搖頭：還在試口味，不給你們吃。

寒冷的雨天喝熱咖啡，格外溫暖旅人的心。但看著窗外的狂風暴雨，點點像在發生家暴慘案，作老公的飽以老拳，把老婆小孩揍個半死，我們面面相覷：怎麼，這般鼻青臉腫的，待會還能上黑門山嗎？加上謝莫納這一帶，西邊幾乎就貼著黎巴嫩的山地，一長條山壁列隊排開，完全把晴天拒於門外。出太陽？沒有希望，沒有機會，沒有可能。

▍山雨已來，趕緊躲進咖啡館

Evonne是最重視安全的，為了安撫她快要潮濕的心，我們兩位弟兄保證：天氣若一直這樣大壞，我們絕不會冒險上山。但我心裡暗想：若天氣大壞耗損了一個上午，是不是要延遲一天回耶路撒冷呢？可週五會有安息日的問題，而且租車費用又要重算，會不會有些不便呢？

幸好神聽了我的禱告，天，居然晴了。雖然隨即又下起小雨，但已經輕得像在愛撫你的臉，不復濃眉大眼、聲勢驚人的悍妻模樣。

「既然去得成黑門山了，我想要求一件事，」我說：「途中請到但城，就算只拍個照也是好的。」

「你真的非常想去。」Evonne無奈地擺擺手。

「是的。這趟旅行中我很少要求甚麼，現在我很想去但。」

「可是，但，在聖經中不是一個負面的消極的地方嗎？」Evonne又說。

我心想：「是的，然而也有好的一面，妳忘了嗎？」

但（Dan），是黑門山下的一座古城，歷史上曾是以色列最北方的大城，如今人口零落，成為後人憑弔的國家公園。

要去但，你可以從謝莫納的北方，由90號公路轉99號公路，約十分鐘就到了。90號公路是一條很神奇的公路，縱貫整個大裂谷，以色列南北有多長，它就有多長。但再神奇的公路，最後也只能帶你到北境與黎巴嫩相望，不能帶你到它所沒有鋪設的地方。沿著99號公路，你才能去謝莫納東邊的但。

我想去但，因為在舊約時代，當人們提到以色列國時，說的是「從但到別是巴」，也就是從北到南。下一週我會去別是巴，這一週我怎可錯過但？

我想去但，因為當姪兒羅得被擄走時，亞伯拉罕以率領壯丁三百一十八人直追到但，然後夜間分隊，一舉擊敗聲勢浩大的四王，又追到大馬色北邊的何把，將他姪兒羅得同他的財物、婦女、人民通通奪回來。但，正是弟兄相愛的見證之地，我怎可錯過但？

我想去但，因為附近的水泉是中東最大的岩溶泉，也是約但河最重要的源頭之一；它的存在，使但城綠樹成蔭。

我想去但，因為但支派攻陷這塊寬闊肥美之地，將它由拉億改名為但以後，便任意妄為，立了自己的雕像和祭司；日後南北國分裂，基於宗教中心在南國，北王耶羅波安為了互別矛頭，建造了兩隻牛犢安置在伯特利和但，使但成為政教分裂之地、敬拜偶像的邪惡中心。公元前732年，亞述王攻陷但，把當地的居民擄走，但城從此成為一個廢丘。面對這段黑暗的歷史，我怎可錯過但？

①由黑門山湧出的但河（陳崇基提供）
②但城入口
③但城的門，人稱亞伯拉罕的門
④但城中存放祭牲骨頭的地方

我想去但，因為在城門發現的「但城石碑」（Tel Dan Stele），證明了以色列的大衛王不是神話傳說，而是真實的歷史，難道你不想看看那個城門？

因此，由謝莫納到但，短短的幾公里路我滿懷期待。這段路在細雨中又安靜，又舒服，你真的必須親自來看一看。此間有良田肥畝，綠野一片，低緩的丘陵上也草木繁生，就像耶斯列平原那樣青蔥秀麗。由於四境無強權、大城，少有外敵侵擾，只需要地下水源不斷湧出，它便足以自保自立；如果不是這樣的優渥條件，它又怎會狂傲自大，最後遭致毀滅？

然而，我終究錯過了但。雨越下越大，地面濕淋淋一片又一片水窪。這種天氣，你如何能帶著女孩子冒險下水，去看約旦河的源頭呢？

所以我遵守和夥伴們的約定，連廢墟也沒有去，只在入口處拍照紀念。那些古代的城門、邱壇和石鋪街道，我都沒有過去打招呼，說我來看你們了。往事已矣，但城石碑也已運到耶路撒冷，我們在以色列博物館可以看見它，那麼就這樣吧！旅行，總是必須留些懸念，作為下一次再訪的理由。

但啊，我在你這裡，掉了一地陰雨綿綿的記憶……

黑門山

我的佳偶，你全然美麗，毫無瑕疵。

我的新婦，求你與我一同從利巴嫩來，與我一同從利巴嫩來，從亞瑪拿頂，從示尼珥與黑門頂，從有獅子的洞穴，從有豹子的山嶺，來觀看。

我妹子，我新婦，你奪了我的心；你用眼一看，用你項上的一條鍊子，奪了我的心。

——雅歌4章7至9節

黑門山，是一座高大險要的山。

黑門山，也是一座戀人同生共死的山。

黑門山下有泉水，有該撒利亞腓立比，有四個旅人。

該撒利亞腓利比

1.山下的湧泉

由但城沿99號公路往東三公里，便是該撒利亞腓立比（Caesarea Philippi）。耶穌的時代，分封王希律腓力在這裡蓋了一座城。如今繁華落盡，只看見附近一個名為Snir的村落。

該撒利亞腓立比位於黑門山的西南麓，附近有巨大的山洞，洞中有潭，潭水因活泉湧流而外溢，這就是約旦河四大源頭之一的Banias Springs。現在以色列在此設立了一個自然保護區。由於水源豐沛，該撒利亞腓立比在當年不僅是一座城，也成為一整片區域的泛稱。昔年耶穌帶領門徒來到這一帶，聖經說祂來到該撒利亞腓立比境內、來到該撒利亞腓立比的村莊。在這一帶祂啟示自己是神的兒子，是神所差派的基督，祂要死而復活，把教會建造在磐石上。其中有一段話，馬克吐溫過世前還曾引用：「人若賺得全世界，卻賠上自己的魂生命，有甚麼益處？人還能拿甚麼換自己的魂生命？」

一面來說，這裡遠離耶路撒冷的宗教氛圍，空氣清新，適合開口發表重大的啟示。另一面，由於水源從洞底湧出，因此洞穴便成了人們崇拜的對象，希羅時期這一帶有許多神廟；所以我推敲：耶穌在此啟示祂是誰，也不無宣示主權的意味：人該找的不是別神，乃是祂這真正的活泉、真正的救主。

告別該撒利亞腓立比，你就要登上山區，進入雲深不知處的境界。

2.登山

黑門山（Mount Hermon），又名西雲山，本是敘利亞和黎巴嫩的交界。1967年六日戰爭過後，以色列擊退敘利亞大軍，山的南坡和西坡盡歸所有，成為疆土的最北端。邊境上的主峰高達2,814米，比先前的最高峰梅龍山（Mount Meron）1,208米高出一倍有餘，山頂終年白雪皚皚，恍如慈母俯視著大地。

黑門山上的雪水消融後化作湧泉，成為約旦河的源頭，並且終年雲霧繚繞，令人神往，所以舊約裡有一首詩說：

看哪，弟兄和睦同居，是何等的善，何等的美！這好比那上好的油，澆在亞倫的頭上，流到鬍鬚，又流到他的衣襟；又好比黑門的甘露，降在錫安山；因為在那裡有耶和華所命定的福，就是永遠的生命。——詩篇133篇

我們就是為了這首詩，千里迢迢跑來邊境看山的。雖然我們也知道，露水當然不是從山上飄落的，而是地面凝結的，但詩不是科學，而是一種感情和境界。黑門這座高山表徵天上，從天上有甘露降下，就是永遠的生命，弟兄之愛是如此美好可貴的福分！

然而一整個上午風雨飄搖，山路濕滑，入山有一點風險。加以山上以色列唯一的滑雪渡假區由於春雪融化，前一陣子也關閉了，得等好幾個月後才會

寧錄堡（馬哈念提供）

開放。所以今天的目標很明確：不滑雪，不勉強，不登天，能進入山區一探究竟，走到哪算到哪就很滿足了。

要上黑門山，有兩個主要的選擇。一個是從該撒利亞腓立比出來，沿99號公路往東走一公里，在一個叫作Sa'ar Waterfall的瀑布景區左轉，切入989公路，途中會經過十三世紀建立的寧錄堡要塞（Nimrod's castle）。另一個選擇是沿著99號公路走更遠，繞過整個黑門山南方，直到在Mas'ada接上98號公路，這條路是入山的主要幹道。由此入山，會在Majdal al-Shams和989公路會合，繼續往北直到滑雪場為止。我們那天走的，好像是比較小比較崎嶇的989公路。事實上你完全可以上山走一條路，下山走另一條路，兩全其美。

沿著公路向北方不斷爬升，一路自然是風景優美，斜坡上盡是廣闊的青草地，間有墨綠色的樹木點綴，偶爾還會看見埋首吃草的棕色牛隻，引起Belinda姑娘狂吼：「牛耶，牛牛耶！」在以色列北方，哪裡有草牛兒就往哪裡去，在眾泉之源的黑門山，以色列人自然也得擺上百十來隻。旅人大可在路旁停下來，與牛隻共享遠離塵囂的靜謐感。

晴雨不定之間，車子已爬到山腰。從山上往下看，有時看到山下還有山，山上有村落，儼然來到了瑞士；有時看到地勢低平，也不知道是胡拉谷或戈蘭高地，又或是一處不知名的山谷。綿延不絕的雲朵像是漂浮空中的城堡，倒影從高處漫游到低谷，遮住大片的區域。你不覺生發敬畏之心，以為山上住有甚麼神靈，轉眼便要從雲裡霧裡竄出來。

事實上，黑門山的意思就是聖所之山，所以黑門山乃是聖地，古代的迦南民族在山上敬拜巴力，稱黑門山為巴力黑門山。正巧今天的霧氣很重，由四面八方不時襲向車輛，讓我們有踏雲而登天的錯覺。道路兩側出現了人家和果園，能見度卻越來越低，車子只能在瀰天大霧中緩緩前行，走一步算一步，自然也看不出聚落叫甚麼名字，那些是甚麼樹，會不會其實我們到的不是人間？

就是在這一座異教的聖山上，耶穌帶領著三個門徒登高，不知道在山裡哪一個地方，把祂榮耀的本相顯現出來。根據馬可福音9章記載，在該撒利亞腓立比發表重大啟示後：「過了六天，耶穌帶著彼得、雅各和約翰，暗暗的領開他們上了高山，就在他們面前變了形像，衣服放光，白到極點，地上漂布的，沒有一個能漂得那樣白。有以利亞同著摩西向他們顯現，並且同耶穌談話。彼得對耶穌說，拉比，我們在這裡真好，可以搭三座帳棚，一座為你，一座為摩西，一座為以利亞。彼得不知道該說甚麼纔好，因為他們甚是懼怕。有

▍霧氣十分濃厚，看不清聚落全貌

一朵雲彩來遮蓋他們，又有聲音從雲彩裡出來，說，這是我的愛子，你們要聽祂。他們忽然周圍一看，不再見一人，只見耶穌同他們在那裡。」

大霧漸漸散去，Tobias看看手機，說想再去一個古蹟，說著便拐進了一條小路。路面上赫然是一個大水坑，勉強通過之後，滿地都是黃泥，沿途還布滿垃圾，地面光禿，與幹道迥然不同。我小聲地說：「要不要回頭？」

但Tobias冒險家的精神發作，勇往直前，讓我的心臟一路顛簸得疼痛。最後車子來到了一圈上坡路，路的盡頭卻是立人禁入，此路不通。

開爛路，很容易激起一地石子，刮傷車身和底盤。我們的韓國車不但沙石點點，還吃了滿坑滿路的泥水。這裡是哪裡？私人領域？邊境線？軍事基地？

古蹟捉迷藏去了。眾人只得下車，站在路旁緩一緩心情，山風卻襲向邊坡上的Tobias，我們三人齊心大叫：「小心哪——！」

他沒留神，猶自低著頭不斷滑著手機。因為在黑門山下，我們的朋友約珥打來電話，正等著我們吃午餐……

戈蘭高地

1

我必須承認對行程安排有些失望，因為戈蘭高地（Golan Heights）這麼重要的爭地，為了赴約珥午餐的約會，居然甚麼名勝都沒去。更要命的是下了黑門山以後，人也睏了，接下來的一小時沒做別的，就是一路狂飆趕車，就是睡死，所以沿途風光只迷迷糊糊看了些，只記得看不盡的草，點綴其間的牛，有湖，有山上的大型風車，還有偶遇的聯合國維和部隊。

雖然戈蘭一詞的原意是塵土飛揚，但令我印象更深刻的反而是石頭，除了滿地打滾的大石小石，當地人也遵照古法就地取材，在田地牧場邊立石為壘，以為界線，就和撒瑪利亞或猶大山地一樣，在在讓人想起聖經上的記載。

黑門山雄踞於高地北方，我們要去的Kfar Haruv則在南部，從98號公路，一條腸子就可以通到底。這條公路可說是高地上的縱貫線，大致沿著以色列有效統治範圍的東邊繞了一圈，巡視動靜，並且從黑門山上的滑雪場一氣呵成下到加利利海南方。公路以東還有聯合國的緩衝區，把敘利亞和以色列隔開來。

2

戈蘭高地並不是方圓幾平方公里的彈丸之地。它南北長71公里，最寬處約43公里，整個面積達到1,800平方公里，大概有五六個臺北市或兩個半上海市那麼大，其中有三分之二在以色列的控制下，劃歸於「北部區」。以地形來看，它南低北高，南部海拔約300公尺，北部卻達到1,200公尺，連接黑門山。在東部另有火山岩，南部西部則是懸崖峭壁，俯瞰著約旦河及加利利海。

戈蘭高地對於以色列的重要性有兩方面：

第一，它地勢高，敘利亞軍隊居高臨下打過來，足以殺得以色列落花流水。所以1967年六日戰爭後，以色列立刻占領了黑門山和戈蘭高地。後來1973年贖罪日戰爭爆發，敘利亞反攻回去，以色列陸軍憑180量坦克力抗1,400輛坦克，寫下了國史上悲壯的一頁。雙方最後達成妥協，以色列軍隊退出高地的東緣，設了一條狹長的的緩衝地帶，讓聯合國部隊進駐，不要全部拿在手上。所以現狀是：以色列佔領大部分，往東有緩衝區，再往東才是敘利亞控制的領土。在以色列的治下，至今仍有一萬多名德魯茲派穆斯林保留敘利亞國籍，但也有很多族人加入以色列國籍，甚至成為軍人，因為德魯茲派是不違抗屬世政權的。

第二，戈蘭高地被稱為中東的水塔，以色列日常用水有五成來自於約旦河並加利利海，其源頭就在戈蘭高地，並且也在其監控範圍內。有水就有產業，目前以色列人已設置了大大小小幾十個屯墾點，居民大多從事農牧，就如養殖乳牛、肉牛，釀造蜂蜜，栽種葡萄、橄欖、蘋果、櫻桃，成為聖經上說的「流奶與蜜之地」，其中葡萄酒和酪農業更是舉世聞名。以色列人還科學化管理集水塘，又將淤泥變肥料，化沼氣為電力，汙水回收率達到百分之百，堪稱環保模範生。

戈蘭高地上的風車

戈蘭高地上的坦克（馬哈念提供）

對於日後是否歸還戈蘭高地，以色列人自己也意見不一。1995年5月，以色列總理拉賓曾聲明，以色列可能會交出戈蘭高地，以換取中東和平。到了2016年4月，總理納坦雅胡卻表示戈蘭高地是以色列不可分割的一部分，將永遠留在以色列手中。如果你問我意見，我會說，從法理上來看，戈蘭高地是敘利亞的。但你自己去看過現場地勢以後，完全可以理解以色列為甚麼不還地。何況一個高地兩樣情，在以色列治下的那部分昌盛繁榮，人民安居樂業；反觀敘利亞治下幾十年來的建設仍停格在戰後，滿地廢墟，加以當前敘利亞早已四分五裂，戰火不息，不要說以色列不會冒險還地，連當地的德魯茲派人民也不會答應。

歷史，就交給神來解決吧！人總有自己怎麼努力也處理不好的事。身為遠方來的旅人，你只需要觀察，並且為人們祈禱。

牧場，約珥的午餐，海——

如果說戈蘭高地的歷史乃是戰爭，一場又一場的硬仗，那麼戈蘭高地的現狀卻是風和日麗，安居樂業，比起以色列南方更像是「流奶與蜜之地」。而Kfar Haruv這個基布茲社區，就是我們觀察「奶」這一面的櫥窗。

我們的朋友約珥說，他的公司就在這裡，讓我們很意外，原來基布茲不是只有一級產業的農業，也有二級產業的工業甚至科技業。他又說，朋友在這裡養乳牛，帶我們去看一看，順便就吃個午餐了。

Kfar Haruv位於高地的東南方，逼近國界。你開車沿著98號公路下去，就會望見約旦河最大的支流雅爾木克河，穿過去就是約旦了。

我們來到社區停車場時，約珥還在忙，所以我們自己進到公司隨意看看。這是一家和水資源有關的企業。見到我們的面，約珥還是一貫溫文儒雅，不慌不忙地帶我們去牧場。牧場就在公司不遠處，步行可到。詫異的是在兩者之間居然是修車廠，而牧場的管理者居然是一個穿著橘色夾克的年輕人。

站在外頭空地時，空氣中飄來些微動物的臭味，姊妹們抽了下鼻子。管理人說，進來看吧，擠奶的地方是電腦自動化的，還有冷氣控溫呢！我們一看，果然不

約珥公司牆上一幅有趣的畫

錯，像是工廠的廠房，完全沒有氣味，除了空氣中淡淡的水氣。

牧場約有四百多頭乳牛，均按年齡分區飼養，管理人帶我們去看幼幼區，都是出生兩週的小小牛，耳朵上掛著資料卡，與人無傷。鐵圍欄邊架著水桶，黃的綠的橙的，一個身材高大的男人蹲在地上，頭上綁著髮髻，嘴上兩撇翹鬍子，正引導著小牛喝喝。

我們問：「為甚麼會放音樂呢？聽說讓牛聽音樂可以生產高品質的牛奶，這是真的嗎？」其實我們的腦子進水了，因為小牛是不產奶的呀！

但管理人很有耐性地回答：「牛喜歡音樂，這個養牛的人也喜歡音樂。」被點名的高大男人這時回眸一笑，表情有些滑稽。「現在牧場放音樂已經成為常規了。人經常用同一種方法飼養的話，動物也會非常習慣，突然不放音樂了，可能會影響牠們產奶的能力。」

說著說著，兩頭小牛很不給面子的，當場在我們面前打架互撞。

Evonne突然說：「我們可以摸嗎？」

「可以啊。」

女孩子總是喜歡可愛的小動物。Belinda也把手從欄干空隙伸進去，一頭小牛猶疑一會，突然含住她的食指開始吸吮起來，讓這位新婚少婦大叫：「牠在吃我的手！」可是聲音顯然歡喜多過驚嚇，儘管滿手口水真是可怕極了！

看我們玩得差不多了，約珥說：「我們去吃飯。」

這家餐廳是基布茲自己的餐廳，社區裡的每個人都可以享用。基布茲（Kibbutz）的精神就是分享，每人只要繳交規定的金額，就可以在社區裡面共享資源，包括學校、醫院、餐廳等設施。這是早期為了因應資源不足而產生

的集體勞動制度，有人說，這是早期移民從前蘇聯帶回來的，混合了共產主義和錫安主義；也有人聯想到聖經上對初期教會的描述：「信的人都在一處，凡物公用。」

「但我們外來的客人要在哪裡繳錢呢？」

約珥笑笑回答：「不用錢。」我想這是因為他繳了。

我記不住那天吃了些甚麼，實在太豐盛了，夾了十來種菜色，很像是在教會吃愛筵，一不小心就撐壞你的胃。光是那口滑嫩的牛肉，嘖嘖！羅宋湯也非常暖心，更不提自產的新鮮蔬果了。這頓飯要是在外頭，該花上多少才能脫身呢？

兩點約珥還得開會，他說：「再過一會小學生放學了，這邊會擠爆！」說是這樣說，他還是陪我們聊了許久，邊喝著湯，邊談以色列的往事。

約珥告訴我們，以前基布茲是不對外開放的，有的人甚至不跟外界往來，但後來慢慢就轉型了，私有制公有制混合，有很多人進來置產，也對外開放觀光。不過相對的，也有許多人選擇退出，不再過這種生活。大抵上，體質

健全建設良好的社區，想進來的人就會多於搬出去的人，反之搬出去的人多於留下來的人，漸漸地社區就會關門。從長遠的眼光來看，基布茲的存續和轉型基於一件事：人性的美德。當人們越來越富裕，誰都想擴大自己的產業，這個制度就會慢慢瓦解。

建立烏托邦社會並不是容易的事，不過能發展幾十年，也證明以色列人有本事。至少在華人社會，一開始就不大可能成功……

我們一邊感慨，一邊走到餐廳旁的邊坡。方才坐在廳內，我就一直望著窗外想：這風景真好！有人說西岸的亞伯山是看加利利海最好的地點，我卻覺得沒有東岸這邊的戈蘭高地更好、更有味道。從這個邊坡上，看到的不只是東岸，也可以遠遠看到海的西岸，看到提比里亞。我們第一次窺見這個藍色大湖的全貌。午後陽光在海面上行走，船也在海上行走，旅人的心也在海上行走。所以安下心來，在這裡住上個十天八天，不也挺好的嗎？

但約珥告訴我們一個並不浪漫的故事。在1967年以前，我們所站的位置還是屬於敘利亞的，而他當時還是個孩子，全家住在加利利海的西南岸，從他們的住家能看見對岸的敘利亞人架起火砲，朝著山腳下的猶太村莊開槍的火光，同時也能聽見衝突發生的聲響，不管白天晚上都是一樣。

我明白。當年加利利海狹小的東岸平原是屬以色列的，但抬頭往上，高地卻是敘利亞的。在歷次圍攻以色列的大戰中，敘利亞是一大要角，他當然會利用這樣的地形優勢，狠狠地轟炸下頭的以色列人。說句誇張點的話，丟串香蕉都會砸死人，而以色列人卻不可能反丟回去。

而今這個地方變了，以色列奪在手中，不再是殺戮的戰場，而是生產的基地。約珥每天從家裡開車上班，在這裡工作並生活著。他沒有多說，但我知道他想一直在這裡看海，直到和平真正降臨以色列的那一天來到。

約珥，祝你好運！

加利利的漁夫

我一直很想在加利利海做一件事，那就是找到一個貨真價實的漁夫，見個面好好聊聊。一般人想的是搭船渡海，踏訪古蹟，然後去吃彼得魚；這些我雖然也想做，但活生生的漁夫不是挺有魅力的嗎？

這麼跟約珥說了以後，午餐桌上他便幫我們聯絡好一位朋友，說是住在附近的漁夫，非常健談。他又打趣說，如果要拜訪養蜂人家，他也有朋友的。

漁夫就住在海邊的Ein Gev，是加利利海東岸主要的聚落，位置在Kfar Haruv的西北方，兩者的直線距離不過兩公里。然而一個在高地，一個在海平面下，除非跳傘，否則不是五分鐘就能解決的事。我們得繞一個逆時鐘的大彎，從Afik往北切入789號公路後一路急降，再接到92號公路左轉，算一算時間居然得花上二十分鐘。回首再看看高地上的Kfar Haruv，難以想像剛才就坐在那兒談笑風生，腳下的車輛小如米粒。

Ein Gev是一個著名的基布茲社區，有漁村有港口有小型漁業博物館，是我們第一次見到的水岸型基布茲。從地理位置上，它和提比里亞遙遙相望，遊船往來兩地，攜手大賺觀光財。

開進社區時，我們的聯絡官Belinda接到了電話，說是漁夫先生就在港口的餐廳等我們。

於是，我們果然見到了一位有點剽悍有點年紀的男士，身材魁梧，外表粗獷，尤其骨架寬大，就像是我心目中的使徒彼得，腿一蹬，便從船上跳入海中；有人膽敢侵犯夫子耶穌，他便刀一揮，血一濺，一隻耳朵掉在地上哀號。

「你是Menahem嗎？」Belinda趕緊趨前致意，我們也跟著一一握手。漁夫先生率直地說，到餐廳裡慢慢談，不過他很忙，只能半小時。

餐廳旁邊蹲著一老一少，手裡拿著漁網。

我問：「這是做甚麼？」

漁夫：「補網啊，這網是臺灣來的喔。」

我們好奇地問：「為甚麼要用臺灣的網？」

他一副理所當然：

「因為臺灣的漁網比較堅固！」

漁夫Menahem

在十二使徒當中，排在最前面的四個是彼得和安得烈兄弟、雅各和約翰兄弟，都是漁夫。其中雅各、約翰就是在補網時被耶穌呼召跟隨的。所以我和Tobias會心一笑，跟漁夫們借了網子，請姊妹們幫忙拍了一張「破網圖」。這網也讓人想起聖經上說的：諸天之國好像網撒在海裡，聚攏各樣的水族。

餐廳窗外即是港口，餐廳內有吧檯，有方方的木桌。一個身形豐滿的女孩在吧裡忙著，聽說是從國外來體驗基布茲生活的。漁夫一坐下便侃侃而談，說起他懷抱著熱愛，決心以打漁為終身職業的往事。說著說著，他拿出一尾鮮魚，Belinda見狀便問：「你是不是知道遊客都想看彼得魚？」

漁夫笑了，跟Tobias要了一塊錢舍客勒，Tobias動作慢吞吞的，漁夫眼明手快地說：「放心啦，這一塊錢一定會還你，我不會拿走啦！」一拿過錢幣，他便俐落地塞到魚嘴裡，說：「看！你們想要看的彼得魚在這裡！」

當年耶穌叫彼得去釣一隻魚，裡頭剛好含著一塊錢可以繳殿稅。漁夫先生雖然不是基督徒，卻非常清楚這個典故，因為來加利利海的基督徒實在太多了。

我一直覺得漁夫和農夫不大相同。我的親戚有不少種田的，他們的個性都比較拘謹。可是我看過的漁夫多半比較豪邁，反應也快。這位加利利海的漁

Trammel Net Hauling（陳崇基提供）

夫果真是大海熬煮出來的漢子，不跟你要政治，不跟你客套，直腸子卻又不是笨蛋。這半小時的閒聊，笑聲不斷，大多是由Belinda提問，而我也拋了些問題，比如我們有沒有可能看到現場捕魚，甚至跟著上船去捕魚。漁夫給了一個令人沮喪的答案，原來這個月不是捕魚的好季節，所以他不出海。天氣影響產業如此之大，難怪耶穌會舉例說：「在早晨，你們說，今天要有風雨，因為天發紅，變陰暗。你們知道分辨天色，倒不能分辨這時期的神蹟。」

說到這裡，漁夫便俏皮而又感慨萬千地說，加利利海像個女人，有時候很溫柔，有時候很狂暴，你要懂得她的脾氣。對於猶太人和阿拉伯人之間的難處，他也比手畫腳，用很鮮活的說法說，阿拉伯人想吃掉我們！這口吻，果然是一個與加利利海竟日搏鬥、也與自己人生搏鬥的硬派所為。

但Menahem不只是一介口直心快的漁夫。他告訴我們，自己曾經到菲律賓等許多國家，還教過書——當然，是教魚。他是一個喜歡找到魚的人。

「很多人都花錢去完成自己的興趣，像是打高爾夫、壓花或是繪畫，但我跟別人最不一樣的，就是抓魚不但是我的興趣，而且還可以賺錢養家糊口。」

看來，他這一輩子都會和他的情人加利利海攜手，尋找可以燃燒他鬥志的魚群，航向每一個未知晴雨的明天！

在加利利海東岸

在黑門山上，我覺得戈蘭高地在腳下。站在加利利海的東岸，我卻覺得戈蘭高地在天上。人的高度，決定他的視野。

戈蘭高地南方有300米高，加利利海卻低於海平面214米，是地球上海拔最低的淡水湖，也是世界上海拔第二低的湖泊，僅僅高於鹹水的死海。一來一往之際，這海與戈蘭高地的落差便有500米，真正是天壤之別。

人的視野，經常決定他如何詮釋。如果說我對加利利海的愛是一種熱愛，那麼這愛加溫的很大一個因素，便是因為我在Ein Gev的港邊待了半個下午，開闊了我的視野，進而決定了我的詮釋。我所看見的景象征服了我，便不能不對加利利海投以熱愛，將她迎娶到我的回憶裡了。

這個下午，和漁夫Menahem先生淺談了半小時後，我們走出餐廳，看著Ein Gev港口的船，港口的海，港口的遊客也聽著港口的風。加利利海其實不是一個海，只是人們稱為海，就如死海也不是海，她們只是內陸湖。可是她們真是大！不說死海，就說小好幾倍的加利利海，南北長度也有21公里，東西最寬有13公里，湖岸線長度有53公里，面積達到166平方公里。開個車繞湖一周，沒有一兩個小時是回不來的。相對於小情小調的池塘沼澤，這不是海，又是甚麼呢？

何況在Ein Gev港口上空盤旋的，不正是成群的海鷗嗎？連海鷗都有了，那麼把加利利海視同真正的海，也沒有甚麼大問題吧？

加利利海的平均深度是25.6米，可庫容水量4立方公里，整個以色列約有半數的淡水靠加利利海供給。在中國，人們盼望能南水北運；以色列正好相

反，是北水南運，一天從加利利海輸出72,000立方米，甚至還與約旦約定，一年供應他們5,000萬立方米的淡水。除了約旦河的注入，沿岸及湖底許多湧泉也成就了加利利，造福兩國數以百萬計的子民。

這就是加利利海。

海水拍打著岸邊的石堤，堤上有五六七棵樹，堤下有一個釣魚的人。我和Tobias沿著一條伸展到海裡的步道，走到一個像是涼亭又像是觀景臺的平臺，一個站在左邊，一個站在右邊；一個拍照，一個沉思，從背後看著逆光的我們，恍如剪影。混濁的海水青青綠綠，像是喝醉的旅人搖搖晃晃，浪濤始終不能平息。海水漸行漸遠漸暗，隨著海鷗和白雲，漫漫延伸到地平線那裡的山。

我看著海面，心想這就是我的救主走過的海，搭船渡過的海。耶穌就是在這樣一個海邊，定居生活，盡職事，行神蹟，同時也被人厭棄。在人生末後的三年半，祂大部分的事蹟都圍繞著這一個大湖，不厭其煩往來湖的各城各岸；當祂遇見試探，就退到海邊的山上去禱告。

相對於人們最熟悉的海上行走，我反而想起另一個事蹟：「耶穌上了船，門徒跟著祂。看哪，海裡起了大風暴，以致船被波浪掩蓋，耶穌卻睡著。門徒進前來叫醒了祂，說，主阿，救我們，我們喪命啦！祂對他們說，小信的人哪，你們為甚麼膽怯？於是起來，斥責風和海，風和海就大大的平靜了。眾人都希奇說，這是甚麼樣的人，連風和海也聽從了祂？」

信，來自於主的話。加利利海並不總是風平浪靜，就像我們的人生。但耶穌既已吩咐門徒從迦百農過到對岸去，他們若信，就不需要再進前來叫醒祂，因為耶穌不會讓自己沉下去，也不會讓自己要做的事被攔阻。

▍豬跳崖上

許多基督徒也是這樣，看環境，看條件，卻很少回頭看應許，領略祂的用意。其實海，阻止不了你，如果那位斥責風和海的耶穌在你裡面。

看了許久的海，想了許久的海，時間終究不在自己的手中，是該和漁村告別了。車一離開Ein Gev，前方不遠處有一個山崖，叫作Kursi。我問Tobias，這裡好像剛才走過，這裡是不是我們從戈蘭高地下來的地方？

就在這裡，789公路和92號公路的交界這裡，以色列人說，這就是古代的格拉森。耶穌在平靜風和海順利渡岸之後，就是來到這個加大拉人的地方，救了兩個被鬼附的人，把一大群鬼趕到一大群豬中；那天有兩千頭豬隻大奔逃，驟然闖下山崖投海而死。這是一個大神蹟，但人們沒有歸向耶穌，因為他們的生計沒了，他們的事業毀了，全城的人都出來，懇求祂離開他們的境界。

要豬，還是要耶穌？很多人選的是豬。

我對夥伴們說：「這地方沒有個響亮的名字，我想給它取名叫豬跳崖。」

直到隔天我們離開加利利，都沒有來得及在提比里亞搭船遊湖，也沒有去革尼撒勒看古船。但是豬跳崖，我記得你，我會記住選的是豬還是耶穌。

於是豬跳崖，加利利海東岸的無人之地，在夕陽下目送我們離開了……

一個以巧克力聞名的小鎮

我的工作夥伴Belinda說：「我並不是一個特別愛吃甜食的女孩子，跟很多女生比起來，我沒有另一個胃裝甜點。既然不喜歡甜食，就更不用說讓女生為之傾倒的巧克力了。」

女孩子尚且如此，何況不是女孩子的我？

可是以色列辦事處的朋友卻說，到加利利一定要去Rosh Pina看看，那裡有很好吃的巧克力。她這麼一說，我突然想起家裡有一位愛吃糖的，是不是該買一盒回去笑納笑納？

所以看完豬跳崖之後，我們驅車前往Rosh Pina。這個小鎮位於加利利海以北，胡拉谷以南，清晨我們就已經從90號公路經過了。不是閃神錯過，而是為了追趕胡拉谷早起的鳥兒，我們只能過門而不入，把Rosh Pina擺到傍晚來。

加利利海的東岸是92號公路，西岸是90號公路，要繞過去，你得從湖的北邊走87號公路。途中你會經過迦百農，附近靠海的斜坡上有牛群三三兩兩散開，悠然自得地吃著草，讓我想起家鄉嘉南大圳的岸邊，有時水牛吃草，一個不留神就掉到圳裡淹死了。加利利海這樣大，坡這樣陡，牛兒啊，你們可要當心，再當心！否則繼豬跳崖之後，我又得取一個地名叫「落牛坡」了。

Rosh Pina是個小地方，卻擁有一個機場，可以飛到特拉維夫去。它本身是一個歷史悠久的猶太社區，西邊緊鄰猶太教四大聖城之一采法特（Safed），北方則有夏瑣古城遺址（Tel Hazor National Park），就算不為了巧克力，也很值得來一趟旅行。住宅區一片寧靜，聽得見鳥雀的叫聲。我們駛入市區時為了問路，遇上了一位年輕媽媽，在即將入夜的街頭推著娃娃車，神情平和自然。看著她，我知道Rosh Pina一定是一個很適合生活的地方，有機會我該在這裡住一晚。

儘管大街上就有巧克力店，但我們的目標不在大馬路上，不在熱鬧的街弄間，你必須往市區裡頭走一點點，在西邊的山腳下才能遇見她。那一帶地形起伏，讓我想起臺北山區的金瓜石，社區小而美，有許多階梯上上下下，連結高高矮矮別墅般的鄉間建築；順著石梯一路往下，還有潺潺小溪洗去你所有的疲憊。這家巧克力名店就這樣隱身於社區間，靜靜等候我們的造訪。

拿起店內的手作海報，上頭告訴你：來到這家店，絕對不會找不到你喜歡的巧克力。這家小店哪來那麼大的自信？但等到我們四人都試吃過以後，每個人都服了。沒有實力的自信是假的，那叫作狂妄；但有實力的自信不是狂妄，而是「我真的就是這樣，這就是我。」

說是巧克力店，其實結合了工藝販售和餐廳，有那麼一點文青風。店裡沒有幾個客人，讓我們這幾張東方面孔顯得更為突兀，但站在櫃檯的女人老神在在，嫻熟地招呼我們，拿出店內的手工巧克力請我們吃，一個人還可以吃兩顆。她家巧克力都是手工精製的，擺在冷藏的玻璃櫃內，幾十種像展示珠寶般，一顆顆的向我們的嘴唇招手。就算不買，你的視線也捨不得離開。

玻璃櫃內品類繁多，等你背完天也就亮了。你不可能貪心全買

下來，因為一顆折合新臺幣就要50元，接近人民幣10元。裡頭的佐料往往是以色列當地的櫻桃、藍莓、草莓、核桃等等，當然也少不了佐以薄酒。真要拿不定主意，何妨請店家建議？

和我們閒聊時，女人說，最初就是單純在本地賣手工巧克力，不知為何名聲便在網路上流傳開來，成為觀光客挑選伴手禮的好去處，店家本身並沒有特別努力去宣傳甚麼。但一家位於偏遠小鎮，沒怎麼努力做宣傳的小店，能被萬里之外的辦事處人員推薦給我們，我還能說甚麼呢？

Belinda給了這樣的結論：「我弟兄（先生）對我下過戰帖，說一定要找到我喜歡吃的巧克力讓我心服口服，因為他在日本吃到了很多很好吃的巧克力，結果他帶回來請大家吃，都還沒傳到我這裡就被我拒絕了。但現在，我決定帶一盒回家孝敬枕邊人，告訴他不用辛苦找日本的巧克力了，以色列的手工巧克力已經征服我了！」

直到現在我都沒有問她：嗨，妳的他，也被以色列的巧克力征服了嗎？

在提比里亞洗車

這一天是十七日，是我們在加利利的最後一天，要離別住了兩晚的旅館，當然有些不捨。連續兩個早晨，我都從餐桌後看著窗外的加利利海，一邊打開筆電做著日常的工作。在這裡，我和夥伴渡過了美好的時光，一起討論行程，一起打呵欠，一起吃泡麵，一起搭乘沒有門的電梯。如今，我們要回耶路撒冷去了。

一早下樓的時候，Tobias已經在停車場洗車。這輛很有個性的韓國車也陪我們闖蕩兩天了，一路顛簸吃了不少石子。今天多擔待，好好帶我們回家。

我注意到Tobias手裡拿的不是水管，而是喝完的飲料罐和衛生紙；這根本不能稱為洗車，只能稱為抹車。「為何這樣克難？」我好奇地問。

Tobias推推眼鏡，賞我一個苦笑：「以色列水很珍貴，我看加油站都沒有在免費洗車的，都要送到專門的洗車行。而且他們有一個政策，就是自己白天不能洗車，日落以後才能洗車。所以，我只能勉強刷一刷了。」

原來如此，難怪大街小巷都是髒兮兮的車子。以色列全年平均降雨量約200公釐，只有台灣一星期的量，而且超過70%的降雨量落在11至3月。對於他們來說，省水當然比車子乾淨來得重要。提比里亞位於濕潤的北部，雨量是全國平均值的兩倍多，但他們照樣節約洗車，更何況乾旱的南部？

不僅如此，以色列還有兩個第一：一個是漏水率只有5%，汙水處理率為92%，再利用率高達75%，位居世界第一。第二，海水淡化早已是生活中的現實與事實。以色列是海水淡化規模最大、技術也最好的國家，在哈代拉（Hadera）甚至有全球最大的海水淡化廠。所以他們表面上缺水，實際上卻完全不擔心缺水。

缺乏，使人尋求出路，發展出許多新技術。反觀台灣，其實也不是沒有季節性的缺水問題，但因為水費便宜，只有以色列的四分之一，很多人都不把水當水，亂抽地下水的老問題也永遠存在。人們不需要犧牲享受，只知道剝削大自然，等著老天永無止盡幫你這個忙。

這樣的思維，真的沒有問題嗎？來以色列住上幾天，很多事都會豁然開朗。

Tabgha：兩個教堂，兩個故事

在加利利海的西北岸，有三座知名的教堂，一座在山上，兩座在海邊，彼此距離都很近。我們要去的是海邊那兩座，位於一個叫作Tabgha的小地方，名字的原意是「七泉之地」。山上的那座本來也想去，但沒有時間，不去，留給第二梯的夥伴們去。

山不遠，是Tabgha和迦百農之間的Mount of Beatitudes，華人俗稱八福山。這是因為耶穌曾在一座山上向門徒宣告所謂的「登山寶訓」，其開頭論到八或九種的人有福了，而Mount of Beatitudes很有可能就是這座山，所以義大利教會在上頭蓋了八角型圓頂教堂，以為紀念。

至於海邊的Tabgha，昨晚我們便已悄悄路過了。它位於87號和90號公路的交口，當時買完巧克力回旅館的時候，遠遠便看見提比里亞像臺北的山城九分，亮起滿坑滿谷的燈火，每一個燈火都有它的故事。然而看不見多少燈火的abgha，也有屬於自己的故事，只是那時我們還不在意。

五餅二魚堂的走廊

1.彼得首席堂

我們把車子停在路肩，步行前往教堂。一間叫作彼得首席堂，一間叫作五餅二魚堂，兩堂相鄰而坐，同時在八點開放。附近還有一個小瀑布流入加利利海，也許和Tabgha的七泉傳說有關。

彼得首席堂（Church of the Primacy of Peter）是方濟會蓋造的天主堂，又被稱作彼得獻心堂或彼得受職堂，是1933年在四世紀的教堂基礎上修建的。地面比公路低許多，門口有階梯可以連結相通；通往教堂的庭園小徑上，還住著可愛的小動物。相對於許多富麗堂皇的天主堂，這座形狀方整的小教堂顯得樸素。由教堂再往下走有一片海灘，據傳發生過一件事，這事便是教堂興築的緣由。

耶穌被羅馬人釘死後，十二使徒之首的彼得很灰心。他的夫子耶穌死了，過了幾天突然復活相認，然後又消失了。他不確定夫子還會回來，不確定自己接下來可以做甚麼，於是他重操舊業，領著門徒們下海捕魚去。結果這個經驗老到的漁夫，那一夜並沒有打著甚麼。天將亮的時候，耶穌站在岸上，門徒卻不知道是耶穌。耶穌就說，孩子們，你們有魚吃麼？他們說沒有。耶穌對他們說，把網撒在船的右邊，就必得著。他們便撒下網去，竟拉不上來，因為共有一百五十三條大魚。耶穌最疼愛的門徒，也就是祂的表弟約翰悟性最高，

彼得首席堂入口

立即對彼得說：是主！

彼得羞愧地跳進海裡，因為他帶頭離棄了福音的使命。他們上了岸，就看見那裡放著炭火，上面放著魚和餅，耶穌就拿餅和魚給他們。藉着這樣的安排，耶穌讓門徒完全明白：你們不必擔心接下來的生活，因為不管看得見還是看不見，我都與你們同在。捕不到魚是我，捕到魚也是我，岸上的準備也是我，你們還擔心甚麼？等吃完了早飯，耶穌三次問彼得說，約翰的兒子西門，你愛我麼？你愛我比這些魚和餅更深麼？而彼得也三次回應說，主啊，你知道我愛你。耶穌說，你餧養、牧養我的羊。

天主教認為，耶穌等候門徒的岸邊就在彼得首席堂這裡，而堂內那塊大石頭便是耶穌烤魚烤餅、問彼得是否愛祂的地方。為了紀念這事，教堂的銅門上刻畫著這個故事，教堂外也立起耶穌與彼得之像，宣告這位頭號使徒領受了重大的託付，並且獻上自己的心有所回應。當然天主教也有一層用意，想強調彼得是耶穌的接班人，而羅馬教宗又是彼得的接班人，因為彼得做過羅馬的長老。

在這片相傳耶穌顯現過的海灘上，岸邊堆積著亂石，被加利利海拍打著、輕輕推著，激起啤酒般的泡沫。我突然回想起Evonne開過一個玩笑，說是約旦河這麼「神聖」，可以帶一瓶「聖水」回家。當然，我們是開玩笑的。但撫弄著海水的我不禁思量：不錯！神聖的是耶穌本身，然而裝一瓶平凡的水

裝瓶，裝的是記憶

心形步道回應耶穌愛的問題：你愛我比這些更深嗎？

回家，也不失為旅行的小樂趣。乾脆就從這裡開始，把約旦河加利利海死海紅海地中海四面的水都給收齊了，分成小瓶，還可以送給弟兄姊妹。

我打開喝完的飲料瓶，一個透明的玻璃瓶，蹲下身開始裝水，卻怎麼也裝不滿。Evonne大笑：「你真的要裝？好，那我也來裝。」

Tobias卻對我搖搖頭：「我技術比較好，我來幫你裝吧。」

於是，我的弟兄幫我裝了滿滿一瓶的加利利，滿滿的一個故事。當你打開時，彷彿還可以聽見一個呼喚：你愛我嗎？你愛我比這些更深嗎？

你愛我比這些更深嗎

2.五餅二魚堂

下一個更知名的教堂也和餅和魚有關，卻不是同一個典故。

五餅二魚堂（Church of the Multiplication，Bread and Fish Church），原本也是四世紀建造的天主堂，歷經風霜，1982年在遺址上重建，目前由本篤會管理。這裡最著名的，是它的「五餅二魚」馬賽克地板。

要看馬賽克，得先經過紀念品販售處，往裡便是教堂的迴廊和院子，院子裡有小小的池塘，有小小的魚兒游動。彼得首席堂的外觀是黑色系，五餅二魚堂卻是米色系，戶外有幾棵高高的棕樹。大步走進堂內的時候，一名男子正跪在地板上禱告，我立刻放輕腳步，悄悄從他身旁繞過。

「五餅二魚」的典故也和耶穌有關。有一次耶穌看見大批的群眾，就對他們動了慈心，治好了他們的病人。到了黃昏，門徒說，這是野地，時候已經晚了，請解散這些群眾，他們好往村子裡去，為自己買食物。但耶穌說，不用他們去，你們給他們吧。他們說，我們這裡除了五個餅兩條魚，再沒有別的。耶穌就說，拿過來給我。於是吩咐群眾坐在草地上，就拿著五個餅兩條魚望天祝福，擘開餅，遞給門徒，門徒便遞給群眾。眾人都吃，並且吃飽了。他們拾

起剩下的零碎，裝滿了十二籃子。吃的人除了婦女孩子，約有五千。在聖經中還記載了食飽四千人的神蹟，這是另一次的神蹟，有些人認為發生在加利利海東岸的Tel Hadar。

五個餅兩條魚，在你手裡的確派不上用場，只夠幾個人吃；但交給耶穌，望天祝福，便可以成就神蹟。當這些餅和魚回遞給門徒、重新交給門徒的時候，一經分配出去，食飽五千人綽綽有餘，其喻意值得深思。

五餅二魚堂規模比首席堂大上許多，堂內方整對稱。我曾數點兩個教堂的椅子數量作為比較，只可惜紀錄的筆記在海邊弄丟了。它也有一塊石頭作為教堂的中心，就是祭壇（石桌）下那一塊石頭，相傳是耶穌分餅和魚的地方。當然傳說只是傳說，不必太當真。倒是它的馬賽克地板，可是貨真價實的古蹟。走進教堂，小心腳步，兩旁廊間和石桌前有古物出沒，年代介於四至七世紀，是東羅馬帝國（拜占庭）時代的產物。這些馬賽克繪製相當精美，上頭有紅鶴、孔雀、鴨、蛇等動植物，首開用生命作馬賽克圖案的風氣，取代了原先單調的幾何圖案。

石桌正前方的「五餅二魚」馬賽克，自然是最珍稀的無價之寶，在以色列各地都可以買到明信片。只是我們去的時候，教堂拉了線圍住這塊古老的地板，Belinda想盡辦法舉高相機，也只能拍到角度偏斜的畫面。早知如此，我們便買來一根長長的釣魚竿，把這塊舉世知名的馬賽克準準地上鉤！

離開這裡以前，我在紀念品部門買了兩張明信片，一張是海灘旁的彼得首席堂，一張是五餅二魚馬賽克，剛好一個教堂一張。直到現在，它們還在我的書房睡著，等著值得相送的那個人。

五餅二魚堂的地板圖樣

耶穌的第二家鄉迦百農

1

看到這一段話時，我心中一驚，繼而一笑。

告別Tabgha的教堂群後，往東一公里便是迦百農（Capernaum），離約旦河流入加利利海的地方已經不遠。現在的迦百農沒有住人，因為這座古城已變為廢墟，進入參觀要收費。走過去你會看到一塊牌子，告訴你迦百農是耶穌的家鄉，使徒彼得的故居。

迦百農是耶穌的家鄉？我知道耶穌的原鄉是伯利恆，出生地也是伯利恆，生長的家鄉則是拿撒勒，何時迦百農也變成耶穌的家鄉了？

後來我轉念一想：不錯，迦百農不是第一家鄉，可它算得上第二家鄉，因為耶穌三十歲出來盡職時，走遍各城各鄉傳揚福音，祂的工作基地是迦百農，不是從小生長的拿撒勒。在那光耀萬丈的最後三年半，祂的家是在迦百

迦百農是福音徑的終點

農，拿撒勒只是祂母親馬利亞的家了。

需要證據嗎？有的，好比趕完群鬼，耶穌準備回到迦百農時，馬太福音9章1節是這麼說的：「耶穌上了船，渡過去，來到自己的城裡。」在門徒的心目中，迦百農不是客店，而是耶穌「自己的城」，這說明祂把這裡當成家。還有一次，群眾在海邊尋找耶穌，卻找不著，他們就上了小船，往迦百農去找耶穌。這證明大家都知道，要找耶穌就去迦百農。

史家告訴我們：耶穌選擇迦百農作第二家鄉，是有原因的，最主要就是在羅馬時代，迦百農是東西交通的重鎮，有國際性的大道通過，也有軍隊，還因商業貿易發達而設置稅關。結果，福音從迦百農這裡傳到各地，而羅馬百夫長、大臣、稅吏，也紛紛受恩於耶穌或者被呼召跟隨耶穌，用他們的資源支持耶穌的事工。附近更有好幾個漁夫也都放下事業，跟從了耶穌這道大光，由得魚改為得人。

除了呼召人跟從祂，耶穌在這裡講過許多道，行過無數神蹟，比如用一句話治好百夫長癱瘓的僕人；到彼得家裡，治好他岳母的發燒；吩咐癱子：起來，拿你的褥子回家去罷！治好患血漏的女人，叫睚魯的女兒復活；門徒夜間過海往迦百農去，耶穌在海上行走，從伯賽大迎向他們；祂叫彼得去海邊釣魚納殿稅；安息日在猶太會堂裡，祂用權柄命令污靈離開；另一次在會堂裡祂說，我就是生命的糧，到我這裡來的，必永遠不餓；信入我的，必永遠不渴。

相對的，當耶穌回到拿撒勒跟鄉親傳福音時，人們不能接受祂，反而攆祂出城，還把祂帶到山崖要推下去！

正因為這樣微妙的關係，加上來朝聖或進行屬靈之旅的基督徒實在太多，近年來以色列政府腦筋動得很快，開闢了一條「福音徑」（Gospel Trail），而起點，居然便是拿撒勒人要害耶穌的那個山崖：Mount Precipice！這趟全長63公里的屬靈之旅，走的不是大道，而是小路，途中會經過抹大拉、Tabgha、八福山，最後來到耶穌住下來的新家迦百農。

然而我告訴你，看似鼎力支持耶穌的迦百農，終究還是讓祂失望了。有一次耶穌責備三個加利利海北方的城，包括哥拉

黑色建物比白色建物歷史更悠久

教堂下還有兩層古建築，這裡是彼得岳母的家

汛（Chorazin）、伯賽大（Bethsaida）和迦百農，祂曾在其中行過大多數異能，但城裡的人民卻不悔改，其中對迦百農說的話最重：「迦百農阿，你已經被高舉到天上，你必墜落到陰間。」

結果，迦百農經過千年反覆的興衰後，在十一世紀成為一片廢墟，直到如今。它果然由天上墜落到了陰間。

2

今日的廢墟，依稀看得出幾分當年格局。以猶太會堂為例，是四或五世紀的羅馬古蹟。它的大堂有16根羅馬石柱，分出三個長走廊和庭院，設有三個入口，正門向著南面的耶路撒冷，楣柱和簷上還有各種動植物和幾何圖案的石雕，如葡萄、石榴、老鷹、獅子等等，顯得高雅而氣派。學者們認為，這棟白色石灰岩建築的下面，也就是那個黑色玄武岩的地基，可能就是一世紀耶穌講過道的那個舊會堂原址；按照路加福音，乃是那位求耶穌治病的羅馬百夫長為人民蓋的。

而廢墟中的另一亮點「彼得的家」，相傳是使徒彼得的故居。其實這裡也是彼得的第二家鄉，他和弟弟安得烈以及另一位使徒腓力原本都住在伯賽大，後來才搬到迦百農來。迦百農的西北是哥拉汛，東北是伯賽大，彼此往來密切。那天我們去的時候，從二樓傳出清亮的唱詩聲，有一群基督徒正在歡聚。原來1980年這裡蓋起一座環形教堂，人稱彼得岳母教堂，下面還有一個五世紀的八角形教堂遺址，而掩蓋在八角型教堂下層的才是彼得故居，據傳彼得當年也打開家作為聚會場所，也就是使徒行傳「家中聚會」的範本。房子變了，不變的是始終有人傳遞著薪火。他們都相信這樣的一段話：「那坐在黑暗中的百姓，看見了大光；並且向那些坐在死亡的境域和陰影中的人，有光出現，照著他們。」

我坐在廢墟旁看著海，就是耶穌呼召門徒的海邊。祂曾勞苦過，曾行走海上過，如今正被我們走過，將來也還會有千千萬萬的人前來，看著同樣一片湛藍。

銀光之海

約旦河上的受浸

約但河上誰受浸？不是我們，我們早已受浸。

在約旦河上受浸的，是包括耶穌在內，古今絡繹於途的旅人。

1

看過加利利海西北岸一連串的教堂、猶太會堂後，時間也逼近了正午。待會我們要吃彼得魚，但時間還有一點，是不是再去哪裡好呢？

我們大可去八福山、抹大拉、亞伯山，把這些點踩齊，可我們還是掛念著兩天前的Yardenit，也就是宣稱耶穌受浸之處，約珥一家同我們晚餐的地方。那天我們是在夜裡去的，只能模模糊糊看見河岸，看看下水的階梯。今天出門前，我們幾個決定：要浩浩蕩蕩地從湖的最北邊繞到最南邊，再去一趟Yardenit！

Yardenit位於基尼烈（Kinneret）以南一公里，是一片清幽寧靜的河岸地。沿著90號公路南下，遇到約旦河不要過橋，改從岸邊的小路西行，橋旁即是它。從停車場走向遊客中心，有棕樹夾道鼓掌，道路右側有石牆，牆面上嵌滿方型磁磚，其上有各國信徒捐贈、以各方語言書寫的馬可福音1章9至11節。其中，香港信徒捐贈的中文版寫道：「那時，耶穌從加利利的拿撒勒來，在約但河裡受了約翰的洗。祂從水裡一上來，就看見天裂開了，聖靈彷彿鴿子，降在祂身上。又有聲音從天上來說，你是我的愛子，我喜悅你。」（採用和合本）

遊客中心出入口，也標誌著這樣的字樣：

THE BAPTISMAL SITE ON THE JORDAN RIVER

入口外的牆面經文

受浸，或者譯作受洗，乃是將人浸入水裡頭，象徵埋葬掉自己。這是施浸者約翰起頭的，當時猶太人絡繹不絕地去他那裡悔改受浸。耶穌自己也去受浸，祂的受浸跟別人有些不同，除了埋葬，更是從天父正式承擔使命。等祂死而復活後，受浸的意義更為完整，既是埋葬舊生命接受新生命，也是浸入父子聖靈的名，浸入基督身體和新人，又是一個公開宣告，承認自己是基督耶穌的人。這就是Yardenit這個受浸之地如此受到重視的緣故。

遊客中心即是紀念品區。穿過之後豁然開朗，眼前便是約旦河。河水由加利利海流出後，往西流動數百米，在此處轉彎南向。而正是以此轉折處為基準，以色列人沿著河岸一兩百米修築起窄路、石堤、階梯和欄干，許多人萬里迢迢，專程到這裡來成為神的兒女。往東望去，調控約旦河流量的Dganya大壩橫斷河面，河水經橋下緩緩流出。河面寬不過幾米，青水悠悠，兩岸綠樹夾蔭，邊坡上是草皮及各類低矮植物，不時還有高大的樹木由水中冒出，讓人分不清哪裡是水，哪裡是岸。河水碧綠，林岸也綠，河中的欄干也是綠的；高高的石階一直鋪入水中，再以欄杆圍出窄窄的水道，讓受浸者站立在淺淺的水中，喜悅地接受眾人祝福。而較遠的扇形階梯後，高牆上嵌滿一整排的聖經節，與方才入口的棕樹小道一樣。

天雖然沒有裂開，但舊人埋葬，新人重生，未來的命運已迥然不同。聖靈住到你的靈中，天父的聲音在心中迴盪：「如今你也是我的兒子，我喜悅你。」

2

相信這麼一描寫，你已知道：無論意境或設施，這裡都很適合前來造訪。聽說許多原本不信的人，一跟著基督徒到這兒參觀，再聽聽耶穌的事蹟，往往便受感而決志，在流動不歇的河水裡進入神的國。

只不過有一件事，Yardenit，真的是耶穌受浸的地點嗎？

如果你在以色列本地買一份地圖，你會發現在耶利哥的東邊，與約旦國交界附近，約旦河下游赫然又標著另一個受浸地Baptism site。一個是在加利利海的南邊，約旦河剛剛才從那流出來的Yardenit；一個卻是在死海的北邊，約旦河正要流進去的地方。一北一南，相去何止百里！這是怎麼回事？

其實，有答案的。根據約翰福音1章28節，約翰是在約旦河外的伯大尼（Bethany）為人施浸的，其中當然也包括耶穌。這個伯大尼和耶路撒冷東邊的伯大尼不同，一般認為乃是位於死海北方、耶利哥附近的約旦河邊。以色列人認為，古代的大先知以利亞在這附近升天；而耶穌又將施浸者約翰比為以利亞，所以約翰在此為人施浸乃是合情合理的。以色列建國後，由於和約旦之間糾纏不清的政治問題，於是在北方的Yardenit另設受浸地，因為那裡約旦河的東西岸都屬於以色列，不會有紛爭，交通也方便，於是長期以來，人們便以為Yardenit是耶穌受浸的地方，不曉得它只是風景優美的「約旦河情境」而已。

至於伯大尼詳確的地點，天主教認定是Al-Maghtas這個地方。它位於約旦河的東邊，屬於約旦，如今被標為Bethany Beyond the Jordan，2015年聯合國教科文組織也將它納入世界文化遺產。不過，這裡早已變成了小池子。在附近水量較為充沛的河邊，同樣也有一個受浸地。只不過這個地方兩國各執一詞，以色列說西岸這邊才是對的，而約旦則說東岸這邊才是正牌的，另外有考古學家各賞五十大板，指出在古文物所描繪的場景中，耶穌當年是在河中央受浸的，不是西岸也不是東岸，河的中間才是神聖的……

▍人們從這裡下水，受浸進入神國

不過，這些爭議都無損北方受浸地Yardenit的美麗。除了它自己寧靜如畫，在對岸不遠處，便是歷史悠久的基布茲社區——Degania。如果你順流南下，還會遇見另一個觀光點Rob Roy，初雪春融，正是泛舟欣賞約旦河的時機。所以，光禿的死海北方或許才是真正的受浸地，但令人著迷的卻是林木繁茂的Yardenit。

離開遊客中心時，我笑了。這裡的熱門商品是「約旦河水」，瓶小水清，搖一搖，裡頭還有河裡的小石頭。但我沒有買，因為我自己在河邊裝了一瓶。但，這還不是我真正珍貴的禮物。

河水並不神聖，每個人都不需要迷信，即便是兩千年前漫過耶穌頭頂的水也不是神聖的。真正的神聖，早已放在受浸之人的深井中。這一天我真正想留住的，不過是一首平靜無波的河岸地帶，人與大自然共譜的戀曲……

來吃彼得魚

在以色列，吃魚貴。不是以色列不產魚，而是當地人少吃魚。

不消說，在加利利海這種熱門的觀光景區，吃魚當然貴，尤其是大名鼎鼎的彼得魚（Tilapia）。所以吃魚也有門道，不能隨便一家餐廳闖進去，開口就指名彼得魚。除非你覺得在加利利海邊吃彼得魚，意義格外不同，一點不在乎吃條魚像吃頓法國餐。

為了尋找便宜的彼得魚，離開約旦河以後，我們又往北折回提比里亞，聽說老城區有一家Guy Restaurant餐廳可以吃彼得魚，好吃而且不貴。停車步行一段路以後，才發現餐廳就在90號公路西側，離停車場不遠，幸甚！

一般來海邊吃魚會順道欣賞海景，這家地中海料理餐廳卻不靠海，或許這就是它便宜的秘訣之一。於是我們坐下來，點了彼得魚、羊肉串，再配上薯條、橄欖、蕃茄混黃瓜切丁等前菜，一邊用餐一邊網路直播，試圖釣出幾滴口水。

彼得魚是甚麼？其實，彼得魚就是鯽魚，但在加利利海這裡有一個典故，讓這種尋常的魚洛陽紙貴，成為千百年來遊子必點的桌上佳餚。

在馬太福音17章，提到耶穌帶著門徒回到迦百農，有收殿稅的人前來對彼得說：「你們的老師不納殿稅麼？」這殿稅不是羅馬人徵收的稅，乃是猶太人自己為了神的聖殿所納的丁稅，一個人要繳半舍客勒。彼得想也沒想，就說，納。等他進了屋子，耶穌說：「地上的君王向誰徵收關稅或丁稅？向自己的兒子，還是向外人？」彼得一說向外人，耶穌就說：「既然如此，兒子就可以免了。」

在這件事以前，彼得已經知道耶穌是神的兒子基督，凡事該聽祂的話，因此遇到問題他應該找耶穌，不可自作主張。所以耶穌提醒他：你忘了我是誰？身為神的兒子，這殿稅我是可以免納的，你不是應該先來問我嗎？

但彼得已經說出去了，怎麼辦呢？耶穌說：「你要到海邊去釣魚，拿起先釣上來的魚，開牠的口，就必找到一塊錢，可以拿去給他們，作你我的殿稅。」

這是一個令人拍案叫絕的安排，因為這種魚會把魚卵含在嘴裡，孵化以後嘴裡空了，就改含着湖裡的東西代替，所以耶穌就安排了一條魚含著一塊錢，等著彼得去釣牠。本來嘛，誰說要納的，誰就負責繳！在迦百農的海邊，彼得想必邊釣魚邊悔恨：我忘記了！我又忘記凡事先問問夫子！以後我再也不敢忘記啦！

有一天你也會來加利利海邊吃彼得魚，那時你吃進去的只是魚，還是也吃了彼得學到的教訓呢？

鏡頭拉回到我們的午餐。一般料理彼得魚都是烤或者煎，然後再淋上檸檬汁。但我必須承認，這魚不難吃，但絕不是天仙美味，吃這條魚純粹是為了添加旅行的風味，順道看一眼周邊的老街。我們聳聳肩，大步走出大門去找車。誰知道在擋風玻璃上，出現一則令人震驚的通知：沒繳停車費，罰款一百舍客勒！

Tobias深深吸了一口氣：「怎麼會這樣？我不知道是收費的呀！」

但不知者是有罪的，原來收費機就在路旁，只是Tobias沒看到。他看起來像是被五個拳王圍毆了一小時後，又被妻子連續聒噪了三天的落魄男人，有沒有甚麼妙藥可以幫助他復活呢？

一百舍客勒將近新臺幣一千元，人民幣兩百元。彼得釣魚學功課，我們吃魚也學功課。為了吃魚，我們得額外付出兩三條魚的罰金，這是一次難忘的經驗，值得寫進書裡，讓同樣自駕的你會心一笑。

他泊山

1

從加利利海返回米吉多的路上，有一座城和一座山絕不會錯過。城，是先前我們約略提過，耶斯列平原上的重鎮阿富拉，在它的東邊有拿因、書念、耶斯列，都是聖經中出現過的地名；其中拿因就是寡婦死了獨生子，被耶穌復活的小城，與迦拿的婚禮一悲一喜，成為後人尋幽探勝的景地。

至於山，指的是拿撒勒東方的他泊山（Mt. Tabor）。古時由米吉多前往夏瑣的大道上，通常以他泊山作為辨識，自古就是馳名的地標。但此山海拔只有575米，為甚麼竟會這樣馳名呢？

原來，他泊山很像泰山。泰山雖然不高，但是在一望無際的黃淮平原上異常地醒目，相對的高聳，因此就成了詩人筆下歌頌的對象。他泊山也是這樣，575米雖然不是很高，但在平原上顯得格外突出，很多人甚至認為，它長得就像桌面上放了一個倒扣的碗，渾圓飽滿，想不注意都很難。65號公路由加利利海洶湧而來，卻在它的東邊撞了個滿懷，流竄南方後折向西南，這才繼續前進阿富拉，可說整條大道被他泊山牢牢地掐住咽喉，想要擺脫是不可能的。

加利利之行必須到他泊山，犧牲其他行程也無所謂，這是我的決心。然而名山就是名山，上去可真不容易。從山腳西北方的Daburiyya，有之字形盤山路蜿蜒而上，把Evonne小姐和我都繞昏了，那時我們剛吃飽飯，幾乎想吐。但付出代價的，必有收穫。當你立在山頂的教堂，南北一片寬闊的綠意，東邊是約旦山地與河谷，西邊是拿撒勒山地，更遠之處的南方則是基利波山和撒馬利亞山地，大塊天地盡收眼底，你怎麼捨得不上山，上了山又怎能不歡呼？

難怪在舊約中，大衛王會在詩篇89篇歌頌：「諸天屬你，地也屬你；世界和其中所充滿的，都是你建立的。南北都是你創造的；他泊和黑門都因你的名歡呼。」在大衛的眼中，他泊山足以和北方高聳入雲的黑門山並提並論。另有耶利米書寫道：「尼布甲尼撒必來，他的氣勢必像他泊在眾山之中，像迦密在海邊一樣。」這裡他泊山與西北的迦密山並肩，擁有領袖群倫的氣勢！

▎登上他泊山

因著他泊山是這樣的突出，所以也就成為兵家必爭之地，至今山上仍殘留十三世紀穆斯林所建的護城牆遺跡。不過他泊山最出名的戰役，不是別的，而是舊約士師記中的那一仗，女士師底波拉吩咐將軍巴拉從這座山衝下來，眾支派也都跟隨巴拉衝下山谷，戰勝了迦南王耶賓和他九百輛堅固的鐵車，大大得勝。之後她和巴拉作歌讚美神，光輝烈烈，成為聖經中極富英雄氣慨的篇章。其實，以色列人的首領原該是男性，一個女人作以色列的士師是很不尋常的。當時的以色列轉向眾多的偶像，男人也都積弱不振，這將他們帶到異族欺壓的悲慘光景。但底波拉雖然能幹，卻非常服從神的命定；她被神立作首領，卻不驕傲，反而找了一個男人巴拉來領軍，支持他勇往直前。於是百姓多有心中定大志的，多有心中設大謀的，都起來跟隨巴拉爭戰。因此，神就為他們爭戰，國中太平四十年。

2

他泊山更為世人熟知的，不在於軍事，而是宗教信仰。

早在約書亞帶領以色列人進入美地之前，他泊山便是異教的聖山，直到數百年之後，猶有以色列祭司和王室領袖在山上帶領百姓拜異教鬼神，遭到斥責。基督信仰興起後，人們又傳說他泊山就是耶穌登山改變形像的地方：「過

了六天，耶穌帶著彼得、雅各、和雅各的兄弟約翰，暗暗的領他們上了高山，就在他們面前變了形像，臉面發光如日頭，衣服變白如光。看哪，有摩西和以利亞向他們顯現，同耶穌談話……」（馬太福音17章）

因此早在公元422年，這裡就蓋造了第一個教堂，屢毀屢建，至今山上仍可以見到十七世紀的修道院與十字軍的教堂遺址。1924年，天主教方濟會在歷代教堂的遺址上建立了一座「登山變像教堂」（Church of the Transfiguration），多年來一直是著名的朝聖地點。我們既已上山，當然不能錯過。由門前筆直的林蔭大道望去，黃石牆面的大教堂方整肅穆，傾圮的石堆旁，充斥著色彩鮮豔的花花草草，這樣的景觀讓我想起西班牙南部，只差沒有噴泉。南面有外露的高臺，可以俯瞰耶斯列平原。而教堂內部高大壯觀，壁上畫著耶穌和摩西、以利亞說話的圖像，地板上有信徒安靜地在胸前畫著十字，屈膝以示敬意。當我們退出教堂時，一群菲律賓團客正好湧入，一群神父開始為他們進行祈禱等儀式，堂內迴盪著響亮的聖詩歌唱。

一面說來，也是很感動。但是變像的地點是不是真的在他泊山，其實是有爭議的。大衛在詩篇89篇中將他泊山和黑門山相提並論。而人們對於耶穌登山變像的地點，剛好也分為他泊山和黑

門山兩種說法。哪一種比較可信？從聖經本文來看，黑門山應當是比較可信的。

在四福音裡頭，馬可和約翰這兩卷福音書是按照時間順序來記載的。約翰福音沒有記載登山變像這件事，而馬可福音在8章27節說：「耶穌和門徒出去，往該撒利亞腓立比的村莊去。」9章2節：「過了六天，耶穌帶著彼得、雅各和約翰，暗暗的領開他們上了高山，就在他們面前變了形像」。既然是在該撒利亞腓立比附近登高山，那麼就該是黑門山，而不該是他泊山了。何況9章30節，耶穌下山醫好被啞巴靈附身的孩子後，「他們離開那裡，經過加利利，耶穌不願意人知道」，顯然他們離開的「那裡」不是經過的「加利利」，也就是說，所登的山不是加利利的他泊山。

不過我也不是想推翻誰的觀念，畢竟登山變像之後，耶穌給了門徒高超的啟示，遠比登山確切的地點重要多了！

正因為如此，無論你上去的是他泊山或黑門山，上頭有教堂還是沒教堂，重要的還不是外在的，而是你裡面有甚麼，你是甚麼，你成為甚麼。基督的啟示，遠比任何宏偉精妙的建築都來得更大。山不能成為你的生命，基督卻要作為你的生命，湧流直到永久。這就是即將離開加利利的時候，最後我想說的話。

他泊山上的牛

Chapter 05

／南方與死海

概述

以色列雖然缺水，卻是四面傍水。第二週，我們已經去了西邊的地中海和北邊的加利利海，因此到了第三週的週二到週四，也就是三月二十二日到二十四日，我們又安排了一趟自駕旅行，準備一口氣將南邊的紅海和東邊的死海看盡。

這次租車公司給我們的是日本車速霸陸（斯巴魯），而且還是第一次上路的新車，開起來非常平順，讓Tobias心情大好。規劃的行程是這樣的：二十二日進約旦河西岸，到耶路撒冷南郊的伯利恆，看看耶穌出生的大衛之城；接著穿過猶大山地，參觀沙漠中的葡萄酒莊Yatir winery；此後沿著大裂谷南下阿卡巴灣，天黑時我們會抵達海濱的伊拉特，在這裡住一宿。隔天回程從內蓋夫沙漠穿過，到拉蒙谷和南部區的首府別是巴，傍晚以前回到耶路撒冷。第三天，從耶路撒冷往東下到死海，除了拜訪死海古卷的發現地昆蘭，也要到以色列的精神象徵馬薩達走走，並且在死海的南部感受一下漂浮的樂趣。

或許你覺得這樣有些趕路。是的，三天遠遠不夠，倘若我們都是男生，可能會出外四五天，去到更多的城市，也在每一個景點都待得更久些，只是夥伴中有兩個女孩子，而且不都是那種冒險犯難的女孩子，所以我們行動還是不能太自由，必須受限制，好顧到她們的體力和心情。

但不用遺憾，能嘗一嘗飽經風霜的滋味，體會昔年先民行走曠野的艱難，以及曠野對人性的考驗，無論如何都已值得。

伯利恆的老虎

伯利恆（Bethlehem）幾乎是每個旅行團必到的城市。這裡最出名的是主誕堂（Church of Nativity），傳說就是耶穌誕生的馬槽所在，與耶路撒冷的聖墓教堂、拿撒勒的天主報喜堂創建於同一時期，在聖誕節、復活節往往熱鬧非凡。

我們耶路撒冷的鄰居C弟兄，留學這幾年走遍了以色列全國。他告訴我

伯利恆，一個傳頌數千年的名字

們，伯利恆雖是巴勒斯坦人的自治區，但卻非常安全，不像希伯崙那樣衝突不斷，要我們別擔心，直接把車進去。他常常開車十分鐘來這裡看牙齒，價錢比耶路撒冷便宜許多呢！

到伯利恆的路是60號公路。從耶路撒冷老城西邊劃過，雅法門外車水馬龍的就是這條公路。它縱貫整個「約旦河西岸」地區，北上撒馬利亞山地直抵北部區的拿撒勒，南下猶大山地直抵南部區的別是巴，宣示著以色列對於內陸的統治。

由耶路撒冷南下約十到十五分鐘，切入Hebron Rd.（希伯崙路）不久即可抵達伯利恆。但就在我們切換道路後，路旁突然出現一名矮矮胖胖留著鬍鬚的壯漢，穿著便衣，伸手把車子擋下來，附近還站著幾名男子。當下我們雖然納悶，卻也不惹事，乖乖把車停到路旁的空地。空地上已經停了幾輛大巴和小車，但地面滿是沙礫，我們從未看過這樣克難的停車場。

「有甚麼事嗎？」Tobias搖下車窗，壯漢對他咕噥了一陣。

「他說我們不能開進去，要改搭他們的計程車，我們的車得停在這裡。但是，他開出來的車資很貴！」Tobias回頭找我們商量。

咦，哪有這種事？

我們知道自治區是由巴勒斯坦政府「自治」的，跟以色列其他地方不同，連車子都不同；一般的以色列車牌是黃色的，而自治區內的車牌是白色的。我們也聽說白牌車不能隨便開到自治區以外，但我們沒聽說外人不能開黃牌車進去，事實上網路有許多遊記都清楚寫著，伯利恆是可以開黃牌車的！這個阿拉伯壯漢根本是在唬弄我們，為的是讓我們坐他的計程車敲一筆，因為他

告訴Tobias，到伯利恆還要一個小時，但明明再走一小段路就進入市區了！

「是假的吧？他穿得破破爛爛⋯⋯」我們彼此唧唧咕咕，又分別打了電話給班弟兄和C弟兄，可他們都沒有接。

人在江湖，身不由己。若是我們堅持往城裡頭開，應該也是可以的吧？但前陣子以色列各地才發生恐攻，我們人不生地不熟，誰知道會出甚麼事？從姊妹們擔憂的表情看來，最年長的我可不能猶疑不決，得果斷下個決定了！

「我們不進去了，我們不去伯利恆了。」我請Tobias告訴那名壯漢，他的表情變得非常困惑。

他說：「兄弟，我覺得這樣很不好，真的很不好。」

是啊，到手的肥羊飛了，當然很不好囉。為了你們，我們割捨掉難得的行程，感覺也非常的不好。

「抱歉，我們要走了。」車上還有兩名女孩子，我們不想囉嗦，搖起車窗直接走人，只留下那些大巴和小車，還有攔路的壯漢在原地發楞。

重新開上60號公路後，我們沉默了一會。缺了伯利恆這一角是非常可惜的，這裡除了是耶穌出生之地，同時也是拉結的墓地所在，寡婦路得的歸屬，以及大衛王的家鄉，有許多可看可寫的。

「沒關係，之後再找一個時間過來就好了。」我這麼說。從耶路撒冷老城的穆

希律堡是大希律王的行宮和墓地

斯林區，有白牌的阿拉伯公車可以開到伯利恆，再來一趟不就得了？後來C弟兄得知此事搖頭大喊：唉呀，你們被騙了，我親自開車帶你們去！但最後一週我們忙著許多別的事，只能把伯利恆放在心底，交給下一梯的夥伴補滿缺憾了，喏，這篇文章附上的照片，滿滿都是他們開心跟團來到伯利恆的留影⋯⋯

伯利恆是沒有老虎的，但要找老虎也很簡單，只要傻傻地搖下車窗，你就有機會看見一頭攔路虎。傳道書上說，死蒼蠅能使膏油變臭，這是真的，少數人的作為，就足以影響外人對一整個族群的觀感，能不恐懼戰兢嗎？

牧羊人教堂

【耶穌的誕生】

耶穌誕生的年份，大約是公元前四年，當時羅馬的首任皇帝屋大維出了詔諭，叫全帝國的人民各歸本鄉申報戶口。於是約瑟從加利利的拿撒勒城到猶大的伯利恆去，要和已有身孕的馬利亞一同申報戶口。不料客店裡沒有為著他們的地方，馬利亞產期到了，只得把兒子用布包起來，放在馬槽裡。這時正好有牧人露宿在野地裡，夜間守更看顧羊群。主的榮耀四面照著他們，並有天使對他們說，不要懼怕，我報給你們大喜的好信息，因今天在大衛的城裡，為你們生了救主基督。有一大隊天兵讚美神說，在至高之處榮耀歸與神，在地上平安臨及祂所喜悅的人！牧人就急忙去伯利恆，尋見馬利亞和約瑟，又見那嬰孩臥在馬槽裡。

過不多時，有星象家從東方來到耶路撒冷，詢問說，那生為猶太人之王的在那裡？因為祂的星出現的時候，我們看見了，就前來拜祂。當時掌權的大希律王聽見了，就暗暗召了星象家來，差他們往伯利恆去搜尋那孩子。於是那星在他們前頭領路，直領到那孩子那裡，他們看見那孩子和祂母親馬利亞，就俯伏拜祂，向祂獻上黃金、乳香和沒藥為禮物。之後使者向約瑟夢中顯現說，起來，帶著孩子和祂母親逃往埃及，因為希律要尋找孩子，好除滅祂！約瑟就趁夜帶著孩子和祂母親往埃及去。希律王極其惱怒，差人將伯利恆城裡並四境所有的男孩，凡兩歲以內的都除掉了。希律死了以後，天使又向約瑟夢中顯現說，起來，帶著孩子和祂母親往以色列地去！後來，全家就回到加利利的拿撒勒去了，於是耶穌生在伯利恆，但被稱作拿撒勒人。

偶然遇見白鸛

離開伯利恆以後，沿著60號公路，除了南下還是南下，而窗外的景象除了荒涼，還是荒涼。其實本來就是這樣的，北方的撒瑪利亞山地本來雨水就比較豐沛，而南方的猶大山地本來就沒甚麼雨，如果能在大馬路旁偶然出現一朵野花，那簡直就像揀到黃金。

公路附近即是著名的隔離牆，把巴勒斯坦自治區隔離開來，進出會檢查。這道高大的白牆是從2002年開始修築的，高8米，綿延數百公里，其目的是阻絕激進份子對以色列人進行襲擊。很有效，但也引發自治區百姓的怨懟，在上面塗鴉洩憤。說起來總是兩難。築牆，等於一併懲罰了安分守己的平民百姓；不築牆，三不五時激進派就要引發戰火。誰能解決這個難題呢？

以巴之間的隔離牆

伯利恆和希伯崙是猶大山地惟二較大的城市。我再說，耶路撒冷的南邊是猶大山地，北邊則是撒瑪利亞山地。同樣是群山接連，但我們現在行走其間的猶大山地，雖然春天已到，土地上鋪滿了短短的綠草，但仔細一看，到處都是大石頭小石頭，地形崎嶇破碎，不利農業，只有少數谷地可以容納較多的住民，因此不容易產生大型聚落，比起北方，這裡可說是惡地。事實上，連這一抹少少的綠意也是曇花一現的，前一段時間沒有，再過一段時間也不會有，剛好就在我們南下的這幾天，這片惡地穿上了春衣，向我們這些過客展示了少婦的情懷。

似乎是在伯利恆受了驚嚇，路上Evonne小姐再三提醒我們：「不－要－再開進巴勒斯坦人的城市了！」

「不會不會，我們不會進去希伯崙，妳放心。」

當然不會去，離開耶路撒冷以前弟兄們就耳提面命：自駕不要去希伯崙，尤其才發生恐攻不久。打開電子地圖，上面也不提供到達希伯崙的路線。唉，車子經過希伯崙時，看著路標我們都想哭了。早些年，旅人們還很快樂地

來這兒看亞伯拉罕的墓，也就是麥比拉洞，但以巴社區之間的流血衝突越演越烈，最後希伯崙成為「西岸」旅遊風險最高的城市之一，今年有些旅行團都不願意進去了，遑論我們這些自駕的遊客？

翻過一處又一處的荒山野嶺，快要脫離猶太山地進入內蓋夫沙漠時，我們來到了一處哨站。咦，又不是出國，怎麼會有檢查站呢？

崗哨內一位荷槍實彈的以色列大兵和我們打招呼：「請拿出護照，你們去哪裡？有沒有進牆內的城市裡去？」

「伊拉特。中間我們沒有進任何城市。」我們還在擔心審查會不會很久很麻煩，大兵就已經還給我們護照，放行讓我們走。

原來，過了這裡便出了「約旦河西岸」。雖然西岸已經被以色列統治幾十年了，但政府還是小心翼翼，深怕外人帶進帶出不該帶的東西，盤查許久也是常有的事，像我們今天這樣幾分鐘就完事，實屬萬幸。

話說回來，從耶路撒冷南下，如果你要去的是別是巴，更快更省事的路應該是由1號高速公路往西接6號高速公路，然後從40號公路下去，為時不到一個半小時。看起來繞了個彎，但全程幾乎都在高速公路上，時間上並不比看似直線的60號公路慢，而且完全繞過「西岸」，不必通過軍事哨站。不過今早我們已經下到伯利恆附近，要再繞回耶路撒冷上高速公路未免有些囉嗦，何況我們要去的第一站也不是別是巴，而是比別是巴更東邊的葡萄酒莊，所以通過「西岸」南下還是比較省時的。

幸好，我們這麼選擇是正確的，因為就在走出「西岸」不久，突然就見到了南方大地帶給我們的見面禮，一幅佈滿天空的壯觀景象！

那是在盤山繞嶺的316公路旁，小城Lev Yatir附近。遠遠有一群白鳥，突然像風箏一般佔領了整個天空。不記得是誰先看見，先驚呼的，但這群鳥兒的數量也太多了吧？成千上百，天空白晃晃的一群，又像是花園間鑽動的無數螞蟻。身為愛冒險的男子，Tobias和我自然是想下車看看的，所以兩位欲眠不成眠的姊妹，也只好跟著下車看看了。

想不到下了車，從路旁再往斜坡靠近一點，這才發現鳥兒的體型頗大，不是燕子更不是麻雀一類的小小鳥。難道是老鷹之類的猛禽？

「那是甚麼？」我差點要喊住Tobias，因為我腦海裡浮現小時候聽過的天方夜譚故事，想起故事中的巨鳥，深怕Tobias一下被天上不知名的大鳥叼走了！

立刻Belinda小姐務實地查了網路，原來是白鸛啊！幸虧是白鸛，如果真有千白成群的鷹隼，那我們可要躲在車子裡觀賞為妙呢！

我們就這樣甚麼事也不幹，靜靜地看著壯觀的白鸛群，跟著牠們遨遊天際，天蒼蒼野茫茫，風吹旅人鬧春意。後來這一天的下午，我們參觀山上的葡萄園時又經過了這裡，但已經沒有白鸛，只有著幾十個拿著鏡頭的攝影者守在路旁。我們問在地的酒莊人員：「他們在做甚麼？」

「他們在賞鳥。」她笑笑。

於是我們明白了，他們等候的必是上午的白鸛。這些人比我們更懂鳥，但他們卻一直沒等到鳥，反而我們這些過客捕捉到了畢生難忘的美景。你看，時間不在你的手中，而是在神的手中，祂願意讓誰看見就讓誰看見，讓誰遇上就讓誰遇上，所以機會來的時候，你要珍惜。

當我們在伯利恆被敲詐時，我們覺得倒楣；當我們在曠野看見白鸛時，我們覺得幸運，但不管是幸運還是倒楣，向前走，一切都在神的手中。

阿拉德的市井生活

1

從看到白鸛的山路上，往前走不到二十分鐘便下到平地，來到了我們的目的地Yatir winery。其實以色列最有名的葡萄酒莊是在北方的戈蘭高地上，但我們聽說沙漠中居然有人能開出酒莊，不禁心嚮往之，非要到這裡來不可。

然而抵達的時候太早，十二點都不到，加上臺灣還有另一群媒體的記者也要到訪，所以我們被安排在下午一起進行導覽。酒莊委婉地提醒我們，何不到附近的阿拉德市區先吃個午飯？

阿拉德（Arad）這名字很有趣，意思是野驢，分為今城和古城，酒莊的位置正好夾在今古之間。西邊較近的是古城遺址，也就是國家公園Tel Arad，據說裡頭的河道與要塞有三千年歷史。而現代的阿拉德市區位於酒莊東方五公里左右，是沙漠中規模較大的城市之一，不但有工業還有發達的礦業。更棒的是，市區再往東半小時就下到馬薩達和死海，往西四十分鐘到別是巴，可說是沙漠中聯結東西的要道，所以能到城裡看看，我是非常雀躍的。

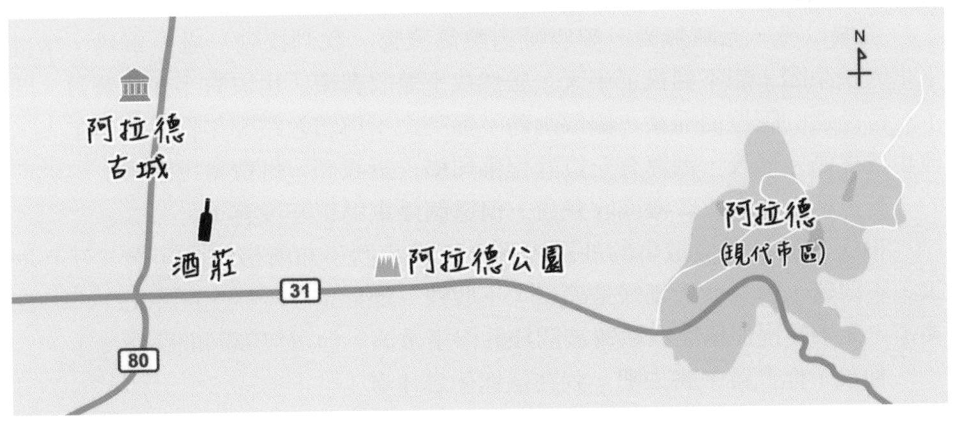

阿拉德酒莊

沙漠中開出的麥田

舊約民數記21章記載，住南地的迦南人亞拉得王，聽說摩西帶領以色列人來了，就和以色列人爭戰。以色列人向耶和華許願說，你若將這民交付我們手裡，我們就要把他們的城邑盡行毀滅。耶和華就把迦南人交付他們。看來，亞拉得（阿拉德）自古便是南地重要的聚落呢。

進城以後，天晴無雲，整座城市熱氣蒸騰。我們找到一處停車場，準備下車大快朵頤，想不到找了半天，居然找不著收費機，也沒有半個收費員。問了一位路過的阿拉伯婦女，偏偏她聽不懂英文；再請教路旁年輕的清潔工人，他也搖搖頭。最後，總算有一位計程車司機告訴我們，付費是用手機上線處理的，有些地方會有收費機或收費員，但這個停車場正好沒有！

但，我們是不懂這事的外國人呀！正當我們不知所措時，司機又好心地說，不要緊，因為今天剛好是節日，不收費。聽他這麼一說，開車的Tobias就笑了。如果在提比里亞沒繳費被罰錢的慘事重演，他可無顏回耶路撒冷了。

他說，你們買午餐去吧，我在這裡休息休息！

於是我們三人就過了馬路，到一處商店聚集的地方挑選午餐。幾家商店

▍樹根旁濕成一片

併排著，阿拉伯人猶太人或坐或站，還有幾個大兵圍著桌子吃飯聊天，生活相當愜意，我還厚臉皮地問其中一個大兵：請問你在吃甚麼？

阿拉德，似乎是甚麼人都可以來在一起活得很融洽很愉快的地方。

我們買了四份Laffa，一種以色列常見的捲餅，裡面包了肉和蔬菜。離去前我問老闆說，你店裡牆上的海報，是不是本國的電影海報呢？

是的。他說，還很和善地幫我把電影名稱寫在白紙上。

回到停車場後，夥伴們說外頭太熱了，他們要帶到車子裡頭吃，吃完睡個覺。我卻是最恨狹小空間的，所以帶著捲餅，就在附近溜達著吃起來了。

這個停車場旁坐落著一棟不小的建築，很像是社會住宅。建築物的四周被另一些建築物包圍著，但後者的顏色更為繽紛而明亮。或許這也反映了我的心境，那就是我嚮往著觀察當地人的生活，嚮往著看見他們明亮的日子，所以看出去的建築物，都是五顏六色繽紛悅目的吧！

吃完捲餅的我，望向建築物的一處窗臺，那裡有一隻手拿著棍子，正把家裡的衣服往外推。我又往另一邊望去，對街的街道上另一排建築，其中一個窗戶打開來，有一名婦女拿著棉被，準備要曬太陽。

這正是我想看見的以色列，大媽們再平凡不過的日常生活。我曾經在特拉維夫的雅法那裡想看見，卻只看見一位推窗的男士；而在耶路撒冷，我看見的只是飯店陽臺上，仕女優雅地喝著咖啡。

我回到車內，Belinda小姐發問：「剛才你在看甚麼？」

「生活。」我說。

2

稱不上酒足飯飽，離酒莊約定的時間也還早，離開阿拉德市區以後，我們在途中的阿拉德公園（Arad Park）停下來，稍作休息，讓兩位姊妹在車上補補眠。

我和Tobias穿過停車場，想看看公園旁黃沙間的麥田。公園裡有幾個阿拉伯人，舉止優雅，和上午在伯利恆遇見的大不同。他們輕聲細語，三三兩兩野餐，有一名裹著頭巾的女子正從水龍頭接水，接住她美好的這一天。

你好。

你也好。

我們用英語彼此問安，然後就從各自的生命中退去。總有一天，各種族之間也都能這樣相安無事，拆毀彼此隔斷的牆吧？

公園內高大的樹木，張開翅膀網住頂上的空間；只見樹根附近溼成一片，但天空卻沒有下雨。以色列這個乾燥的國度，滴管真是無所不在，就連公園旁的麥田，也像從沙地裡硬生生拔出一片綠意，滴淌著先人的智慧。

遠遠望去，阿拉德彷彿被群山包圍的平原，山綠，平原上黃中有綠。如果田野都能帶給我們這樣大的驚喜，那麼葡萄園呢？

沙漠中的酒莊Yatir winery

穿過農田和樹林之後，我們回到了葡萄酒莊Yatir winery，並且發現兩件意想不到的事。第一件，預定來訪的臺灣記者居然沒有出現，今天變成專特接待我們，專特為我們四人導覽。第二件意想不到的事，就是酒莊帶給我的驚喜居然不是由於酒莊本身，而是接待我們的Edri女士，酒莊的一位主管。她爽朗又溫暖的招待，至今我仍難以忘懷，可說是做了一次成功的國民外交。

酒莊或酒廠，在臺灣我也看過幾個，甚至老家就有一個大型的啤酒廠；加上外公又是果農，所以對於種植技術如何先進，流程如何，管線和酒桶如何，我只是規規矩矩聽著簡介，做著筆記，並不會開心到跳起來。當然那天正好碰上一年一度的「裝瓶」，還是蠻令人驚喜的，怎麼這樣幸運！

趕上一年一度的裝瓶，猶太出品，金字保證

一瓶六百歐元的美酒

Edri指著廠裡的工作人員說，酒廠裡出產的酒是有「潔淨」認證的，意即從種植葡萄園到釀酒過程均由猶太人執行並遵照猶太教的規定，所以是潔淨的。這倒是開啟了我的好奇心，事後查對資料，其實不只葡萄酒，以色列的食衣住行各面都有「猶太潔淨認證」，據聞有四分之一的以色列居民遵照此一認證。

我刻意問Edri，以色列是不是中東最早製作葡萄酒的地方呢？

她說，不是，以色列葡萄酒是受到美索不達米亞和埃及的影響。後來在伊斯蘭教政權統治下，以色列逐漸失去這項產業，直到19世紀才由歐洲重新引進品種，恢復栽種。其中Yatir winery處於內蓋夫沙漠中，年雨量稀少，卻因為滴灌技術而發展出葡萄酒產業，這是它獨特迷人的地方。知道我們是基督徒，她還給我們講了幾處舊約中的葡萄酒，好比創世記49章：「猶大把小驢拴在葡萄樹上，把驢駒拴在美好的葡萄樹上。他在葡萄酒中洗了衣服，在葡萄汁中洗了袍褂。」

聽Edri一番詳盡的介紹，我們也不禁心動，想買一瓶送人，哪知道最便宜的也得花上600歐元，換算成臺幣大約是21,000元，這不禁讓窮遊的我們咋舌啦！

Edri看我們一副為難的樣子，也不多說，只見她熟練的挑選著幾瓶紅酒和白酒裝箱，我們問做甚麼？她說，帶上好酒，帶你們去外頭喝一杯，欣賞風景！

嚇！這可夠熱情的！

高大又苗條的Edri女士，把我們都趕上車，一下便轟隆隆開著她心愛的小車奔向原野。有人說女孩子比較不會開車，我想，說這話的人需要搭一回Edri狂野如風的車！

「Edri，我們要去哪裡？」

她說，帶你們看看古蹟，再看看山上的葡萄園，然後到我家附近喝酒！

於是我們便轟隆隆沿著80號公路北上，經過Tel Arad國家公園（阿拉德古城遺址所在），進入山地——哎呀，這不又回到上午的316公路了麼？

Edri說，她家就住在Yatir和Shani-Livne那一帶，靠近「西岸」，附近有古蹟可以帶我們瞧瞧。她又說，這可是特別的服務啊！

過去我們聽說的，都是以色列人很高傲。在耶路撒冷，的確我們也遇過完全不理睬人的宗教徒，想不到不論在加利利還是南地，我們都很容易就交上了朋友。

Edri問我：「你覺得以色列怎樣？」

我說：「我覺得以色列和我的家鄉很像，沒有甚麼資源，靠的是人，靠的是想法，所以我非常有興趣了解以色列。尤其它外部的挑戰這麼大⋯⋯」

一行人就這樣天南地北聊著。車子上山後，我才知道酒莊的土地很大，由80號公路一直到西邊十幾公里外的Hura，再由「西岸」邊界往南到31號公路，這個塊狀的範圍內有一半都和酒莊有關。他們不只開拓葡萄園，還對山地進行了水土保持，種樹成林，用上了許多的水。Edri說，跟政府要水，是他們很重要的功課；我表示理解，因為在臺灣，工業用水和農業用水的鬥爭也是存在的。

那一天的葡萄園，因為不是採收期，所以滿山翠綠中看不見半點葡萄，想看見繁茂復活的景象，必須挑另外的季節來。車子又到了Yatir和Shani-Livne之間的一座山，在那裡有一處考古地點，全然荒廢，對比著周圍綠意盎然的山林顯得相當淒涼。到處都是斷壁殘崖，Edri說，這裡本來還算繁華，甚至有一座猶太會堂，如今只剩下這堆廢墟。附近又有一個幽冷的洞穴，是古代迦南民族的住處，洞還在，人卻都不在了。

古時君王大道經過此間

① 猶太會堂遺址

② 送上咖啡的陌生老爹

③ 這酒喝了，臉不紅氣不喘

我們站在小山上，遠眺東方的死海，視野好到可以看見耶利哥。的確，站得高看得就遠，如果活在自己裡面，就甚麼也看不見。Edri瞇著眼睛說，古時羅馬大道經過此地，如今只剩下遺蹟，連近現代的鐵路也都拆掉沒有了。

今是昨非，昨是今非，所見的不是永遠的。永遠與短暫不是以物質來區分，而是以源頭來區分。出於永遠的，即有永遠的價值；若不是，汲汲營營百十年也不會有任何改變，終將歸於毀壞，只賺得幾滴後人的眼淚。

Edri說，來，我們去喝酒。

我們到了她家附近的公園，坡斜而多樹，有桌，有椅，有美景。一個猶太爸爸正帶著女兒在泡咖啡，女孩兒好漂亮！爸爸向Edri打招呼，她說，她正招待著臺灣來的客人呢！於是爸爸立即問我們：要喝一杯咖啡嗎？

好。我們說。

給點了咖啡的人一人一杯後，爸爸便陪著女兒玩耍去了，一邊喝著杯中的溫暖，我們一邊問Edri：這位先生是妳認識的鄰居嗎？

嗯，不認識。Edri的答案出乎我們意料之外。看來以色列人為了在國際社會中爭取更大的生存空間，一抓住機會就對外人好！

親愛的Edri打開酒瓶，先給我們斟上白酒：「喝喝看。」

我們幾個人舉杯互碰。Belinda說，好酒。向來她一碰酒就會過敏，這次居然沒有。我也說，好喝。我的酒量只比小雞好一點，心臟又不好，何況身為基督徒也不願意醉酒失態，所以很少喝，想不到喝下一整杯都沒事，也不臉紅心跳。

我微笑著指著Tobias：「雖然如此你不能喝，因為今天你還得開車！」

Edri也笑了，又打開紅酒給我們斟上。我告訴她更喜歡白酒，很順口很甘醇。只可惜對我來說太貴！回到耶路撒冷後，我們幾個開玩笑說，臺灣還沒有販售他們家的產品，乾脆自告奮勇當代理商，文案寫上：因你的愛情比酒更美！

後來又聊了好一會，我指著Edri她家附近的屋頂，提出一個似乎很不上道的問題：「為甚麼我在以色列各地走動，看到的都是橘紅色的屋瓦呢？」

Edri直爽地笑了出來：「我覺得你很好笑！因為磚瓦燒出來就是紅色的啊！」

我也笑了，只是不好意思跟她說，其實臺灣是有黑色屋瓦的，甚至也有些人把屋頂塗成各種的顏色。這樣一個蠢笨的問題，其實反映了兩地的差異，這，不就是交流的好處嗎？

山上的葡萄園

大裂谷

「多久能到海邊呢？」

「兩個多小時吧！不過中間可能還會下車走走看看。」

告別沙漠中的酒莊以後，我們乘上自己的日本車，準備一路南向，前進伊拉特。幾天前姊妹們便訂好了一家小旅館。雖然班弟兄願意負擔此行一切花費，但精打細算的Evonne認為，我們還是應該省著點，這點我們完全同意。

從耶路撒冷到伊拉特，有兩條主要幹道，一條是西線，經過別是巴，從內蓋夫沙漠沿40號公路直下轉接90號公路；另一條是東線90號公路，往死海下去，沿著大裂谷一路南下。我們走的是後一條，這條路徑自古以來便是君王大道，從酒莊所在的阿拉德出發，只要從31號公路往東南切出去，很快便可以在Neve Zohar附近接上。Tobias邊開車邊告訴我們，剛才他上網，得知比利時首都發生了連環爆炸。原來如此，難怪Edri陪我們品酒時，一度皺了眉頭，說是歐洲的比利時發生事情，接下來的行程也請大家小心。

由阿拉德下到大裂谷的路途很陡峭，因為阿拉德本身已在高地的邊緣，海拔700米，所以盤山而下時，望著窗外劇降的山路頗覺驚險。在途中還有一塊平臺，旅人可以倚欄東望，為鄰國約旦高大的山脈和死海之間的落差嘖嘖稱奇。

切入90號公路後，我們的好夥伴「速霸陸」開始沿著死海奔馳。這裡已是海的南端，水域逐漸收攏，而深度也遠比北方更淺，好些地方只有幾米深，或者乾脆露出乾地，將水域割裂開來。但我們與死海相處的時間並不長，行駛未及二十里，公路便稍稍偏向西側，沿途便只剩下旱地了。死海！再等兩天吧，那時我們便有一整個白晝的時間，可以和你慢慢相識。

大裂谷在西亞的這一段可稱作約旦河大裂谷或約旦大裂谷，北起黑門山地的約旦河源，經加利利海，沿約旦河、死海直入阿卡巴灣，循紅海西去，轉接東非那邊的大裂谷。約旦大裂谷的北部，上週我們去過了，現在我們身處南部，人稱亞拉巴的這片區域，明顯感受到北部濕潤而南部乾旱，景象全然不同。再者，實際走這麼一遭，才發現此地雖然分屬以色列和約旦，但寬闊美好之地落在東邊的約旦，城鎮繁星點點，而西邊的以色列國土卻窄窄的，一路往南走下來，好些地方被山地壓迫到離邊界只有幾公里甚至一公里；扣掉公路，平地上差不多就甚麼也沒有了，望東邊打個噴嚏，約旦那邊的人說不定都可以聽見。

在這段為時兩個多小時的旅途中，有三種令我印象深刻的事物，一個是公路上的大貨車，一個是這裡出產的兩種植物，還有一個則是落日。

90號公路是耶路撒冷通往南方伊拉特的大動脈，往來紅海的貨物都穿行在這條大道上，因此打個盹，一輛貨車便呼嘯而過；再打個盹，又一輛貨車呼嘯而過。很有趣，看起來荒涼無用之地，竟是這個國家不可或缺的要道。人的有用無用，是不是也和這塊土地一樣，不是表面上那樣的簡單呢？

大裂谷

每隔一會，就有盤山而下的大貨車

皂莢木是中東沙漠中很常見的樹種，外表矮矮的，像是頂著一把傘。在公路旁看到一棵棵的皂莢木時，我們心中不禁歡呼。在聖經中，神吩咐摩西建造帳幕和約櫃等器具，其中用得最多的材料就是皂莢木。皂莢木原文是「多刺」的意思，因為它的枝幹多刺，而且葉細根深，是世上少有能忍受沙漠的植物，在西奈半島和以色列南部到處可見。其木材堅硬耐壓，又能抗蟲防腐。如果神叫摩西使用香柏木或柳樹來建造，那就是刁難，但神卻只要求你使用又好找又堅固的皂莢木，只要你肯，一定可以找到充足的材料。

中東常見的皂莢木

另一種令人印象深刻的植物是椰棗樹（海棗樹），屬於棕樹（棕櫚樹）的一種，和椰子是同宗，但比椰子樹高多了，可以高達30米。據說這種樹可以活到一兩百年之久，而且一年可以出產90公斤的椰棗，是很有經濟價值的作物，以色列人出埃及飢腸轆轆時，正是在以琳這塊綠洲上被椰棗解救了。2至3米長的葉子也很好用，可以蓋屋頂，編墊子，古代猶太人過住棚節時少不它；耶穌進入耶路撒冷受到百姓夾道歡迎時，人們還手拿棕樹枝，也就是椰棗樹的枝葉，將這些葉子和衣服鋪在路上，讓他們敬愛的耶穌乘驢進城。

車子越往南走，椰棗樹就越發多起來。特別經過Lotan時，遠遠從公路看著它密密麻麻的椰棗林，燥熱的心也跟著它的羽葉飛翔起來了！Lotan原本就是著名的基布茲農場，也是我們一度考慮造訪的地方，現在路過看一眼，也算是了卻一樁心事了！

最後談談落日。在以色列，我最喜愛的日出是在耶路撒冷第一天的日出，而最喜愛的日落，便是這一天在大裂谷相逢的。在大裂谷的東方，約旦境內，有知名的神山「何珥山」，乃是摩西的哥哥大祭司亞倫死去的地方。此山本身有1457米高，加上與死海之間1851米的落差，一來一往便是三千多米，因此從公路望出去，所在的群山高聳入雲，令人油然生發敬畏之情。當夕陽西下時，整條山脈都化作大塊的畫布，染上紅通通的醉意。亞倫這樣一個老人，能

被夕陽染紅的山脈

死在雄偉的大山深處，迎接每一天絢麗的黃昏，靜靜等候將來的復活，也算是相當厚待他了。

　　太陽正燃燒了最後一絲熱情。在躁熱無風的曠野中，整個天地彷彿都凝滯不動了，只剩下血紅的日頭映在山壁上，而我們的車是地表上惟一存活的生命，不住地前進，再前進，吹奏著勇者的號角。到最後連夕陽也累了，黑暗一寸寸侵蝕西屬於以色列的小山，只剩下東邊顯赫的大山仍頑強覆蓋著誇張的火紅披風。

　　然而也不過打盹一會，東邊也暗下來了，由火炬化作餘灰了，前方的路也黑了，大地陷入一片寧靜。只有我們的愛車還打著燈，在夜色中掙扎著奔馳著呼嘯著滾動著，通往燈火通明的終點。不夜城伊拉特已張開她溫暖的胸膛，準備迎接我們疲憊的旅人。

國境之南——紅海邊的伊拉特

1

千里迢迢來到這裡以後，我才發現伊拉特（Eilat）是一言難盡的城市。說她是以色列的拉斯維加斯，這個國家可沒有開放賭場；說她不是以色列的拉斯維加斯，偏偏甚麼玩樂都有，活脫脫就是一個散金之地。

伊拉特，又譯作埃拉特或艾拉特。相對於耶路撒冷或特拉維夫，這座人口不滿五萬的濱海小城沒有令人驚豔的建築風貌，也嗅不出太多的歷史文化底蘊。一切彷彿只是陽光太溫暖，阿卡巴灣的海景太美，剛好這裡又有一個港口，大家不如就留下來生活吧！於是，事就這樣成了。

因此，是否該橫渡沙漠來到這裡，原本我們舉棋不定。徵詢友人的意見時，他們有兩種說法，第一種是伊拉特就像臺灣的墾丁一樣，是很值得走走的地方；另一種正好相反，他們認為你如果已經去過墾丁，也就不必再去伊拉特了。這樣看來，莫非這個城市只是另一個人聲鼎沸的墾丁，逐漸辜負它自然天成的本色？

但是我心裡確實知道，伊拉特和墾丁是不同的。的確，她們有很多相似之處，同樣位於國度之南，同樣豔陽高照，同樣有棕樹或椰子等南國植被，同樣有無敵的海景，同樣適合浮潛，同樣有知名的海生館，同樣是吃喝玩樂近乎放肆的度假勝地，同樣每年有許多候鳥飛越過冬。但市區不遠處就是沙漠，你能夠在那裡騎駱駝，體驗貝都因人的帳棚生活，這點墾丁絕對做不到。不僅如此，作為全國最南端的聚落，伊拉特也是以色列在紅海惟一的出海口和港口，一個特殊的自由貿易區，購物免稅，並且往東往西各有一個邊境關卡：往西，通往埃及，可以由邊境小城塔巴進出西奈半島，往東則是阿拉瓦邊境

伊拉特夜景（來源：以色列觀光）

哨（Arava Border Crossing），聯結約旦獨一無二的港口阿卡巴（Aquaba，或譯亞喀巴、阿奎巴），可說是兩國之間最重要的一個關卡。從這裡還有輸油管一路北行，越過沙漠通往西邊的地中海。因此伊拉特不是墾丁，乃是在特拉維夫、耶路撒冷、海法、別是巴四大都會區以外，以色列政經地位相當重要的城市。正因為如此，與四大都會區相離甚遠的伊拉特雖然人口少少，自己卻必須有一個國際機場；如果再加上古時輝煌的貿易歷史，以及在聖經中的驚鴻一瞥，那就有更多的故事可以述說了。

然而這一晚抵達伊拉特市區時，看著各種旅館和商店的霓虹燈，我想的並沒有那樣多，只剩下縱走大裂谷之後的疲憊感，很想找到一張好床休息。

我們選的是一家收費低廉的旅館，老闆看起來痞痞的，門鎖還有點狀況。不過這裡離海邊很近，走路只要兩三分鐘，隨時可以下去吹吹風。飯後我們相偕到海邊散步，在窄窄的灘岸上坐著，吹吹晚風，像是忙了一天後回家，停靠在沙發上喘喘息。回旅館洗完澡後，我打開電腦工作，Tobias看著電視上聽不懂的外語影集，慵懶地躺在床上發問：「明天的行程細節，你都想好了麼？」

十一點左右入睡時，我們才知道明日完全不必擔心，該擔心的是今晚能否入睡。選擇便宜的旅館看來還是失策了，窗外不斷傳來震耳欲聾的搖滾樂，聽著聽著，幾乎可以從音樂中聞到香菸和酒的味道，甚至還有女孩子搖擺著腰枝，像童話裡的紅鞋女孩不住甩頭跳舞，直到在這座不夜城死去為止。據說這是因為海灘附近有數不清的餐廳、酒吧和夜總會，連海灘本身都有通宵達旦狂歡的人群。如果沒住在清幽點或隔音好點的飯店裡，是很難擋住這些喧囂的。

從這一點看來，你可以說伊拉特的觀光業是成功的，但我不禁擔心開了一天車的Tobias能不能得到充分休息，更讓我擔心的，是兩位姊妹有沒有辦法

提姆河谷國家公園（來源：以色列觀光）

睡著。自古以來，不管外出旅行還是居家生活都是一樣的，只要女人愉悅，男人就有好日子；女人不開心，男人就沒有好日子。經過了這一夜的摧殘，姊妹們會不會因為睡不好而大發雷霆，讓明天的旅程出現變數呢？

2

早上醒來時，音樂不知何時已消失無蹤。等了又等，總算鼓起勇氣敲姊妹們的房門，告訴她們：睡得好嗎？

還好。她們表示。我鬆了一口氣，也許這就是她們體貼人的方式。

紅峽谷（來源：以色列觀光）

走出旅館，遠遠便可望見飛機起落。這是因為伊拉特的主要市區位於90號公路西側，而公路的東側即是南北狹長的國際機場。這座城市，今天我們是看不盡的。即便你不打算踏上遊艇碼頭，至少你得往南走遠一點，看看著名的海豚公園（Dolphin Reef）；甚至再往南一點，到邊境附近的伊拉特灣海底博物館（The Underwater Observatory Marine Park Eilat），從直立的螺旋階梯下到海底，觀賞紅海的熱帶生態景觀。如果再體驗一下水上活動，到海底餐廳再吃個飯，半天很快就過去了。何況這座城市再往北走一些，進入內蓋夫沙漠，還有提姆那公園（Timna）、紅峽谷（the Red Canyon）等景點呢！前者在我們來時路過，就在90號公路旁，據說六千年前古埃及人在這裡煉銅，後來成為所羅門王的煉銅場，讓我頗有興趣過去瞧瞧。但何其不巧，我們

必須在今天回到耶路撒冷，所以我們只能微微打開一扇窗，讓更多人知道伊拉特的存在。

走到昨晚來過的岸邊，白晝與黑夜果然不同。紅海並不紅，至少在阿卡巴灣這一段並不紅，反而是藍綠的和湛藍的。沙灘上架著許多白色遮陽傘，傘下有桌椅，走幾步路就可以到餐廳點餐叫飲料，把東西帶到這兒享受。但或許時間尚早，放浪一夜的遊魂還沒有起床，所以居然沒有半個人坐在傘下吃東西，反而是早起的泳客在海裡忘情地舞動著手臂，盡情享受著奢侈的陽光和蔚藍。

海洋公園（來源：以色列觀光）

不遠處有摩天輪；五星級飯店Royal Garden挺起白皙的帆船形階梯狀身軀，在晴空下顯得巨大而霸氣，始終無法從視野中排除。再更遠一點，東邊是約旦高大的山脈，西邊則是埃及的西奈半島；我們去的這兩天，西奈半島剛剛遭到伊斯蘭國恐攻，死了不少軍警，但一衣之隔的伊拉特卻恍如銅牆鐵壁，寧靜且歌舞昇平。革命後的埃及，社會秩序並非那樣穩定，恐怕不適合自由行的旅人；所以不能去埃及看紅海，來以色列看紅海也是一樣的。

我站在岸邊，準備錄製一段直播影片分享給網友，之後再回頭吃早餐。拿起相機的Belinda這時想了想：「你不覺得站在海裡，比站在岸邊更好嗎？」

於是整片天地都成了我們的攝影棚，海水如此清澈見底，如此溫暖，在朝陽的照耀下有如藍寶石閃閃發亮。對著鏡頭，我開始介紹起伊拉特的往事歷歷。

清澈的紅海海水

3

一般人以為伊拉特是以色列建國之後才出現的新市鎮。事實不然，這個地方自古便是軍事和貿易重鎮，名為以旬迦別，以色列人只不過把它從歷史的廢墟中重新扶起而已。

早在三千五百年前，摩西過紅海時，這裡便是以色列人安營的站口之一。耶和華日間在雲柱中領他們的路，夜間在火柱中光照他們，使他們日夜都可以行走。於是以色列人由西奈半島一路往南走來，安營在以旬迦別，然後從這裡轉向北方去，安營在尋的曠野、加低斯那裡。也就是說，以色列人雖是在曠野中漂流，但並不總是住在內陸沙漠中，也曾紮營在海濱，看著無邊的大海發呆，想著這段沒有地圖的旅程何時結束。

人生有許多站口，有時你在內陸，有時你在以旬迦別，但這些站口最終都要過去，早晚你都得進入美地，人生有甚麼好灰心失望的，不是嗎？

以旬迦別再度登上聖經的歷史舞臺，已是五百年後。列王記上和歷代志下說，所羅門王在以東地紅海邊，靠近以祿的以旬迦別製造船隻。許許多多由海外而來的財富，便是由這裡上陸，沿著大裂谷或往別是巴的路北行，直到耶路撒冷的王宮為止。後來南北分裂以後，南國猶大國的沙法王與北方的以色列王亞哈謝一度合夥，也想在以旬迦別製造船隻，往俄斐去運金子，然而邪惡的亞哈謝不蒙神的喜悅，船隻便在以旬迦別被破壞，去不成遠方了。

直到今天，伊拉特還是具有舉足輕重的地位。不是有這種說法嗎？以色列國土的形狀就像一把利劍。如果以色列真是利劍，那麼伊拉特便是劍鋒，刺入狹長的阿卡巴灣中！由於阿卡巴灣分屬以色列、約旦、埃及和沙烏地阿拉伯等四國，伊拉特夾在東西鄰國之間，戰略地位重要，封了它便封住以色列通往紅海、印度洋的海路；反過來說，伊拉特出海不過數里，船艦便可攻擊鄰國沿海的富庶城市，並威脅蘇伊士運河的船隻，難怪埃及曾經封鎖阿卡巴灣，要與以色列爭奪海權。看來，在醉生夢死的表相下，伊拉特的骨子裡肩負著攸關一國死生的重責呢！

順利完成直播後，我們在遮陽傘下用了早餐。老闆本人走出來和我們打招呼，閒聊之間度過了我們最後的時光。我把空瓶放進海中，把這一天紅海的記憶封在瓶中帶走。若有機會，明年我必重回紅海之濱，細細品嘗這座城市深層的苦澀與歡樂。

內蓋夫沙漠

> 祂引你經過那大而可怕的曠野，那裡有火蛇、蠍子、和乾旱無水之地；祂為你使水從堅硬的磐石中流出來；又在曠野將你列祖所不認識的嗎哪賜給你喫，是要苦煉你，試驗你，叫你終久得福。
>
> ——申命記8章15至16節

離開喧囂的伊拉特以後，我們沿著南來的90號公路北返，準備橫渡孤寂的內蓋夫沙漠（Negev），前往南部區的首府別是巴。可能的話，我們希望中午前能抵達Mitzpe Ramon，在這個小鎮上歇息歇息，吃個午餐。

「內蓋夫」這個辭，據說在古希伯來語的意思是「南部」。因此，「內蓋夫」不僅相當於行政上的「南部區」，更與聖經上常提到的「南地」有意義上的重疊。聖經中所謂的尋曠野和巴蘭曠野，以色列人最不願意回想的惡夢，指的就是從西奈半島到這片沙漠的區域。

面積一萬二千平方公里的南部區，佔以色列土地的過半，而內蓋夫沙漠又佔南部區的絕大部分，西與西奈半島的沙漠相連，東則接連大裂谷。所以我們雖然常說以色列國土不大，但走在臺灣三分之一大，也就是比北京市小一點，比上海市大一倍的旱地上，前途茫茫，口乾舌燥，還是有可能叫人疲憊昏厥發狂倒地不醒，成為鷹隼的食物，所以我們一找到加油站就撒錢買水買飲料，但還是覺得乾渴。早知道便準備一大桶飲水放在車箱，需要時便抱出來痛飲一番。

由海灣北上後，車行不到四十分鐘，我們便回到昨日萍水相逢的Lotan。以此為轉折點，車子離開了90號公路，脫離大裂谷，循西北方向切入40號公路，開始往上爬坡深入沙漠中部，也就是聖經上「大而可怕的曠野」。這條公路斜斜地切斷整個沙漠地帶，由Lotan到Mitzpe Ramon大概要七十分鐘，由Mitzpe Ramon到別是巴則需一小時。因此由阿卡巴灣一路衝往別是巴，最快也得兩小時半到三小時左右，加上中途的休息觀光，半天的時間肯定是不夠從容自在的。

到達Mitzpe Ramon之前，沿途只經過兩三個綠洲城鎮，此外幾乎就沒有人煙了。大裂谷那裡隨處可見綠油油的棕樹，這裡漸漸

看不見了，多數地方都是光禿禿的岩石和沙礫，黃的紅的黑的，就算有植物也不外乎低矮的皂莢木，或是滿地爬不知甚麼野草和灌木，艱難且勉強抓住地面，展現它們生存的韌性。話雖這麼說，據說冬天這片空蕩蕩的沙漠會蓋滿似錦的繁花，就如同聖經中說的：「你們細想野地裡的百合花，怎樣生長；牠們既不勞苦，也不紡線。但我告訴你們，就是所羅門在他極盛的榮耀裡，也沒有披戴得像這些花中的一朵。小信的人哪，野地裡的草，今天存在，明天就丟在爐裡，神尚且這樣給牠穿戴，何況你們？」

我們還聽說曠野中有野生的努比亞山羊，只可惜在這裡我們沒遇上，反而後來在死海邊遇上了。這是後話，暫且不表。

或許是我人生中第一次深入沙漠，所以不免懷抱著某種敬畏之意。這條路線看到的沙漠遠比阿拉德那裡看到的更壯麗，特別是此間的山脈多呈東北－西南走向，因此呈西北－東南向的40號公路，屢次與山地強碰，登高繞行於大山之上，恍恍惚惚，驚怖萬分，最壯麗的景色通常是在不能停車的地方遇上的，即便能停車也不見得能上網直播給朋友們看。好像人生也是這樣的，越是危難的地方，越是成全你令你止不住思念的地方。

我不由得想起了李白的〈蜀道難〉：「地崩山摧壯士死，然後天梯石棧相鉤連。上有六龍回日之高標，下有衝波逆折之回川。黃鶴之飛尚不得過，猿猱欲度愁攀援！」

摩西帶領兩百萬族人，何等艱鉅的任務！不僅有缺水缺食的問題，還必須克服地形起伏，跨過一座又一座的禿山。在我們斗膽一停的高地上，路旁突出一塊平地，而平地邊緣便是一處高崖，倘若有人開玩笑推我一把，我應該會直接掉落幾十米，重重摔在地上變成一塊肉餅吧？

幸好，開車的是Tobias，他說秦嶺都開過了，這點高度實在不算甚麼！

但令我訝異的是，沙漠中有監獄或者核子設施也就罷了，在這個不毛之地，公路沿途居然還設有公車站，而且真的有平民百姓在候車亭揮汗等車，以色列人真的很強大啊！我們還遇到了一隊自行車隊，走著與我們相反的路線，似乎是準備挑戰極限，由別是巴直驅伊拉特。但最最瘋狂的卻是一名女孩子，身上沒特別帶甚麼東西，只帶著她的汗水，獨自在沙漠中慢跑著，不知要跑到哪裡。

——嘿！妳跑了多久啦？妳從哪裡來？要往何處去？妳是誰？

人生如沙漠，心思如曠野。也許每一個人遲早都得面對這些問題，那時你的答案又會是甚麼呢？

最大的國家公園：拉蒙谷

中午以前，我們果然準時抵達小鎮Ramon Reserve。

事實上，我們的確需要在那裡飽餐一頓，但我們真正的目的還不是吃飯，而是去看美景。有美景，飯不吃也行；沒有美景，吃了飯也填不滿我們的饑渴。這個美景，指的就是地質奇觀Makhtesh Ramon，拉蒙谷。其名，據說是紀念2003年哥倫比亞號太空梭爆炸中罹難的以色列人拉蒙。

拉蒙谷位於內蓋夫沙漠的中央，別是巴南方約85公里處，以色列在這裡建立了國內最大的國家公園－拉蒙自然保護區。簡單的說，它就是一個大坑，乃是世界最大的石灰岩侵蝕河谷。有人說它像一個凹陷的大碗，但地圖上它像一條橫躺的茄子，呈東北－西南走向，深500米，東西長40公里，南北寬2到9公里，橫亙在前往別是巴的道路上。如果把40號公路視為一根叉住茄子的筷子，那麼小鎮Ramon Reserve就在茄子的中段，筷子的尖端，坑的北邊。要想到鎮上吃飯，就得下去上來，把坑裡的景色收一收，然後才能大快朵頤。

值得一提的是，在這個大坑、這條大茄子的西南邊，居然還有千餘米的Mount Ramon巍然佇立，它是內蓋夫沙漠的最高點，形成以色列和埃及之間的天然邊防，也使得低陷的拉蒙谷看上去更深了。

像這樣的地坑景觀，全世界只有7處，其中就有五處在以色列，另外兩處在隔壁的西奈半島，所以來到內蓋夫沙漠，不看看7個當中最大的拉蒙谷，猶如入寶山而不摸寶石。進入這個大坑內，你會發現岩石、土壤有各種的色澤。據說在遠古，拉蒙谷曾是一座山。但不知多少年的沖刷侵蝕後，山坍塌了，地形陷下去了，坑內便露出了不同地質時代的石頭。從車窗望出去可以看見色彩分明的層層地貌，黃色，紅色，褐色或紫色，其中蘊含了百來種礦物質。只可惜在地形起伏道路顛簸之際，我往往瞇著眼在捕捉旅行浪漫的感覺，有時會打個盹想念一下遠方的妻子，也就很少把眼睛放亮，進一步享受這色彩的魔術了。

但是雖然這麼不用心，我卻不感到遺憾，因為接下來我們找到的，是一顆終生難忘的寶石。

沒有記錯的話，應該是在接近大坑的北緣，一個叫作Colored Dunes（彩色沙丘）的地方吧！遠遠的已經可以望見北方的高地，翻上山路便是Ramon Reserve，可以吃飯了，這時我們在路旁卻看見許多車輛不走了，反而開進旁邊的荒地，有些人看上去就是本地人，不是外國的觀光客。像這種荒郊野外本國人還停下車子的地方，應該是很好玩的地方，所以我們也就停下來，跟著去看看怎麼回事。

在這裡每塊石頭都是美麗的

看！這裡就有拉蒙谷的地圖

「天哪，有水！有一個湖！」我忘情地吶喊起來。說湖其實有一點誇張，其實就是不知道從哪裡來的水，把一大片低窪填滿，形成了一大片水域。水的一邊是像山崖似的高地，應該有兩三層樓那麼高，下方傍水長出許多植物；水的另一邊則面向我們，笑容可掬，只要從公路旁的山坡，沿著半人工半自然的階梯下去，就可以把雙手伸進水中，對她一親芳澤了。

「去看看好嗎？」Evonne過瘦，體力不是很好，所以我這胖子徵詢了一下她的意見。

這一天是美好的。你懂的，就是那種離開荒蕪不毛，走下階梯，看見底部有一窪池水的驚喜感。人終其一生都在尋找驚喜和隨之而來的平靜，只不過找到的是否你真正需要的事物。

許多遊客早已站在水邊，蹲在水邊，有一個四五歲的小妹妹甚至在洗頭，把柔細的長髮洗得閃閃發亮。她那壯碩的老爹一點也不管，反而還很開心

寶貝的女兒弄得一身濕。水是藍綠的，人是笑的，遠方的山是靜止的。如果相機真能抓住片刻的永恆，我願意花上一小時來抓住更多感動的瞬間。

Tobias是一個冒險家，所以他問我：「想喝喝看嗎？」

我說：「不了。」水中好像混含了不少礦物質，在下身體太差，連吃生魚片都曾經送醫急救，還是小心為上。

在一旁拍照的Evonne眼看著Tobias捧起水就要喝，連忙用她一貫的女高音出聲阻止：「水中可能有蟲啊！而且這水的顏色——」

但你知道，具有冒險家氣質的男人，遇到這樣的荒漠甘泉是一定要喝的。話說回來，隔壁那位全身濕透的小妹不也喝了嗎？所以Tobias就喝了。有沒有蟲我不知道，不過直到離開以色列為止，他一次肚子也沒有鬧過。

在烈日狂風中，這一方綠水帶來了幾許清醒。我忽然明白，摩西帶領以色列人行走曠野時，沒有水是多麼可怕。不要說煮飯洗澡，連大小便都會是問題。一個環節沒做好，傳染病很快就來了。但神卻顧念人們的需要，讓一塊靈磐石與以色列人隨行。磐石又重又大，要怎麼隨行？被抬著走？自己走？還是需要的時候自動冒出來？我不知道。我只能看著附近隆起的那塊巨岩，想像著摩西一敲打磐石，水泉就汩汩流出，化作兩百萬群眾的及時雨。

在你以為最不可能得救的地方，很可能就是凱歌高奏的開始；在曠野中最絕望的地方，在深陷於心思漂移不定的時候，只要有水，你就有勇氣走下去。我打開瓶罐，將這股荒漠甘泉化為我的收藏，繼加利利海和紅海後又一次的封存記憶。這是計畫之外的收藏，水中還帶著一些砂土的氣息。如果沙漠中都能開出水泉來，橫亙在你眼前的挑戰一點也不是難處，它只是試驗你的機關。只要抓住湧出生命的盤石，很快你就要脫離險境，望向遠方美好寬闊之地。

別是巴，我不能忘記你

從山路盤旋而上後，Ramon Reserve赫然就在崖邊。回首拉蒙谷，就像站在高臺上欣賞平原的風光，又像是伏在床邊看地板的螞蟻；令人好奇小鎮的居民怎麼不怕有天醒來，才發現連屋帶人已經滾到山崖下？

作為前不著村後不著店的中繼站，加以無數慕名而來的觀光客，這裡的旅館和餐廳是多的，甚至還有人養駱駝讓你騎著玩。不過我們去意堅定，給車子加了油，也給我們自己買了麵包吃，補充各種的飲品，就這樣拍拍屁股走人了。

接下來的道路，就沒有那樣折騰了；越接近別是巴，地形也就越平坦，聚落也越發多起來。從地圖上看去，離開拉蒙谷後的40號公路，大致從Golda Park開始，以東以西分成兩片區域：東邊如果是坑坑疤疤滿臉青春痘，那麼西邊就是抹了特效霜正在逐漸回春的遲暮美人，臉上已看不見幾點疙瘩。

對於時間充足的人，前往別是巴的路上還有兩個地方可以一遊。一個是斯代博克（Sde Boker），附近有Avdat古城遺址，乃古代「香料之路」的要地，還有Ein Avdat國家公園，據說有一個大瀑布注入深谷的湖中。另一個是更北邊的Mashabel Sadeh，附近有Mashabim Sads自然保護區和Golda Park。不過我們一心一意只想快點抵達別是巴。別是巴，對熟悉舊約的人是一個朝思暮想的名字啊！

「別是巴」（Beersheba）這個中文地名，在今日一般的地圖上是找不到的。人們如今把它譯作貝爾謝巴，別是巴只存在於中文聖經以及基督徒的口中。但我個人覺得「別是巴」讀起來還是有味道一點，所以就還是這麼稱呼吧！

接近別是巴的時候，首先迎接你的必定是綠色。在一片金黃的沙漠中，逐漸有更多的綠色植物點綴，最後一發不可收拾，從滿地綠意中長出鋼筋水泥，高樓大廈，讓我們意識到沙漠已經退去了，我們又回到了都市生活。只有邊緣地帶的貝都因人，養著他們的羊、驢和駱駝，提醒你曠野並不遠；只要你忘了細心呵護，有一天這裡可能又要枯萎，變為無人之地。

作為南部區的首府，今日的別是巴不僅是一方樂土，更是積累數十年，以色列人在沙漠中澆灌出來的驕傲。舊約時代，人們用「從但到別是巴」來代

站在考古公園高臺上，遠方是別示巴現代化的市區

稱全體以色列人，也就是說，但是當時北端的代表城市，而別是巴則是南端的代表城市。然而，這座大城自羅馬帝國後由盛而衰，到了二十世紀初已經無足輕重，人口剩下兩千人！但以色列人復國後細心栽培，建立新市區，使它重返榮耀，一躍而為二十萬人口全國前十名以內的都市。

看過別是巴，你將明白以色列為何從馬克吐溫筆下「一塊令人窒息，毫無希望的沉悶土地」，一轉而為明眸皓齒的美女，成了歐洲人的花園、果園和菜園。我總覺得以色列人有一種野心，要用有限的水侵蝕浩瀚的沙漠，讓綠色在黃沙上渲染開來。別是巴就是一個樣板，如果能在國土過半的曠野中開出一百個小型的別是巴來，以色列的國力要何等的富強，又能容納多少散居世界各地的猶太同胞呢！

但我們來到別是巴，究竟想看甚麼？

對於一般遊客，這裡就是沙漠北方的入口城市罷了，但對舊約有點認識的人都知道，以色列的三代先祖亞伯拉罕、以撒和雅各都曾在別是巴生活。亞伯拉罕雖然葬在希伯崙，餘生卻是在別是巴度過，給兒子以撒打下了生活的基礎。尤其創世記21章中有一段記載非常迷人：「亞伯拉罕在別是巴栽了一棵垂絲柳樹，又在那裡呼求耶和華永遠之神的名。」

想想那個畫面，這垂絲柳樹必是接近水邊，有水就有生命，生命化作垂絲，而栽種生命的人在那裡呼求永遠之神的名，這景象真美，真深邃！

使用了數千年的水井

同章的另一段記載告訴我們，南地非利士人的王亞比米勒眼看神與亞伯拉罕同在，就主動懇求立約互不侵犯，彼此友好。之前他的僕人霸佔了一口水井，亞伯拉罕就為這事指責亞比米勒。於是二人就彼此立約，亞伯拉罕還把羊和牛給了亞比米勒，作他挖這口井擁有這口井的證據。這樣，亞伯拉罕給那地方取名為別是巴，意思就是盟誓的井。有了這口井，才有接下來的樹。

這樣你就明白了，來別是巴，你該看看這口水井，你該找找垂絲柳樹，因為這就是這座城市的起緣。可是這天我們沒有去找那口井，去找那些樹，也沒有看一眼大學校園，因為就在進城之前，我們經過別是巴考古公園（Tel Beer Sheva National Park），結果就把全部時間都投注下去了。你問我後悔嗎？我告訴你：不後悔，因為那裡太美了，更不說它是列名世界遺產的古蹟。我記得很清楚，公園外頭挨著的不知道是哪戶人家，牆上長著小小的仙人掌，在微風中不動如山，只有院子裡不住噴灑出水花，濺出滿天的彩虹，滋潤著一地的花花草草，滋潤旅人的心。

考古公園位於一座削平的小山上，入口處立著許多老樹，涼風習習，令人感覺舒爽，橫渡大漠後能在這兒上個廁所，真是愉快。走進更深之處，往西邊望去，現代化的市區聳立著高樓大廈，與此間的懷舊氛圍形成強烈的對比。小山頂點是一座古城，據傳是所羅門王興築的，也有人說是更早的先人起首建造的；雖然已成為斷壁殘崖，但底部還是深埋著昔日的水利系統，供後來的人尋幽探勝。我們在其中迴旋而下時，不斷提醒後方的夥伴小心，免得在深幽的

考古公園的高臺

古壇，獻上的是誰呢？

洞窟中失了腳，一路從階梯上滾到階梯下，摔得鼻青臉腫不可收拾。說不定整個別是巴都是這樣的，在冷冽的地底埋著許多水源，等著被挖掘出來，化作紅綠黃紫璀璨的繁花。

公園裡頭兩個最著名的景物，一個是出土的白色四角祭壇，另一個則是古老的水井。後者據說是亞伯拉罕挖的另一口井，兒子以撒繼續使用。創世記26章25節說：「以撒就在那裡築了一座壇，呼求耶和華的名，並且支搭帳棚；他的僕人便在那裡挖了一口井。」雖然井口下已用網子封住，還是令人忍不住想要跳到裡頭，被沁涼的井水浸透。

在井旁有一座棚，棚旁便是油綠的山坡，綠到發燙。坡下遍滿不知名的黃花，讓我想起老家的油菜花田。更遠的地方是白色的羊群，星星點點，小到

像顆棋子，羅列於沒有柵欄的天地之間。午後的別是巴是那樣的炙熱，高掛的日頭將一切都映得明晃晃的，斑爛鮮豔，幾乎一伸手就可以榨出各種顏色的汁液來。我看著山外遠方的鐵路，看著從原野經過的一長條列車，轟隆轟隆，從貝都因人搭起的簡陋鐵皮屋附近逐漸遠去，讓我興起不知今夕是何夕的錯覺。

在別是巴這裡，層層的歷史平鋪在日光之下，在開闊的視野中擄掠旅人的心，也將平靜安息帶給每一個居民。可能的話，我應該留在這裡三天的；我應該在這裡多多體驗貝都因人的駱駝文化，在別是巴咖啡館林立的街道上，喝一杯香淳的以色列咖啡，看看笑容璀璨的小男孩小女孩。真的，我很想這麼做。

但是我們不能停在這裡。明日，我們還要從耶路撒冷動身，驅車東下，去到所有大魚小魚都無法存活的內陸之湖－死海。

【香料之路】

香料之路又被稱為薰香之路，是在希臘、羅馬時期形成的世界貿易之路。極盛時期，數千隻駱駝結伴而行，由南亞經葉門、阿曼向西跋涉到地中海東岸的加薩港再轉運歐洲。全程2400公里中，在以色列南部內蓋夫沙漠境內有150公里，主要遺址有10個，包括古城哈魯扎、馬姆希特、阿夫達特（Avdat）、希夫塔，城堡卡茲拉、納卡魯特、馬哈馬勒、蓋拉封，驛站莫阿、沙哈羅尼姆。這些遺址見證了長達700多年的繁華，直到7世紀中葉阿拉伯人崛起為止。此後，歐洲人為了尋找新的香料路線，推動了大航海時代的來臨。無論是十字軍東征，馬可波羅到中國，達迦馬前往印度，麥哲倫環繞世界，哥倫布發現美洲大陸，都和香料背後的龐大商機有關。

奔向死海

一個人到以色列去玩，問他印象最深刻的兩個景點，大概十個有八個會回答哭牆和死海。沒有去過這兩個地方，就好像沒去過以色列一樣。

哭牆是有感情的牆，其下不知埋葬多少猶太人的眼淚。死海卻無情也無心，裡頭沒有魚蝦存活，乃是地地道道的死亡之海。但它距離耶路撒冷這樣的近，短短四十公里，不到一個小時就可以驅車直達了。從百萬人口的大都會，往一個外星球似的奇景竟是如此的快，也許這正是在這個特殊國家旅行的特殊魅力吧！

二十四日清晨，我們越過老城望東奔去。要到死海去，你必須走1號公路，就是我們曾在希伯來大學看見的那一條蜿蜒長蛇。由耶路撒冷下到死海，感覺就像飛機降落一樣，急劇的高度差引發耳壓，就像是水淹進了腦子，改變了你的聽覺。比起阿拉德前往大裂谷的路，這條四十公里不到的路程更陡更險峻，因為耶路撒冷的海拔是754米，死海卻一口氣降到了海平面以下將近400米！

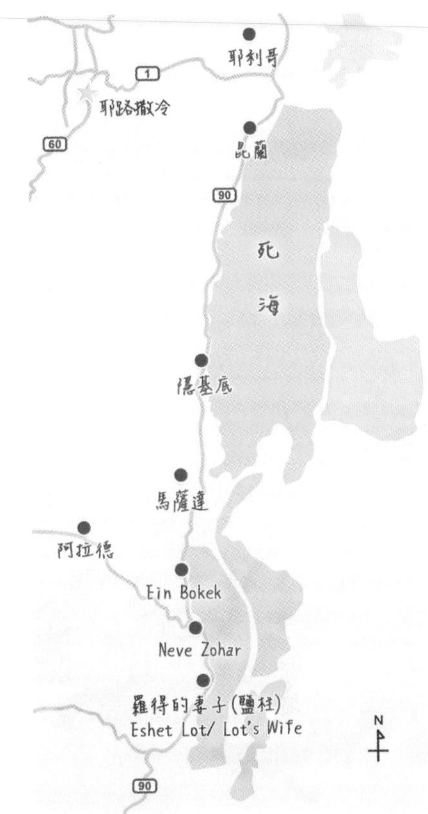

死海周邊地圖

我告訴同伴們：「心臟有點痛。」

Tobias邊開車邊提醒我：「吃口香糖有幫助！」

照做之後，果然就舒服多了。心臟不好的人，去死海最好帶上口香糖，幫助你咀嚼化解耳壓。

棕樹城耶利哥（Jericho），就在死海的西北邊不遠處。從耶路撒冷到耶利哥這一段下行路，耶穌曾說過一個好撒瑪利亞人的故事，背景是耶穌曾指導一位律法師，要全心、全魂、全力並全心思，愛主你的神；又要愛鄰舍如同自己。但那個律法師想挑出耶穌的錯誤，於是問說：「誰是我的鄰舍？」耶穌告訴他，有一個人從耶路撒冷下耶利哥去，落在強盜中間，他們剝去他的衣服，把他打個半死，就撇下他走了。適巧先後有一個祭司和一個利未人，看見他，就從對面過去了。但有一個撒瑪利亞人，行路來到他那裡，看見，就動了慈心，上前把油和酒倒在他的傷處，包裹好了，扶他騎上自己的牲口，帶到客店裡照料他。第二天，拿出兩個銀幣，交給店主說，請你照料他；此外所花費的，我回來必還你。說完耶穌問律法師：「你想這三個人，那一個是落在強盜手中之人的鄰舍？」律法師一說，是那憐憫他的，耶穌就說：「你去照樣行罷！」

耶利哥本身也有許多故事，因為它號稱是世界最古老的城市，其中世人最熟悉的，便是約書亞帶領以色列人過約旦河後，第一個就攻打耶利哥。他們遵行神旨繞城七日，城就不攻自潰了，所以很多基督徒都會來這裡做一件看起來很可愛的舉動：繞城。它的西北還有著名的試探山，相傳是耶穌受魔鬼試探的地方，後世的基督徒在山壁間開鑿了一座鬼斧神工的教堂，因此又稱教堂山。

只可惜我們時間不夠，只能割愛。後來第二梯到以色列的夥伴們，想去卻也去不成了，為何呢？因為有一位我們認識的資深導遊，四月帶團進城的時候，遊覽車不知為何遭人丟石頭。雖然只是零星偶發的事件，但第二梯的夥伴們聽說這事，便不敢自駕進城了，連鄰近的教堂山都沒有去。不過耶利哥以觀光取勝，和氣生財是硬道理，後來也沒聽說問題有進一步的擴大，換你去的時候，說不定笑臉又取代了怒氣，誰知道呢？

▍試探山（來源：以色列觀光）

昆蘭：死海古卷的發現地

昆蘭（Qumran）這座歷史公園，位於「西岸」境內，卻不屬自治區；它在死海，卻不直接靠海，乃是在岸旁一座小山上，旁邊還有一個基布茲社區Kalya。它之所以名振天下，僅僅一個理由，那就是死海古卷（Dead Sea Scrolls）。

雖然古卷大多搬到耶路撒冷去了，但人們還是前仆後繼來到昆蘭。因為古卷雖然不在了，但保存古卷的地方就在這裡，保存的人當初也住在這裡；人，和人所保存的東西都是很重要的，沒有人配合，再好的東西也留不住。

這一天上午，我們站在售票口，心中感慨不已。2014年的時候，死海古卷展在臺北舉行，當時我們曾協助內容製作、佈置並擔任介紹員，忙了好幾個星期，所以我們對於昆蘭是很有感情的。總算，我們來到這裡找你了，你還好嗎？

從表面看上去，昆蘭並無出采之處，不過就是幾棵椰棗，一些山間平臺和洞窟而已，但它被發現的過程卻是萬分精采，我已經寫在以色列博物館那一篇當中，這裡就不再贅述，只說說現場看到的一些感想。

我們剛買好票，工作人員告訴我們馬上就要播放簡介影片。這部影片很妙，口白是英語，字幕卻是中文，以第一人稱的角度，敘述住在此地抄寫經卷的艾賽尼派（Essenes，或譯愛色尼派），他們在昆蘭建立集體社區，遠避世俗和腐敗的宗教領袖，自力更生，吃飯禱告都同進同出，實踐他們的信仰（很像是後世修道院的先趨）。而死海古卷，就是他們的收藏，他們多年抄書的成果。這部影片還暗示：耶穌的先鋒施浸者約翰是從這個派別出走自立門戶的，

不過這也只是一種假設而已，實際狀況沒有人知道。

走出展館後，我們來到烈日下位於戶外的遺址。艾賽尼派在此定居兩百年，極盛時代曾達到四千人，社區規模可不小。目前對外開放的遺址建立於一個平臺上，整體來說像是採礦場，四周以繩索圍住，免得遊客稍一不慎便滾落山下。平臺上有橋連結，有黃石壘壘，牆已傾圮，牆內如坑，探頭往坑內一看，裡頭有許多格間，有的是蓄水池，有的是浴室，有的是抄經室，有的是議事廳和製陶室。當然這裡也有墓地。而平臺一邊面向死海，一邊面向光禿禿寸草不生的山地，其上高矮不一的群峰張開洞穴，陰森森地望著平臺上的我們。哎！這些苦行者真是生活在一個了不得的地方哪！

據說艾賽尼派對待自己非常嚴格，不但禁欲、勞動、安貧樂道、共享產業，還很強調清潔，抄經前必先洗浴。在缺水的死海周邊山區，這大概是他們惟一的奢侈了。公元70年羅馬大軍鎮壓猶太人時，艾賽尼派居然還不忘把數萬卷的經書藏到山洞裡，然後才逃亡。實在也只有這樣的人，才能獻出足夠的精力來保存文獻。是甚麼人，就做出甚麼事，能盛裝甚麼，總是根據你是哪種器皿來安排的。

由於不是假日，遊客還不到人山人海的地步，我望著山腳下的死海，享受著這寧靜的一刻。令人詫異的是，海與山之間一片荒蕪，以色列人卻在空地上蓋造白色的溫室，種植蔬果。事後上網查資料，這種溫室有引進臺灣。

以色列人啊，你們總是在最不可能的地方拿出新的東西來，古卷也好，科技也好，總是在意想不到的時候，你們這個民族就讓歷史往前了⋯⋯

死海邊的溫室

以色列的「四行倉庫」：馬薩達

1

去以色列玩的人，好像沒有人不去馬薩達的。

馬薩達（Masada），是死海南部一個名聞遐邇的景區，幾乎所有的旅行團來到死海，都會帶你去馬薩達；就像來到臺北，不帶你去看故宮文物，不帶你去吃夜市小吃，那是一件非常古怪的事。而看過它的人，通常就會明白帶你過來的理由，因為看過了這裡，你就明白以色列人「絕不低頭」的那一面其來有自。馬薩達之於以色列人，猶如四行倉庫之於中國人，史達林格勒之於俄國人。

馬薩達，原文的意義是「城堡」，乃是一塊岩石山頂上的宮殿、城堡遺跡。它孤立於死海的西南一隅，千百年來傲視著死海谷地，彷彿用腳踩踏著死亡。人們稱它將永不再陷落，是以色列國族精神的象徵，並且在2001年列名世界遺產。在史實上，馬薩達曾有一次陷落；公元73年，九百多名猶太人在此集體殉國，所有反抗羅馬的猶太武裝勢力自此全數撲滅。但它之所以成為不朽，恰恰正是由於它的陷落而開始的。羅馬第十軍團圍困馬薩達，花費數年之功奪得了這個要塞，卻沒能征服在此負隅頑抗的猶太人，因為他們早就死了；已死的人，是無法被征服的。他們寧可死在親人、同伴的刀下，也不肯苟活等待羅馬人來征服。他們的死，為兩千年後的同胞注入了生存的勇氣。每一個以色列士兵在新兵訓練時都必須來這裡宣誓：馬薩達將永不再陷落！

換言之，以色列人不會再讓馬薩達陷落第二次。目前為止，以色列人牢牢守住了誓詞，只是在強敵環伺下，將來的事誰也不知道。

2

從死海周邊的地理位置來看，昆蘭和馬薩達這兩大公園一北一南，春蘭秋菊各有其芳，不可錯放一個；而且從隱基底到馬薩達很快，25公里的路程，十幾分鐘就到了，完全可以放進你的一日遊。

第一眼看到它時，你可能會嚇一跳，它的戶外停車場非常原始，滿地沙礫。以這個國家的建設水平來看，要整好停車場是小指頭就能做到的事，何況這裡是國家公園！所以來到馬薩達，你得體會它刻苦、鍛鍊體魄的用心，連停車場出去都得走一段斜坡路，有助於排汗健康。

從園區入口大廳登到馬薩達頂上，不是很容易的事。因為它東側面向死海的懸崖高達450米，登上去的道路極為克難而險峻，稱作「蛇行路」（Snake Path），其坡度大得嚇人，而且必須在烈日下無止盡地蜿蜒而上，周圍巨岩裸露，完全沒有甚麼植被，我一看就昏了。為了節省時間和體力，我們只能花錢，乖乖地人擠人搭纜車去。

在以色列的一個月，我們沒排過幾次隊，其中最痛苦的一次就是在這裡搭纜車。纜車站夠大，但絕大多數造訪馬薩達的人都選擇搭纜車上山，其中團客多如牛毛，而且不一定乖乖排隊。幸好亂中有序，動線大致是有的，纜車也幾分鐘就來一班，一口氣還可以擠進幾十個人，沒多久我們就順利上車了。

在馬薩達搭纜車，你最好能擠到車箱的窗邊。你知道，纜車從來不只是一種交通工具，更是欣賞美景的平臺。雖然只有短短幾分鐘，但在荒涼的曠野之間，由入口急升到山頂，巨石嶙嶙，危巖孤懸，遠方蒼白的荒地上滿布坑洞，更有波光潾潾的死海靜默無語，你真會覺得，這車票加上園區門票縱然再貴，也是值得的！

步出纜車站以後，循著一道寬橋前行，穿過山壁，就連結到巨大的遺址平臺上。遺址位於平整的山頂，接近菱形，南北長600米，東西寬300米，周圍城牆長1400米，規模宏偉壯觀，完全不需要加特效，便可以用來拍攝史詩或魔幻電影。但它的頂點雖說平整，週邊卻有許多近乎90度的懸崖，成為天然的屏障；如果你不搭纜車，只能從山壁上迴旋的階梯接到蛇行路去。上下的過程你一定會有疑問：天啊，這麼多的建築材料，都是怎麼運上去的？

很難想像這樣一個固若金湯、易守難攻的要塞，居然還是被羅馬人攻陷了。除了上山如登天，山上還有三層防衛堡壘，滿倉的糧食，並且可以用渠道收集雨水。不但如此，當年河谷中還有水庫，可引水至峭壁上的洞穴，然後以吊桶和牲口運水至山頂的貯水槽，成為城堡中蒸氣室和浴池的水源。但你最用心的地方就是你最大的弱點，據說羅馬兵團正是切斷了水源，才結束了這場數年之久的抗爭。

看著殘破的拱門、望塔、裝飾著馬賽克的宮殿，我不禁發思古之幽情。馬薩達最初究竟是誰建立的，至今沒有定論，能確定的是：在耶穌降生之前四十年，希律王曾逃到馬薩達來避難。此後，從公元前37年到前31年，希律王開始在這裡進行了大規模的宮殿建設，把它作為避暑兼避難的行宮。耶路撒冷附近的希律王行宮，除了伯利恆東南方的希律堡（Herodium），就數馬薩達這兒最富盛名了。

Masada空照圖（來源：以色列觀光）

希律王死後，羅馬軍團在此駐紮。到了公元66至70年，猶太人起事反抗羅馬統治時，有一群奮銳黨奪取了馬薩達。於是就在關鍵的公元70年，耶路撒冷連同第二聖殿被羅馬人摧毀了，正應了耶穌的預言，聖殿沒有一塊石頭留在石頭上，都拆毀了。但許多猶太人逃到馬薩達這裡，作為革命最後的據點。直到三年之後，羅馬第十軍團攻破了馬薩達，才總算將星星之火完全撲滅。

必須提醒的是：前面說的這個奮銳黨，聖經上翻作熱烈派，是強力主張推翻羅馬統治的，與主張合作的撒都該人形成對比，也與不理世事默默保存文獻的艾賽尼派形成對比；從他們的行動派本色看來，和被耶穌斥為只說不做的法利賽人也大異其趣。耶穌十二使徒之一的西門（不是西門彼得，而是另一個西門），就是一個奮銳黨人。他跟從耶穌後放下了對政治的「熱烈」，致力於福音；換句話說，他殉道，而他的同志殉國去。哪個更有價值呢？每個人都有不同的看法。

危乎哉！睥睨死海的馬薩達山上

3

登頂已是午後，而我們身在曠野疲乏乾旱無水之地，兩位姊妹躲在室內休息，只想喘口氣，再喘口氣。腳力強勁的Tobias蹦蹦跳跳，一下就跑到了大老遠看不見的碉堡那邊，只留我一個人在崖邊發呆。但沒有關係，和團客擠在一處是痛苦的，我寧可忍受烈日和孤獨，自己一個人待在這個悲壯的堡壘一角。

我跨出去，走到牆壘的最外一層。如果風再大一點，也許帽子就會飛出去，直直墜落幾百米，跌在發燙的石頭、土堆上粉身碎骨。我沒有懼高症，但這時我也有些怕了，一個完全不懂得怕的人，在馬薩達頂上可能活不長。

死海自顧自遠遠地沉睡著。海上霧濛濛的，看著像是蒸發作用。如果有人說，他來馬薩達一半的理由是為了看海，我相信。從這座孤山上看到的海，的確比90號公路上，也比昆蘭的山上全面多了。

但年復一年，流入的約旦河水越來越少，海的平面也越見下降，露出大片的旱地，還有一些奇形怪狀的坑。或許這正是創世記說的，在亞伯拉罕的年代，四王與五王決戰於西訂谷，谷中有許多石漆坑；所多瑪王和蛾摩拉王逃跑，掉在坑裡，其餘的人都往山地逃跑……

如果甚麼也不做，這片美景終將消失或變調吧？

幾隻大鳥騰空而起，打破了我的沉思。也不知道是老鷹還是甚麼，孤高而自在，不屑看人類一眼。都說人定勝天，其實人連重力都勝不過，更勝不過反覆失敗戰火不息的歷史，哪能勝天呢？

就在這時，我看見了一隻倉鼠，睜著大大的眼睛看著我。噫！在這種危險的要死的孤城上，怎麼會有一位眼睛大大好可愛的倉鼠先生躲在邊牆上？

「你在這個地方做甚麼？」

「求生存啊，不然你又在這個地方做甚麼？」

「我只是個過客而已。我來玩的。」

「喔喔，那麼你看到自己想看的東西了嗎？」

「我也不知道。或許明年後年，我還得再來看看吧！」

「再見，老鷹來了，我要躲起來了。」

小老鼠不再理我，隱身於牆下看不見的石縫，等了很久都沒有再出來。朋友啊，謝謝你只為我一個人暴露蹤影！

半個小時後，四人會合，準備下山。看著纜車下方蛇路上的人們小如蟻蝗，其中居然還有孩子蹦蹦跳跳。也許，這正是馬薩達要傳達的精神吧。

那麼，就要和你離別了，誓將永不再陷落的堡壘。我們回到園區入口，在冷氣滿點的賣場稍作歇息，瀏覽死海泥等各色商品；基於興趣我買了一張馬薩達的精美地圖，聊作紀念。於是沒有遺憾了，我們看盡了滄桑，驅車繼續南行，準備完成這趟死海之旅最後的重頭戲，在不可能沉沒的海上漂浮，再漂浮……

在轉角遇見野山羊

有一部戲劇的名字是：轉角遇到愛。離開馬薩達的時候，我們遇見的卻是一頭野山羊，一隻兩角大得誇張，還留著長鬍子的努比亞山羊，一隻會大眼瞪小眼，和你玩著「敵不動我不動，敵動我必動」的行動派山羊。

在聖經中，屢屢提起這些桀驁不馴的野羊，比如約伯記39章：「你知道山巖間的野山羊幾時生產麼？」以賽亞書34章：「曠野的走獸要和豺狼相遇；野山羊要與伴偶對叫；連夜間的怪物也在那裡棲身，為自己找著安歇之處。」野羊一出現，意思差不多等於「偏僻」、「這裡沒有人」或者「這裡住的不是人」。

我們發現牠的地方，是在停車場的斜坡那裡。由於牠一身土黃，與周圍黃禿禿的山壁及地面渾然一體，我們走了好一會兒，才意識到前面站著一頭動物，不是小貓小狗一類的動物，而是體型更大的野生種。牠冷冷地旁觀天地，像一隻躲在海底的比目魚貼在原地，安靜等候拿著魚叉的潛水夫過去。

走在最後頭的Belinda和我對看了一眼：「怎麼會有這種事？」牠一看我們呆住了，反而緩緩地往馬薩達的山上移動。每走一段路，牠就停下來若無其事瞧你兩眼，再走一段路，又瞧你兩眼。Belinda拿起鏡頭紀錄了這段珍貴的畫面，還配上了一段詼諧的音樂，上傳網路，以饗讀者。

後來我才知道，馬薩達附近本來就有許多野山羊，羊闖進人類的地盤是正常的，因為人類的地盤本是牠的地盤。在南方沙漠，我們去過的拉蒙谷小鎮Ramon Reserve，羊兒甚至跑到了街道，和觀光客你看我看兩不厭。

好吧，羊兒再見。我們一整天在海邊忙忙碌碌，昆蘭，隱基底，馬薩達，現在，總算要赤腳下岸，親自體驗一下死海有多麼死，多麼鹹了。

野生山羊

死海

1

如果問起世界上奇怪的地方，死海（The Sea of Death）絕對算上一個。

首先，死海的水是世界上最鹹也最淹不死人的水，由於密度太高，任何人都可以浮在上頭輕鬆地看報紙，包括旱鴨子在內，光這一點就非常奇怪。我差一點就想帶一本厚厚的聖經，試試在死海上能讀不？

第二個奇怪的點，同樣和它的鹽度有關。很多人都知道死海不是海，而是大裂谷的一個內陸湖，是群山間凹陷的低地，就像加利利海那樣。只不過加利利海生態豐富，誇張到海鷗滿天飛；而死海含鹽量太高，達到23%至30%左右（一般海水只有3.5%），把魚丟進去只會死，不會活，惟有少數細菌、藻類和浮游生物能生存，所以海面上空蕩蕩一無所有，沒有漁船，沒有漁夫，更沒有吃魚的人。這也正是聖經並希伯來語中，死海被稱作「鹽海」（Sea of Salt）的緣故。

作為以色列和約旦邊界的死海，還有好幾個獨特之處。一個是世界上海拔最低的湖泊，湖面為負424米；一個是已露出陸地的最低點，指的是它的湖岸；還有一個是世界上最深的鹹水湖，平均深度120米，最深處離湖面有380米，你把一顆石頭沉下去，相當於它丟到海平面八百米以下。這種條件，加上南北長84公里，東西最寬16公里，水面廣闊，又有諸多沼澤坑、岸邊亂石並陡峭的山崖，海的本身即形成一種天然的邊防，兩國之間也就用不著再加圍牆。

(by רוע הנח)

然而，死海雖是一個荒涼偏僻無可救藥的地方，又鹹又低又深，偏偏海水中豐富的礦物質可以發展鹽化工業，同時也是治療皮膚病、支氣管炎、關節炎、風濕、神經痛以及舒壓的良方，著名的死海泥還能保溫和護膚，簡直比武俠小說中的靈丹妙藥還神奇。不僅如此，因為海拔低，所以有富含氧氣的高氣壓環境；因為長年不下雨，所以日照充足，再加上溫泉與鹽水，便構成了絕佳的休閒養生環境。我的香港腳偷偷泡一泡，過不多時果然好了，讓我太太開心得不得了。

綜合以上，死海雖名之為死海，對於人類不啻生命之海，也難怪約旦和以色列爭相把它抱在心上，視為招攬觀光客發展產業的金雞母了。兩國從中得到的收益太大，誰在邊界上大動干戈，誰豈不是傻瓜？

2

綿延數十公里的死海西岸，過了中點的隱基底以後，沿岸平原逐漸廣大起來，到了馬薩達一帶更為明顯。正常來說，有水就不會有沙漠，但這裡卻是由水、鹽和石漆沼澤坑構成的沙漠。望著眼前濕窪的地表，萬籟俱寂，只有寂寞的丘壑陪伴，你不禁會想：我們怎麼老喜歡自討苦吃來這種地方？

我問Tobias：「我們要往回走嗎？隱基底也有海灘。」

「不，我們要去的地方，在南邊。」Tobias言簡意賅。

他帶我們去的，是Ein Bokek公共海灘，免費，在馬薩達南方約12.5公里處，遠遠就可以看見灣岸旁林立的酒店。如果你越過那裡，望下再走一段就會抵達Neve Zohar，也就是前天我們由阿拉德接到90號公路的地方，海邊有大量的鹽結晶。從這裡再南下一段路，路旁山崖上有一根鹽柱，形狀很像是一個女人，相傳是羅得妻子變成的鹽柱。在創世記中，由於所多瑪和蛾摩拉的居民罪惡滔天，當耶和華將硫磺與火從天上降下，傾覆了那些城和全平原，並城裡居民及地上生長的一切時，羅得的妻子原本已經同著丈夫 女兒被天使救出城了，卻因為捨不得家中的產業，在後邊回頭一看，結果就變成了一根鹽柱。這件事也提醒世人：死海原本不是那樣死寂，所多瑪和蛾摩拉在未滅之前如同埃及繁華，但現在你到死海，只能聞到刺鼻的硫磺味。

從地圖上看，大約以馬薩達為界，死海分成兩個：北邊較大的那個形狀是完整的，而且崖高水深，亂石遍地；南邊較小的那個則被一個半島分隔開來，湖底往往只有幾米深，還露出好多旱地，顯得肢離破碎。有人認為，北邊的那個才算死海，南邊的不是，只能算附屬水域（據說這裡在古代是肥沃的平原，即所多瑪、蛾摩拉的所在）。但南邊水淺安全，灘岸較大，可以支持旅館業的發展，也提供遊客較好的保障。如果你認定北邊的才是死海，那就去隱基底吧！如果你不在乎，那就下到南邊，沿岸有好幾個海灘和渡假村，任君選擇。

在Ein Bokek的停車場，我問了一個很蠢的問題：「到哪裡換衣服？」

Tobias很務實地說：「車上，或者廁所。」

雖然有更衣室，卻是露天的，四周只以木板遮擋，而且明明才週四沙灘卻爆棚，排隊更衣太辛苦了。沒奈何，只得各自找到男廁女廁。

換好衣服和拖鞋之後，我們笑了，Tobias穿著小泳褲，Belinda則是一身黑色，我則換上短褲和運動服，Evonne小姐根本沒換，還是一襲長褲。我們包裹得一個比一個多，這像是來海邊玩的人嗎？

我振振有詞地說：「因為我想先拍個直播，分享給大家，穿太少不妥。」其實，我是怕露出四十歲中年男子的肚子。

Evonne也說：「因為我不下水，先幫大家看東西。」

這裡的沙灘，想來是由人工填沙而成的，甚麼都好，就是沒有存放個人物品的地方，大家都堆放在遮陽傘下。如果隨身帶了貴重物品的話，輪流看守恐怕是免不了的。不過淋浴去沙去鹽倒是方便，海灘上就有好幾套露天的沖浴設備，噴頭一開，不管男女老少都堆滿笑容，如沐春風中！

我告訴Evonne小姐：還是我先看守吧！

坐在遮陽傘下，各國來的遊客成百上千，白黑紅黃，各種膚色都有，尤其黑人數量居然不少，究竟是因為以色列離非洲很近，或者這些原本就是住在境內，擁有猶太血統的黑色猶太人呢？其中有好些婦女，在海邊低頭挖著，不消說，挖的當然是死海泥。

夕陽下的死海，的確很美。到以色列三個星期了，很少看見Tobias和Belinda這樣開懷，像是純真的孩子。看來死海的水，療浴的原來不只是身體，還有心。

Tobias說：「你也去游會吧，我替你。」

我捲起褲管，站在岸邊發呆。Belinda喜孜孜地冒出海面：「你怎麼不下去？」

「我有心病。」我說。

「你有甚麼事。」Belinda說。

「我二十年沒游泳，不會游了。」

「哪有這種事！」

於是她一再洗腦：死海會浮起來，死海會浮起來……

被逼得沒奈何，我小心翼翼地扶著通往海中的小橋，一步一步迎向海水。

Belinda：「往後一仰，腳縮起來，整個人放輕鬆，但是要小心眼睛喔，噴到水會很痛，你看，像這樣——」

我依樣畫葫蘆，恢復意識時已經看著炙熱的天空。

「看，這不是很簡單麼……」說完她便游走了。

死海泥大把奢侈地往臉上抹，如果在國外，這該花多少銀子？

這一個下午，我克服了二十年的心病。惟一的後遺症是我忘了富含礦物質的海水有強烈的刺激性，所以後腿的舊傷流了些血，幸好不甚嚴重。你去的時候，可得小心。

3

說到這裡，你是否會有一個疑問：死海為甚麼成為死海？

從地理上來看，約旦河從加利利海流進流出後，又流入死海。但死海比海平面還要低上幾百米，湖水根本不可能再流出來，惟一能逃脫的方法只有蒸發。但水能藉著蒸發離開這個監獄，水中的物質卻千百年不變的積累，只進不出，因此鹽分和礦物質不會消失，只會不斷墜落、沉澱於海底。

一個人也是這樣，伸手接住了祝福，應當把祝福再流出去。凡事只為自己，只留給自己，最後就會成為死海，沒有誰可以因你而生存。

你的第二個疑問可能是：為甚麼傳聞死海就快要死了呢？是誰不讓它活呢？

說來諷刺，傷害死海的人，正是最希望死海永遠活著的人。為了發展農業工業，供應生活需求，約旦和以色列長年自約旦河取水，偏偏約旦河是海水的主要來源，於是這一取水，便造成了水位的下降，海面一年陡降一兩米，面積也幾乎比50年前少了一半，再這樣下去，死海將不復存在。

為了救死海，約旦計畫從紅海引水，希望能恢復海的原貌，而以色列也表明了合作的態度。但我相信就算死海真的死了，總有一天仍要復活。因為舊約以西結書47章豫言，彌賽亞降臨之後，有一道河水從耶路撒冷的聖殿流出，往東注入死海：「這河所到之處，凡滋生有生命的動物都必生活，並且這水到了那裡，就有極多的魚。海水得了醫治，並且這河所到之處，百物都必生活。必有漁夫站在海邊，從隱基底直到隱以革蓮，都作曬網之處。……」

從以西結書的眼光，並不是人的計畫能拯救死海，惟有聖殿的河水才能。這河水的醫治甚至要使海中有魚，岸上有樹木，四境成為樂土。這段預言，你信不信在對的時間，它有可能會成真呢？

信心，就是在還未看見的時候，就確認為真。我把空瓶打開，將這消逝中的海水封存，繼加利利海、約旦河、紅海、荒漠甘泉之後完成了第五瓶的收藏。回程中，窗外海上平靜無波，倒影如畫如泣，彷彿鹽海自己也在暗自祈禱，等候重生的那一刻早日到來……

從耶利哥來的駱駝

駱駝穿過鍼（針）的眼，比財主進神的國還容易。

這是耶穌說過的一句話。在當時的以色列，最大的動物是駱駝，最小的器物則是鍼，用至大的駱駝穿過至小的鍼眼，來說明守財奴進入神國的可能性，真是再形象不過的比喻了。

雖然人們對這段話有其他解釋，比如有人以為「駱駝」和「繩索」在原文中只差一個字母，所以耶穌的本意可能是繩索穿過鍼眼；又有人以為耶路撒冷曾有一個小門，僅供步行者出入使用，稱為鍼眼門，馱著財物的大駱駝要穿過小城門是很難的，甚至是不可能的。但我認為照著字面解釋，意思就夠清楚了。所以我來以色列，總覺得要能看到駱駝那就太好了，但不要動物園裡的，要養在外頭的。

也許是因為對駱駝念念不忘，在別是巴那裡又只是驚鴻一瞥，因此在死海之旅的最後，返回耶路撒冷的途中，天上突然掉下了一個禮物。

事情是這樣的，五點以前我們得還車，現在又已經四點多了，惟一該做的事只剩下衝刺，衝刺，再衝刺。可Tobias卻說，我們還沒給人家加油加滿呢！於是我們只得在一個加油站停下來。一進站，地面就伏著一隻黑貓，讓愛貓人士Belinda又開始從女漢子變成小女孩，疲憊的神情一下就笑開了。我們都知道新婚的她思鄉之情滿溢，任何一點點的安慰，對她都是好的。

這時Evonne小姐突然高分貝的，充滿喜感地尖叫起來：「有駱駝耶！」

真的，有兩個黑黝黝的阿拉伯小伙子，牽著兩隻單峰駱駝挨在馬路邊呢！

我笑了，加油站是給車子來的地方，你們的駱駝也加油嗎？有貓，有駱駝，還有人，這個地方也算個小小方舟了。

當然啦，我知道小伙子帶駱駝來不是為了加油，也不是為了溜

駱駝，而是為了提款——從好奇的觀光客手上提出鈔票。

幾乎所有的駱駝都是差不多的，高高大大的，有點臭，一臉不在乎而且整天不知道在嚼甚麼，像是許多婦女會給丈夫的評價。當我看到Evonne眼睛閃閃發亮，連眼鏡都擋不住這道光時，我便知道她想征服這座駱峰了。

興沖沖講完價後，Evonne回頭問我：「騎一次十五舍客勒，可是兩個人的話，一共只收二十舍客勒。要不要和我一起分擔？」

嗯，這樣就是一個人十舍客勒，換成新臺幣八九十塊，也算是有良心了。看看時間不早了，我當下立斷說：「好吧，我和妳一起吧！」

Evonne騎上去時，我看她眼睛笑得瞇成兩條線。女孩子開心，就是我們男孩子的福分，那麼我幫妳拍個照吧！

接下來換我了。我騎動物的經驗很少，小時候在鄉下老家騎過一次水牛，青少年騎過一次馬，就這樣了。三十歲以後不要說牛馬驢狗狼，連機車都很少騎了。所以這駱駝，還真讓我有一點期待。

你若問我騎駱駝甚麼滋味，其實，有點像小孩子騎電動馬。這傢伙太高大，得讓牠屈身坐下，等你跨上去以後再站起來。主人一聲令下後，因著駱駝起身是前腳先起來的，所以猛一下起來時，很像是火箭啟動準備航向藍天，一瞬間你整個人是往後仰的，可主人就在旁邊看著，很安全，就算老人家上去也沒事的。

阿拉伯少年用英語問我：「你這樣就滿足了嗎？」

我說：「可以了。」

Evonne告訴我，其實可以叫他們牽著走幾圈耶。不過，我們已經沒時間了不是嗎？要走，下次到南方再結隊行走吧！沙漠之舟，就該在沙漠裡走。這次我就拍個照，給遠方的妻子看看「臺灣的勞倫斯」，也就得了。

臨別時小伙子告訴我們，他們是從隔壁的耶利哥來的。我們去不了耶利哥，耶利哥自己來找我們，這樣也好。孩子們，你們帶來的不只是兩頭駱駝，你們也帶來了耶利哥的風，帶來了下一次旅行的熱情。

駱駝穿過鍼的眼，比財主進神的國還容易。但也不是財物放下了，人在耶路撒冷了，就能進神的國了。看著窗外景色由荒蕪光禿逐漸生發綠意，慢慢的樹來了，飛鳥也來了，我們知道耶路撒冷近了，我們第三週的旅行真的結束了。離我們回到家鄉的日子，也開始進入倒數計時了……

Chapter 06

／離別

美國殖民者飯店

有的人看似甚麼都有，但他沒有甚麼可以給人的；
有些人失去了一切，但他們給出去的比失去的更多。
這就是我在美國殖民者飯店一點小小的感動。

如果你遭遇了人生的大不幸，而且遇到不只一次，那麼你會對先前的信仰和人生觀感到懷疑，或者正好相反，成了一個意志更堅定的行道者？

十九世紀美國就曾有這樣一對夫婦，在一連串的災難後沒有被擊倒，反而遠赴耶路撒冷重新開始生活，造福了當地許許多多的人們。班弟兄說，這對夫婦從此留在耶路撒冷，為耶穌的回來禱告。他們的社區後來成為美國殖民者飯店，是以色列聲譽最高的五星級飯店之一，連阿拉伯的勞倫斯和英國首相邱吉爾都曾入住。趁著這次我們來，他正好可以陪同過去看看，順道為即將歸國的我們餞別。

美國殖民者飯店（The American Colony），或者譯作美國僑民賓館，位於東耶路撒冷的主要市區，位置大約是彈藥山和大馬士革門中間，附近有一處知名景點列王墓。我們去的那天風和日麗，天空藍得像要把人的靈魂給蒸發。一行五人在喬治王街上了17號公車，經過花木扶疏的先知街通往東耶路撒冷。

飯店位於一條短巷內，周邊有一座清真寺，庭院綠樹成蔭，種滿了花花草草，植物的鬚根甚至爬滿了牆面，與弧狀的格子窗戶渾然一體。年輕的侍者帶領我們穿越走廊來到喝下午茶的地方，光線柔和，牆上掛著許多老照片，顯示這家百餘年歷史的飯店可歌可泣的往事。拱門充斥在各個空間，落地窗望出去是一個游泳池，在這個少雨的城市顯得相當奢華；但游泳池所在的飯店中庭相當樸素，只有棕樹和一些花花草草，屋簷上一點粉紅花朵點綴，並沒有甚麼鋪張的大手筆。

大家都是吃過了午飯的，但班弟兄說，儘量吃，想吃甚麼就點甚麼。

餐點的價位從60到180舍客勒不等，相當於新臺幣500到1500元。除了Evonne叫了甜點，其他人點的都是三明治。但我印象深刻的不是正餐，反而

飯店對面的小書店，襯出此間的優雅

是沾麵包的橄欖油，和玻璃壺裡沁涼的檸檬水。

「非常好吃。」我說：「想不到直接沾這麼好吃，這油一定很好。」

聊了一兩個小時後，我們起來隨意走走。飯店一樓有幾處交誼廳，傢俱看起來都有些歲月了。我想以這家飯店的聲望，大概也不需要靠現代感或豪華設備取勝，光是歷史氛圍和它的傳奇色彩，就夠吸引各國遊客上門了。

交誼廳的牆上同餐廳一樣掛滿了照片，每張照片都在訴說一個老故事，但這家飯店的起點究竟是怎樣的一個故事呢？

原來，一切都要追溯到十九世紀後期，律師霍雷肖斯帕福德（Horatio Spafford）和他的妻子安娜（Anna）的際遇。他們是虔誠的基督徒，住在芝加哥。1871年發生了著名的芝加哥大火，全市幾乎毀滅。斯帕福德夫婦也失去了一個兒子和密西根湖邊的房地產，但基於信仰的使命感，他們顧不得自己的損失和悲傷，毅然投入了傳道人慕迪（Dwigt Moody）災後重建的工作。到了1873年，身心俱疲的安娜帶著孩子們到歐洲度假。想不到一場新的災變來臨，她們的郵輪在海上與另一艘輪船相撞，船沉了，四個女兒也全數罹難。倖存的安娜在哭泣中聽到一個聲音：「妳被留下來是有原因的，你還有工作要做。」

幾天後，霍雷肖收到妻子的電報：Saved Alone（僅我存活）。他立即趕赴英國與妻子會面。當船經過一片海域時，船長把他叫過去，輕聲地對他說：「我們現在所經過的海域，就是那艘郵輪沈船的地方。」他無法入睡，寫下了心中的一句話："It is well, the will of God be done。"（一切安好，願主的旨意成就。）之後他又寫下了一首傳誦至今的詩歌：It Is Well With My Soul（我心靈得以安寧，或譯：哦我魂可無恐）。他在歌詞中呼求救主快快回來，因為到那時，他就可以親眼看見他所信靠的耶穌，並要與暫別的兒女們永遠團聚。

回到芝加哥後，這對年輕的夫婦又有了一對兒女。然而1880年，小男孩年僅四歲就病死了，他們又失去了摯愛。這時教會沒有扶持他們，反而認為接二連三的災禍降臨是神在懲罰他們。霍雷肖聽了簡直要崩潰了，他完全不能接受這種說法，於是離開了這個由他協助建立的教會，而部分會眾也因同情並認同他們而選擇一同離開。

1881年，這對夫婦和16個教會成員告別了美國，前往耶路撒冷，定居在大馬士革門旁的一棟小房子。在他們中間沒有職業的傳道人，但他們就像早期的基督徒那樣簡單生活，並且敞開大門，盡力幫助他們的阿拉伯和猶太鄰舍，乃至於游牧各地的貝都因人。大家都喜歡這群仁慈又慷慨的美國人，後來有一百多個瑞典人也加入了他們，於是他們又找到了更適合團體生活的地點，也就是飯店的現址。從第一次世界大戰開始，這個社區陸續開辦醫院、孤兒院和各種慈善事業，養活了幾千名耶路撒冷的百姓。當地人視這裡為中立地帶，他們既不是阿拉伯人也不是猶太人，與各界都是朋友，是耶路撒冷的心靈綠洲和避風港。他們的作為令人想起使徒保羅的一段話：「我凡事給你們作了榜樣，叫你們知道，必須這樣勞苦，扶助軟弱的人，並且記念主耶穌的話，祂自己說過，施比受更為有福。」

雖然二十世紀中葉過後，這個社區逐漸星散，但霍雷肖在老城內的故居依然留著，作為照顧貧困兒童的家園。而由這樣一塊心靈沃土孕育出來的飯店，如今也還由斯帕福德夫婦的孫子及教會成員的後裔管理。這家飯店不僅是他們家族歷史的一部分，也成了耶路撒冷歷史的一部分，見證了奧圖曼土耳其、英國乃至於約旦、以色列統治下的城市變遷。1992年，以色列和巴勒斯坦解放組織的代表在這裡展開談判，印證了這家老牌飯店在人們心中崇高的地位。

我們走出飯店，心中小小地感慨起來。不記得是誰說過的，當人類歷史朝著毀滅奔馳而去的時候，神聖的歷史卻隱藏其中，並且邁向一條榮耀的康莊大道。在美國殖民者飯店這裡，我多少明白了這個說法。斯帕福德夫婦是失去最多的人，但他們給出去的比誰都多。如果他們對生命失去了熱情，失去了盼望，他們是不可能再把任何東西給出去的，因為心死的人便已一無所有。但他們的心沒有死，這些志同道合的移民是懷抱著信心離世的，他們做了一切所能做的，但他們知道自己無論做的再多都只是杯水車薪，因此他們守望禱告，等候有朝一日耶路撒冷的拯救能真正來臨。

耶路撒冷啊，一代又一代過去，他們走了，我們來了，沒有誰可以永遠留在妳這裡。再過幾天我們也要離開，一年後也許我們再回來，因為妳是美麗的。但我們不只愛妳的容貌，更願意有一天回來時，在這裡看見斯帕福德夫婦想要看見的情景，那時，耶路撒冷就要成為真正的平安之城。

這樣的時刻，我們還會等得很久嗎？或者就在不遠的將來？

① 以色列餐點
② 以色列飲食
③ 口袋餅
④ 石榴
⑤ 各式各樣的橄欖

相關網站

✡ 以色列觀光局（北美）

http://www.goisrael.com/Tourism_Eng/Pages/home.aspx

✡ 以色列觀光局（中國）

http://www.goisrael.cn/tourism_chn

✡ 以色列文物局

http://www.antiquities.org.il/default.aspx

✡ 以色列國家公園

http://www.parks.org.il

✡ 交通指引

http://www.tourplanisrael.com

✡ 猶太人大屠殺紀念館

http://www.yadvashem.org

✡ 耶路撒冷以色列博物館

http://www.english.imjnet.org.il

✡ 耶路撒冷聖經動物園Jerusalem Zoo

http://www.jerusalemzoo.org

✡ 花園塚

http://www.gardentomb.org

✡ 美國殖民者飯店（The American Colony）

http://www.americancolony.com/

✡ 流散博物館

http://www.bh.org.il

✡ 鑽石博物館

http://www.israelidiamond.co.il

✡ 約珥帶我們去的約旦河畔餐廳：רהנה לע תדעסמ

http://ontheriver.rest.co.il

✡ 加利利的巧克力名店The Chocolate Box

http://www.chocolatte.co.il

✡ 沙漠中的葡萄酒莊

http://yatirwinery.com

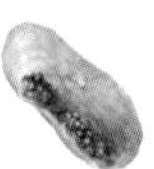

推薦影片

✡ 以色列－
克服困難的小國

✡ 來自聖地的縮時攝影，
令人莫名感動

✡ 【以色列生活特輯PART2】
便宜好吃店與超強兒童公園

✡ 以色列：
百聞不如一見！

✡ 超好聽以色列民謠
【我的城市在下雪】

✡ 中東風味餐廳

✡ 10 Human Heritage
Sites in Israel

✡ 貓貓特輯

✡ 【探究以色列－人物專訪】
Maya完整採訪

✡ 《以色列，我的家》

✡ 你今天微笑了嗎

✡ 【人物專訪】Jacob暢談
以色列

叮嚀的話

現在，我去過以色列了，你也準備跟上嗎？
如果你已經開始計畫，那麼我想提醒你幾件事。

001

要準備意外及醫療保險。雖然以色列醫學進步，但外國人看病相當昂貴，不要省小錢而誤了大事。有慢性疾病者，出國前務必看診並帶上足夠的藥物。

002

早晚溫差大，尤其在山區和南部，因此要預備合適的衣物。

003

天氣乾燥，最好帶上防曬和潤膚用品，並且要帶大水壺多喝水。當地人會告訴你自來水可以生飲，但為恐水土不服，建議煮開。

004

為減輕重量，洗髮精、沐浴乳可以在當地買，不貴。電器方面，可以帶上能變壓220V的延長線最好，不然就多帶幾個三孔圓頭的轉接插頭。

005

當地有很多地方可以兌錢，所以帶美金過來就行了。

006

赴約旦河西岸不建議自由行，最好跟團，女性不可落單。

007

雖然出入境安檢很嚴格，但不要驚慌，如實回答盤查的官員即可，如有語言障礙可以指定電腦上的中文介面。曾入境伊斯蘭國家者可能會查問較為仔細，請耐心等候。此外離境時應提前幾個小時抵達機場，以免被安檢過久而錯過班機。

008

外出時隨身攜帶護照影本，很難說何時會派上用場。

009

在以色列旅行很安全，但在耶路撒冷老城和雅法港等熱門景點還是會有小偷出沒。如果有人向你推銷地圖，要嚴厲地斥喝對方，不要讓他近身。

010

尊重當地習俗，不要刻意冒犯，到宗教場所不宜穿著暴露或過於簡便，拍照時請事先徵得當事人的同意。

011

軍警可要求與其拍照，但不要隨意拍攝軍事設施。

012

以色列的服務業比較不講究禮數，不要用臺灣、日本的水準要求以色列人。

013

安息日大多數的公共運輸會停擺，因此要提前做好出遊規劃。

014

猶太人在安息日很注重休息，因此不宜在室內喧嘩或發出聲響。

015

年滿24歲可以租車，租車需要攜帶國際駕照、護照、信用卡。網路上預訂只能用信用卡。

016

在以色列開車，被按喇叭是正常，不要以為被挑釁。務必提早減速，優先讓行人通過，因為當地人很習慣被讓路，很可能沒留意到你的車。

017

網路環境還可以，在各大酒店、餐廳、咖啡廳及公共設施幾乎都可以無線上網。出外旅行時可買一個月200舍克勒的4G吃到飽網卡，但使用經驗是25G以後開始降速，在沙漠等地方不一定收得到訊號。

018

不要亂撿失物，看到無人的包裹應迅速遠離並通知軍警人員。

019

回國時伴手禮可買乾果、橄欖油、蜂蜜、葡萄酒、咖啡、死海泥相關產品及金銀飾品、珠寶鑽石、聖經器皿造型的文物等等。

020

從陸路可以到鄰國約旦及埃及觀光，但無法前往北方的黎巴嫩和敘利亞。從以色列到約旦，北中南分別有一個邊境站，分別在北部區的貝特謝安附近、耶利哥附近的Allenby Bridge（通往約國首都安曼）、以及國土最南端的伊拉特（通往約國的港口阿卡巴），其中伊拉特通關最便宜，Allenby Bridge最貴也費時最久。從以色列到埃及則有一個邊境站，在伊拉特，可經由塔巴進入西奈半島。但埃及近幾年社會動亂，建議三思，或者找信譽優良的旅行社前往。

紀念品：金燈臺

紀念品：仿大祭司胸牌上的寶石

紀念品：扛抬超大葡萄的以色列人

釀旅人30　PC0658

在耶路撒冷醒來
——30天暢遊以色列耶路撒冷、特拉維夫、加利利與鹽海

作　　者　陳舜儀
責任編輯　鄭伊庭
圖文排版　莊皓云
封面設計　蔡瑋筠

出版策劃　釀出版
製作發行　秀威資訊科技股份有限公司
114 台北市內湖區瑞光路76巷65號1樓
電話：+886-2-2796-3638　傳真：+886-2-2796-1377
服務信箱：service@showwe.com.tw
http://www.showwe.com.tw
郵政劃撥　19563868　戶名：秀威資訊科技股份有限公司
展售門市　國家書店【松江門市】
104 台北市中山區松江路209號1樓
電話：+886-2-2518-0207　傳真：+886-2-2518-0778
網路訂購　秀威網路書店：http://www.bodbooks.com.tw
國家網路書店：http://www.govbooks.com.tw
法律顧問　毛國樑　律師
總 經 銷　聯合發行股份有限公司
231新北市新店區寶橋路235巷6弄6號4F
電話：+886-2-2917-8022　傳真：+886-2-2915-6275

出版日期　2017年05月　BOD一版
定　　價　490元

國家圖書館出版品預行編目

在耶路撒冷醒來：30天暢遊以色列耶路撒冷、特拉維夫、加利利與鹽海 / 陳舜儀著. -- 一版. -- 臺北市：釀出版, 2017.05

面； 公分. -- (釀旅人 ; 30)

ISBN 978-986-445-192-0(平裝)

735.39 106004287

讀者回函卡

感謝您購買本書，為提升服務品質，請填妥以下資料，將讀者回函卡直接寄回或傳真本公司，收到您的寶貴意見後，我們會收藏記錄及檢討，謝謝！如您需要了解本公司最新出版書目、購書優惠或企劃活動，歡迎您上網查詢或下載相關資料：http:// www.showwe.com.tw

您購買的書名：________________

出生日期：________年________月________日

學歷：□高中（含）以下　□大專　□研究所（含）以上

職業：□製造業　□金融業　□資訊業　□軍警　□傳播業　□自由業

□服務業　□公務員　□教職　□學生　□家管　□其它____

購書地點：□網路書店　□實體書店　□書展　□郵購　□贈閱　□其他

您從何得知本書的消息？

□網路書店　□實體書店　□網路搜尋　□電子報　□書訊　□雜誌

□傳播媒體　□親友推薦　□網站推薦　□部落格　□其他________

您對本書的評價：（請填代號　1.非常滿意　2.滿意　3.尚可　4.再改進）

封面設計____　版面編排____　內容____　文／譯筆____　價格____

讀完書後您覺得：

□很有收穫　□有收穫　□收穫不多　□沒收穫

對我們的建議：________________

____

____

____

請貼
郵票

11466
台北市內湖區瑞光路 76 巷 65 號 1 樓

秀威資訊科技股份有限公司 收

BOD 數位出版事業部

（請沿線對折寄回，謝謝！）

姓　　名：＿＿＿＿＿＿＿＿　年齡：＿＿＿＿　性別：□女　□男

郵遞區號：□□□□□

地　　址：＿＿＿＿＿＿＿＿＿＿＿＿＿＿＿＿

聯絡電話：(日)＿＿＿＿＿＿＿＿ (夜)＿＿＿＿＿＿＿＿

E-mail：＿＿＿＿＿＿＿＿＿＿＿＿＿＿＿＿